KB265561

전통의 국가적 창안과 문화변용

전통의 국가적 창안과 문화변용

The National Invention of Tradition and
Cultural Transformation in Mondern Korea

Kim, Soo Jin · Oh, Moon Seok · Kim, Young Mi
Lee, In Young · Cha, Seung Ki · Choe, Seok Yeong

이 저서는 2005년도 한국학술진흥재단의 지원에 의하여
연구되었음(KRF-J01302)

연세국학총서 104
분단체제하 남북한의 사회변동과 민족통일의 전망 2

전통의 국가적 창안과 문화변용

김수진·오문석·김영미·이인영·차승기·최석영 공저

혜안

● 책을 펴내며

　이 책은 한국학술진흥재단의 중점연구소 사업으로 연세대학교 국학연구원이 수행한 3단계 사업 중 제2세부 연구팀이 '전통의 국가적 창안과 문화변동'이라는 주제로 수행한 연구의 결과물이다. 2001년부터 2007년까지 만 6년간 '분단체제하 남북한 사회변동과 민족통일의 전망'이라는 총괄 주제 하에 전개된 중점연구사업은 2005년부터 2007년까지의 3단계 시기 동안 해방 이후 사회, 경제, 문화적 변동을 주도하였던 분단체제의 고착화와 남한 사회의 근대화 기획의 성격을 해명하고자 하였고, 제2세부 연구팀은 사회문화적 변동을 담당하였다.

　우리 제2세부 연구팀은 해방 후 사회문화 변동의 구체적인 연구주제로 '전통' 문제에 주목하였다. '전통'은 해방 이후 근대국가의 수립을 목표로 하는 한국 사회가 국가의 정통성을 회복하기 위해서 관심을 가졌던 바이다. '전통'은 근대국가를 수립하는 과제를 수행하는 데 반드시 필요한 자원이었지만 그 과정에서 전통 담론은 그 정치적 성격을 오히려 은폐하게 되었다. 사실상 정치적 성격을 은폐하는 방식은 일상 생활의 정치화라는 국가적 과제를 수행하는 데 효과적으로 기능하였으며, 그

중심에 전통이 있었다. 그러므로 전통을 통하지 않고서는 해방 이후 새로운 국민국가를 건설하는 가운데 사회문화적 질서가 재편되는 과정을 제대로 진단할 수 없게 된다. 이처럼 전통 담론이 국가적 차원의 지원을 받았다는 사실을 강조한다고 해서 현실 정치의 현장에서만 논의가 국한되어서는 안 된다. 전통 담론은 그 작용에 있어서 정치적 성격이 은폐된 채로 일상 생활에 깊숙이 침투되어 있었기 때문이다. 그러므로 거시적 차원의 조망 못지않게 미시적 차원에서 전통이 어떤 방식으로 기능하고 있는지를 살피는 것도 중요하다. 전통은 정치적 코드인 동시에 문화적 코드의 하나인 것이다.

전통을 고정되고 주어진 실체가 아니라 근대의 특정한 역사적 맥락 속에서 창출되고 변화하는 구성적 성격으로 이해하는 시각은 1990년대 이후 우리 인문사회과학계에서 널리 자리잡게 된 패러다임이라고 할 수 있다. 이러한 시각에 따르면 전통은 근대사회에 대립하는 것이 아니며 오히려 근대 사회의 초석이자 동력으로 사용되었다. 그러므로 전통과 근대는 대립이 아니라 상보적 성격을 가진 것이라고 할 수 있다. 전통에 대한 이러한 이해 방식은 홉스봄Eric Hobsbawm이 서구 근대국가의 형성을 '전통의 창안invention of tradition' 과정으로 보는 문제 의식과 맞닿아 있다. 서구의 근대국가와 민족을 우리의 경우에 동일하게 적용할 수 있느냐는 논란의 여지가 많은 문제일 것이다. 우리 연구과제에 참여한 연구자들이 이러한 구성주의적 시각을 수용하는 정도 또한 각자의 연구관심에 따라 상이하다. 하지만 그럼에도 일본제국의 식민지를 거쳐 새로운 국민국가를 건설하는 과정에서 전통의 문제가 민족주의나 국가주의 또는 여러 가지 집합기억을 구축하는 데 있어서 중요하게 작용하였다는 점은 기고자들이 가진 공통된 문제의식이라고 할 수 있다.

  해방 후 한국 사회에서 전통의 근대적 동원과 창안을 연구하는 데 있어 우리는 다음의 몇 가지 문제를 강조하고자 했다. 우선 식민지시대와 해방 이후와의 관계 문제이다. 전통의 동원과 창안은 이미 식민지시대에 등장하였다. 당시 전통은 식민 체제에 대한 저항적 성격이 강하였다. 전통에 대한 일제의 탄압이 그러한 성격을 강화했다고 할 수 있을 것이다. 하지만 해방 이후에는 사정이 달라져서, 일본의 식민 지배에서 해방된 이후에 시급한 과제는 민족의 정체성 회복과 국가의 재건이었다. 식민 지배에 의해서 단절되었다고 판단되는 민족사의 연속성을 회복하고, 마찬가지로 피식민 경험에 의해 좌절되었던 근대 국가를 재건하는 데 있어서 '전통'은 중요한 동력으로 기능하였다. 또한 일제하에서 전통이 그 정치적 성격을 노골적으로 드러내고 있었다고 한다면, 해방 이후의 전통은 그 정치적 성격이 은폐된 채로 통용되었다. 이처럼 민족사를 계승하고 근대국가를 수립하는 데 있어서 중요한 동력으로 활용되었음에도 불구하고 전통이라는 담론에서 정치적 내용성의 흔적이 제거되었다는 것은 해방 이후 전통 담론의 고유한 성격이라고 할 수 있다. 하지만 표면적으로는 정치적 색채가 사라진 것처럼 보이지만 이면에서 작용하는 전통의 정치적 기능은 식민체제에서보다 오히려 더욱 강화되었다. 이러한 이중성을 고려하지 않는다면 해방 이후 전통 담론의 성격을 제대로 해명했다고 할 수 없다.

  다음으로 식민 체제를 배경으로 하는 해방 이전의 전통 담론과는 달리 해방 이후의 전통 담론이 분단체제를 전제하고 있다는 사실이다. 민족사의 계승이라는 명분으로 전통이 활용되었다는 것은 식민체제의 부산물이라는 점에서 전혀 새로운 현상이 아니지만, 당시의 민중들을 근대국가의 일원인 국민으로 호명하기 위하여 전통을 동원하는 현상은 중요한 변화라고 할 수 있다. 그러므로 식민 체제의 경우와는 달리 해방 이후 분단 체제 하의 '전통'에 대한 연구는 근대국가의 확립 및 국민동원의 형식이라는 당시의 정치적 과제와 분리된 채로 이루어질 수 없다. 또한 근대국가의 수립에 있어서 지배 권력이 전통을 동원하게 된 계기와 그 방식에 대한 상세한 연구는 해방 이후 분단 체제의 고착화 과정을 살피는 데 필수 절차라고 할 수 있다.

우리 연구팀이 중시한 또 다른 문제는 전통 담론의 사회사적·문화사적 기능을 제대로 해명하기 위해서는 다원적이고 다학문적인 접근이 필요하다는 점이다. 해방 이후 국가적 규모에서 이루어지는 전통 담론의 여러 가지 방식을 검토하기 위해서는 반드시 학제간 공동 연구의 형식을 빌지 않을 수 없다. 무엇보다도 전통의 존재방식이 과거 식민 체제와 어떻게 달라졌는지를 살피고 분단 체제 하에서 전통이 기능하는 미세한 방식들을 통시적인 동시에 공시적으로 연구하기 위해서는 다양한 분야의 학문적 접근이 결합되어야만 한다. 이 책에 기고한 연구진은 역사학, 인류학, 사회학, 한국문학 등 여러 분과학문에 기반을 두고 있을 뿐 아니라, 각 연구자 모두 역사적 접근을 중시하고 문헌실증부터 담론분석 및 구술인터뷰에 이르기까지 학제적 접근방법을 사용하고 있다.

이러한 문제의식 하에서 우리 연구진은 전통과 근대국가 수립의 관계를 두 가지 차원으로 구분하여 접근하였다. 하나는 국가가 주도한 일련의 근대화프로젝트에서 전통담론이 정치적으로 활용되는 거시적 차원이며, 다른 하나는 일상 생활의 정치화라는 측면에서 여러 사회주체들이 정체성을 형성하는 데 있어 전통 문제가 작동하는 미시적 차원이다. 1부 '국가와 전통의 창안'에는 세 개의 글을 묶었다. 먼저 신사임당과 현모양처 이념을 다루는 김수진의 논문은 박정희 정권이 주도한 신사임당의 성웅화 과정을 살펴봄으로써 한국 근대국가의 발전주의적 이념이 어떻게 전통을 창안하고 선택함으로써 여성의 국민화 과정을 이끌어갔는지 밝히고 있다. 현모양처로서 신사임당의 이미지는 박정희 시대에 제도적, 이념적 재생산의 기반을 완성하였지만, 여기에는 일제말기 천황체제가 생산한 여성주체상인 '군국의 어머니' 상을 이어받은 흔적이 존재한다는 점에서, 그리고 이 이미지가 신사임당에 대한 초기의 역사적 기억 방식과는 전혀 다르다는 점을 실증적으로 입증한 것은 이 연구가 얻은 중요한 성과이다. 이 논문과 짝을 이루는 연구가 이순신과 도요토미 히데요시에 관한 문화재 지정 문제를 다룬 최석영의 글이다. 최석영의 글은 임진왜란과 정유재란이라는 역사적 사건이 일제의 조선 강점 하에서 어떻게 그 역사적 자리 매김이 이루어졌고 또한 식민지 지배 후에도 그러한 창출이 어떠한 맥락에서 지속성을 가지게 되었는가를 살펴보고 있다. 식민지 후post-colonial 상황에서도 끝나지 않은 민족국가의 건설이라는 과제 앞에서 히데요시는 국민의 신神으로서 숭앙되었고, 이순신은 일제 상황 하에서 일제에 저항한 역사적 상징에 대한 현창사업이 계승되어 박정희에 의하여 민족적 영웅으로 추앙되었다. 문화재 지정에서 작동하는 전통의 선택 기제가 제국과 식민 사회에서 각각 상호 필요에 의해 병존하고 재생산되어왔음을 확인하게 해주는 연구라고 할 수 있다. 새마을운동을 다루는 김영미의 논문은 아미리 마을을 사례로 하여 1930년대부터 1970년대까지 마을 이장권과 마을공유재산의 변화를 추적하여 식민지의 경험이 해방이후 어떻게 연속 혹은 단절되는지 살펴보고 있다. 이 마을의 근대화운동은 일제시기 농촌진흥운동의 경험과 긴밀한 관련을 맺고 있었고, 이 과정은 마을의 씨족갈등 문제와 깊숙이 연결되어 있었다. 이 연구는 인터뷰 방법을 사용함으로써 새마을운동에 대한 국가중심적

해석 대신 농민사회의 자율적 움직임을 포착하였다는 점에서 새마을운동의 성공요인을 보다 복합적으로 설명할 수 있게 해준다.

'전통의 문화적 변용'을 중심으로 하여 미시적 측면에서 접근하는 2부는 연극과 문학 및 의복의 문제를 다루는 네 개의 논문들로 이뤄져 있다. 해방 직후 3·1운동을 주제로 한 좌우.계열의 희곡텍스트를 검토한 차승기의 논문은 해방 직후 역사적 기억의 전승이 정치적 입지에 따라 어떻게 달라지는지를 분석한다. 3·1운동은 해방 직후 주체적 해방투쟁의 역사를 찾아야 했던 상황에서 특권적인 의미를 갖게 되었고 좌우 계열은 서로 다른 방식으로 3·1운동을 기념·기억함으로써 그 역사적 의미를 전유하고자했다. 좌파 계열의 텍스트가 혁명운동이 좌절된 장소에서 그 좌절의 의미를 되묻도록 함으로써 과거로부터 현재를 비판할 수 있는 역사적 잠재력의 일부를 구출해내고자 한 데 반해, 우파 계열의 텍스트는 과거의 죽은 자의 얼굴을 현재의 시점에서 현재에 친숙한 모습으로 되살림으로써 살아남은 자들의 트라우마를 방어기제 내부로 봉인시키고 공동체의 동일성을 존속시키고자 했다. 전후 문단의 담론장을 분석한 오문석의 글은 한국 전쟁직후 비평에서의 전통과 모더니티 담론의 상호적대적인 공존 관계를 조명한다. 이 글은 고전문학과 현대문학, 민족문학과 세계문학, 그리고 근대문학과 현대문학의 세 담론장에서 전통과 모더니티가 어떻게 서로 다르게 관계 맺는지 조명함으로써, 전후의 전통 담론에 식민지적 무의식이 내재하고 있음을 드러내고자 한다. 그리고 시세계에서 이뤄진 전통의 전유 문제를 다룬 이인영의 글은 한국 근현대시사에서 가장 문제적인 시인으로 손꼽히는 미당 서정주의 '신라정신'을 중심으로 하여 미당과 국가주의 파시즘과의 관련 여부를 짚고 있다. 이 글은 식민주의 이데올로기의 연장선상에서 국가주의 파시즘에 동조하면서 근대적 통제와 민족 통합 원리에 적극적으로 기여했다는 미당에 대한 최근의 비평을 좀 더 섬세한 눈으로 수정할 것을 제안한다. 해방 전부터 1960년대까지 다양한 층위에서 변화, 발전을 거듭해 간 '신라담론'의 성격을 검토하고 영원성의 세계를 표상하는 '신라정신'이 미당이 초기부터 견지해왔던 생의 본질 탐구의 최종귀착지였다는 점이 수정의 논거이다. 앞서 살펴본 세 개의 글이 희곡과 문학평론 및 시 등의 문학 분야에서의 전통 문제를 고찰한 것이라면 여성의복 문제를 다룬 김수진의 글은 의복생활에서 전통과 근대의 문제를 젠더정치의 관점에서 접근하고 있다. 의복을 한 사회의 문화적이고 정치적인 차원이 투영된 상징적 재화로 보고, 따라서 의복이 갖는 사회적 의미는 상징투쟁의 차원에서 생산된다는 문제의식을 가진 이 글은 해방 이후 1960년대 초까지 이뤄진 여성의복 생활의 변화과정에서 일어난 의복사치, 한복개량, 및 간소복 논란이 식민지시대 여성에게 투영되었던 전통과 근대, 전통의 창안과 고착이라는 문제가 해방 이후에도 반복되는 양상을 보여 준다고 분석하고 있다.

이 책에 실린 논문들은 연세대학교 국학연구원 중점연구팀이 두 차례 (2006년 7월 14~15일, 2007년 7월 19~20일)에 걸쳐 개최한 학술발표회를 통해 미리 발표되고 토론되었다. 수십 명의 발표자와 지정토론자 그리고 청중이 함께 하며 열띤 토론이 오고가는 귀중한 자리였다. 이 때 오고간 지적들은 대부분 글에 반영되었으리라 생각한다. 그동안 중점 연구 사업을 마감하고 연구 성과를 책으로 출간하는 데에는 국학연구원 의 절대적인 지원과 배려가 있었다. 이 자리를 빌어 감사드린다. 책의 출간을 수락해 주시고 촉박한 일정에도 불구하고 책의 모양새를 꼼꼼히 만들어주신 도서출판 혜안의 사장님과 편집장님께도 감사의 말씀을 올린다. 마지막으로 공동연구를 진행하며 옥고를 실어주신 우리 연구팀의 공동연구진들과 함께 출간의 즐거움을 나누는 것으로 머리말을 가름하고자 한다.

2009년 9월
필자들을 대표하여 김 수 진 씀

● **목 차**

제2부 전통의 문화적 변용

CONTENTS

제1부
국가와 전통의 창안

신사임당과 현모양처
전통의 창안과 여성의 국민화

김 수 진

1. 서 론

신사임당은 오늘날 한국인이면 누구나 알고 있는 한국 여성상의 대표이자 전통적 현모양처의 사표이다. 신사임당에게 부여된 이러한 의미는 다른 많은 역사인물과 마찬가지로 1960∼70년대를 거치면서 만들어졌다. 1960년대 초 이율곡과 오죽헌이 이순신과 함께 국가적 기념과 사적정비의 대상이 되었고, 1977년 사임당교육원이 세워지면서 많은 여고생이 수련 경험을 하였다. 1969년 주부클럽연합회가 신사임당의 날을 제정하여 경복궁에서 기념행사를 하고 매년 사임당상像을 수여하면서 신사임당은 국가적인 현부賢婦로 부각되었다. 다른 한편 1980년대 이후 사임당은 여성을 억압하는 지배이데올로기의 상징으로 간주되기도 했다. 고학력의 전문직을 꿈꾸는 젊은 여성들에게, 현모양처의 화신으로서 신사임당은 화석화된 전통의 상징이자 구시대적인 여성의 스테레오 타입으로 여겨지기 때문이다. 특히 2007년 화폐 도안 지정을 계기로 신사임당은 여성계에서 가장 논쟁적인 인물의 하나가 되었다.[1]

신사임당을 둘러싼 논쟁의 공통된 전제는 '신사임당은 현모양처다'라는 것이며, 이를 뒷받침하는 것은 현모양처가 한국의 전통적 여성상이라는 통념이다. 신사임당이 박정희 정권에 의해 그 전통적인 현모양처의 대표적인 상像으로 주조되어 대중적으로 확산되었다는 점은 꽤 알려져 있다. 그렇다면, 박정희 정권시기 신사임당 이미지의 참조점은 무엇이며 어디에서 유래한 것일까.

사실 근대시기 한국에서 사임당만큼 오랫동안 여러 주체들에 의해 다각적으로 거론되고 조명된 여성인물은 거의 없다. 사임당은 지금의 세대가 기억하는 것보다 더 오래 전에 알려졌고 오랫동안 가공되었다. 앞으로 살펴보듯이 신사임당은 1900년대 애국계몽운동기의 저작에서 시작하여 1930년대 민속학적 야담 기사, 1945년 황민화를 내세운 국민연극, 그리고 1960년대의 단행본과 1970년대의 각종 기념물, 기념행사 및 교육기관에서 등장했다. 이들은 국권 상실의 위기의식과 식민지하의

---

1) 한편에서는 '최초의 여중군자'면서 '여성으로서의 역할과 의무에 충실'했기에 화폐인물에 오를 만큼 훌륭하다는 주장이 제기되었고, 다른 한편에서는 자아를 실현한 다른 여성인물을 놔두고 근대 가부장제에 의해 양처현모의 대표로 왜곡된 인물을 화폐인물에 올리는 것은 유교적 출세지향주의를 부추길 수 있다는 비판이 일었다. 관련 자료는 다음을 참조. 강릉시오죽헌 시립박물관. http://www.sinsaim dang.or.kr/, (사) 문화미래 이프 <고액권 초상인물 신사임당 반대관련 2차 성명서> 2007년 10월 26일, 「여성 화폐인물 신사임당에 이의 있소이다!」, http://www.ohmynews.com

국학 운동, 황민화와 총동원체제, 발전주의 국가민족주의 사업이라는 각기 다른 배경을 갖고 있다. 그때마다 사임당은 다르게 해석되었으며 강조점이나 사용되는 기록의 종류를 달리하며 전유되었다. 이러한 역사적 과정은 민족, 식민주의, 국가와 여성의 관계가 문제가 될 때마다 신사임당이 반복적으로 소환되었음을 말해준다.

신사임당의 소환은 과거 역사를 참조한 것일 뿐 아니라, 일본으로부터 유래하여 식민주의 경험을 내포하고 있다. 그러므로 신사임당의 현모양처화는 홉스봄이 말한 '전통의 창안' 과정일 뿐 아니라 한국 국가주의의 식민주의적 기원을 설명하는 연결 고리이며 발전주의적 국가민족주의에 내포된 젠더 정치의 동학을 보여주는 대표 사례다.

지금까지 신사임당에 대한 연구는 주로 그를 어떻게 해석하는 것이 타당하고 정당한가라는 관점에서 이뤄졌다. 1980년대까지는 유교적 가치관을 체현한 현모양처와 효녀로서의 면모가 부각되었다(손인수, 1983; 정문교, 1994 ; 손인수, 1997). 이에 비해 최근의 연구는 신사임당을 여성사의 맥락에서 조선 후기 유교지식인들이 신사임당을 율곡의 어머니로 한정하여 해석하는 과정을 다루거나(이숙인, 2008), 또는 여성 사회학적 맥락에서 그의 독립적인 면모를 재해석하는 논의가 등장하였다(박무영 외, 2004). 성공한 어머니로 평가받는 사임당의 삶을 가부장적 이데올로기에 종속된 것으로 평가하거나(김명희, 1999), 사임당이 현모양처의 역할을 하면서 예술적 업적을 남길 수 있었던 것을 개인의 노력 때문이라기보다는 친정살이라는 사회관습의 결과로 해석한다(조성숙, 2002). 또는 사임당의 삶을 '전통과 역사가 전해준 여성성의 귀중한 자산'으로 재평가하기도 하였다(이은선, 2005).

이 글은 신사임당의 삶을 해석하거나 재해석하기보다는 신사임당이 근대 시기 공적, 국가적, 여성운동의 담론장에 어떻게 등장하고 해석되었는지에 관심을 기울인다. 한국 근대사 속에서 신사임당은 어떠한 관점에서 조명되었고 어떠한 담론들 속에 배치되었는가. 현모양처로서의 신사임당의 지배적인 의미는 어느 시기 어떻게 형성되었는가. 그 의미는 그것을 생산한 주체와 국면에 따라 달라지지 않았는가. 특히 1970년대 '근대화 프로젝트'(김은실, 1999)라는 대의 앞에서 국가와 여성단체는 사임당상을 어떠한 의미로 생산하였는가.

사임당을 둘러싼 담론과 의미는 역사적 국면으로 나누어 분석된다. 1900년대부터 1980년대까지 간행된 전기류 단행본, 신사임당에 관련된 잡지기사와 신문기사, 신사임당을 소재로 서사화한 작품, 수련교본, 단체사, 수기집, 연구서, 연설집 등을 검토하였다. 이하에서는 먼저 현모양처 이념의 원형인 일본의 양처현모 이념을 살펴보고, 사임당에 대한 담론화 과정을 분석한다. 담론의 국면에 따라 사임당이 어떻게 해석되고 조명되었는지를 살펴보고, 1960~70년대의 경우 국가와 여성단체라는 두 주체의 담론을 구분하여 분석한다.

2. 동아시아의 양처현모 이념과 국가-젠더 체계

신사임당 담론과 이미지의 역사는 '현모양처' 이념의 역사와 긴밀하게 관련되어 있다. 일본에서 '양처현모'라는 말이 중국에서는 '현처양모'로, 한국에서는 '현모양처'로 다르게 쓰이고 있는 데에서 드러나듯이[2] 현모

---

2) 고야마 시쓰코는 이러한 용어의 변형에 대해, 양처현모 이념이 19세기 말 20세기 초 일본에서 수입되었으며 더불어 그것이 유교와 필연적으로 직접 결부되어 있다고 해석한다. 小山靜子, 1991, 5쪽.

양처 이념은 한국의 역사와 전통이라는 영역에 국한되는 것이 아니라 동아시아 사회의 복합적인 체제와 연결되어 있다. 그것은 유교 지배이념, 근대 식민-제국체제의 성립과 민족주의, 국가주의와 젠더 체계의 맞물림을 함축하고 있다.

우리의 여성학 및 여성사 분야에서 이뤄진 연구들은 현재 두 가지 면에서 현모양처 이념에 대해 합의를 이룬 것으로 보인다.3) 첫째, 일본에서 발원한 현모양처, 또는 양처현모 이념은 동아시아 또는 유교권 사회에서 있었던 전통의 단순한 연속이 아니라 전통의 변형이자 서구의 가정 이데올로기domestic ideology 및 가사관리론을 수용하고 유교적 규범과 접합한 것이라는 점이다. 특히 일본에서 양처현모 이념은 가족을 매개로 하여 여성을 근대국가의 일원으로 자리매김하는 장이었다는 데에서 그 근대적인 성격을 드러낸다.

둘째, (식민지) 조선에서 현모양처 이념은 개화기 애국계몽사상가들이나 식민지 시대 총독부 당국의 정책, 그리고 많은 지식인들에 이르기까지 공유되고 있었던 바라는 점이다. 이 현모양처 이념의 구체적인 내용은 역사적 국면에 따라 또는 주체에 따라 변주되었다.

'양처현모良妻賢母'라는 단어는 나카무라 마사나오中村正順가 19세기 서양의 여성 역할 모델, 즉 여성은 집의 도덕적 기초를 제공하고 아이들을 기르고 남편의 '더 나은 반쪽'으로서 행동해야 한다는 이념을 응용하여 만든 것으로, 양처현모는 1897년 일본의 여성 중등교육 이념으로 채택되

---

3) 양처현모 이념의 근대적 성격(홍양희, 1997), 양처현모 이념의 기원지인 일본에서 메이지 시기에 확립된 전통가족의 재구축과 국가주의의 관계(무타 가즈에, 2002), 식민권력의 여성교육정책(현경미, 1998 ; 김경일, 2001 ; 2003), 서양/일본의 가사노동담론의 수용과 주부의 탄생(김혜경, 1999), 일본여자유학생이 받고 선택한 교육의 내용과 가사관리학(박정애, 1999 ; 박선미, 2004)을 다룬 연구 등이 있다.

었고, 1910년대 경에는 신중간층이 형성되면서 가정주부의 역할 규범으로 자리잡고, 1920년대에는 도시 하층계층에게까지 확대되었다.

이렇듯 양처현모 이념은 19세기 말 20세기 초에 영미권에서 정착한 가정성 이념domestic ideology을 차용한 것이었지만 그것이 실제로 함축하는 덕목과 규범은 서구의 그것과 미묘하게 달랐다. 일본의 양처현모 이념은 유교적 덕목과 서양의 가정성 이념, 부부관계의 새로운 요소, 국가주의와 생산성의 논리를 결합시키고 있다. 한편으로 사행(부덕婦德, 부언婦言, 부용婦容, 부공婦功), 화순和順, 인내堪忍, 검소質素儉約, 근로, 정숙, 정절, 효, 충 등 유교적 덕목이 수용되었고, 19세기 산업화 시기 미국에서 제시된 참된 여성의 이상인 경건, 순결, 복종, 및 가정에 충실함 등의 목록도 즉각 수용되었지만, 덕목의 실제적 의미와 강조점을 달리하였다. 일본의 젠더 정책을 서구와의 비교론적 관점에서 고찰한 놀테와 해스팅스에 따르면 미국의 복종이라는 덕목은 수동성과 나약함의 요소에 한정되지만 이는 일본 여성에게 필요한 인내와는 다소 다른 것이었다. "미국 여성이 남편과 시부모를 봉양하기 위해 하루종일 농삿일을 하면서 '남자보다 상처받기 더 쉽고 더 허약하고 더 일찍 죽는다'는 것을 상상하긴 힘들다." 이 밖에도 종교적 경건은 일본에서는 크게 중시되지 않았고, 순결은 과부의 덕목으로 강조되었다. 미국 여성은 사랑보다 돈 때문에 결혼하는 것에 경고를 받았지만 일본 여성에게는 문제가 안 되었다(Nolte & Hastings, 1991).

서구의 가정 이데올로기가 기반하고 있는 작업장과 가정의 분리, 그리고 가정과 여성의 위치도 달랐다. 서구에서 진행된 작업장과 가정의 분리는 점차 여성을 가정 영역으로 제한시켰다. 따라서 페미니즘 운동의 주된 목표는 산업 영역에 나아가는 것이었다. 반면 일본에서는 가정

자체가 공적 단위라고 간주되었고, 여성에게 이 영역을 책임지는 권한이 부여되었다. 일본은 일찍이 보통교육을 의무화했고, 자선사업을 독려하였으며 1차대전 시 간호사를 모집하고 훈련했다. 서구에서 여성들이 어렵게 투쟁한 영역을 일본에서는 국가가 위로부터 실시한 것이다.

이러한 양처현모 이념에서 강조되는 경제적 생산성의 논리는 메이지 국가가 전통 가족을 근대적으로 재편하는 방식에서 비롯된다. 메이지 시대를 풍미한 가정 저널리즘은 전통적인 혈통과 '가'의 논리 대신 '국가'를 강조하고, 가정을 국가의 기초로 자리매김하는 맥락에서 소개했다. 이 새로운 가족은 '국민'을 낳아 기르는 장소이면서, 부부간의 사랑과 애정이 중시되고, '낡은 인습과 속악한 것으로부터' 도덕을 수호하는 곳이었던 것이다. '가정'은 국가의 기초이자 일종의 국가의 축소판으로 정의되었다. 서구의 경우 앞서 말한 대로 일터와 가족, 및 가족—시민사회—국가의 분리 과정을 통해 가족이 사적 영역으로 존재한 데 비해, 일본의 '가정'은 사적 영역이기보다는 "사적 감정을 잊어야 하는 공적 공간"(「문부성의 여성교육령」, Nolte and Hastings, 1991, 156쪽에서 재인용)으로 간주되었다. 이런 맥락에서 '처'는 공공의 형상으로, 국가의 축소판인 가정의 공복公僕이라는 관념으로 다듬어졌고 양처현모는 그러한 공복으로서 갖추어야 할 규범으로 정의된 것이라고 할 수 있다. 그러므로 양처현모 이념은 '가정'을 매개로 하여 여성을 국민의 일원으로 호명하는 장치였던 셈이다.

1910년대까지 양처현모 이념이 모성 역할을 어느 정도 중시했는지는 논란의 여지가 있는 듯하다. 양처현모 이념이 도입될 때부터 서구와 마찬가지로 도덕의 수호자로서 세상의 부정과 비속함으로부터 어린이를 보호하고 기르며 교육하는 어머니로서의 역할을 강조했다는 것이 일반적인 논의다(무타 가즈에, 2002, 132~134쪽). 이와 달리 적어도 1910년대까지 모성은 모호한 이념이었으며, 국가정책 상에서는 양처의 지위와 덕목을 강조했다는 주장도 있다. 영국과 일본을 비교한 놀테와 해스팅스에 따르면, 19세기 말 영국에서는 출산률의 저하와 제국주의의 위기 때문에 미래의 군인과 노동자의 엄마로서 여성의 중요성에 대한 관심이 높아졌고 영국의 가정성 이념이 강조점을 아내로서의 중요성에서 모성 역할로 옮기는 역할을 한 데 비해, 일본정부는 서구에서 일어난 인구감소와 국가의 모성지원정책에 대해 알고 있었으나 주요 관심사가 아니었다고 주장한다. 왜냐하면 인구가 늘고 있었고, 가정을 국가의 단위로 규정하고 확립하는 것이 우선적인 목적이었기 때문이다. 따라서 20세기 전환기 일본의 국가정책은 모성으로서의 기능보다는 아내로서의 책임감을 더 중시했다. 오히려 모성에 대한 관심은 1910년대 이후 페미니즘 운동에서 제기하였다는 것이 이들의 주장이다. 그리고 1930년대에는 군국의 어머니, 황국신민의 어머니로서 모성을 보호하는 파시즘적 정책을 펼치게 된다.

여성들의 입장에서는 양처현모 이념과 주부라는 지위는 단순히 억압적인 것이 아니라 유리한 것이기도 했다. 무엇보다도 여성을 가정의 주역으로 불러냈기 때문이다. 정숙함이나 자기희생 등의 덕목은 삼종지도 같은 이전의 규범과 중복되는 것이 있었지만 여성이 가정의 주역으로서 화목과 행복을 유지하고 만들어내는 데 없어서는 안 될 역할을 담당한다는 점에서는 매우 달라진 것이었다(무타 가즈에, 2002, 130~134쪽). 양처현모가 된다는 것은 자기 남편과 아이들만을 돌볼 수 있는 집에서 살 수 있는 특권을 가지는 것이었다. 여성을 가정을 관리할 권한과 책임을 가진 주체로 규정하는 것은 여성들에게는, 종속적인 며느리이자 일꾼에 불과했던 전통가족을 생각할 때 가족의 지위가 상승함을 의미했던 것이다.

더욱이 양처현모 이념은 근대의 수사를 안고 있었다. 그것은 신분에 따라 달랐던 여자의 규범을 여자 일반의 문제로 치환하고, 미몽한 상태에서 벗어나 합리적 생활과 '과학'적 지식을 갖춘 근대적 삶이라는 선망을 불러일으켰다. 이제는 사무라이 여성만이 정숙하고 용감하고 검소할 것이 아니라 모든 여성이 그래야 하며, 모든 여성이 글을 읽고 공식교육을 받는 것이 바람직한 것이 되었다. 농민 여성만 고되게 일할 것이 아니라 부유층 아내도 근면하고 열심히 일하여 생산성 증대에 기여해야 했다. 그리하여 일본의 모든 여성을 주부라는 정체성을 가진 단일하면서 '평등한' 존재로 만드는 것이다. 또한 효도와 검소, 정숙 같은 과거의 전통적 규범은 여고보를 졸업하여 우체국저금을 할 줄 알고 가정을 합리적으로 관리하는 지식을 갖추고 자선활동이나 애국활동에 많은 시간을 쏟는 여성상과 병합되었다(Nolte and Hastings, 1991, 171~172쪽).

이상에서 살펴본, 메이지 국가가 정책적으로 입안하고 여성운동에 의해 비판/수정된 일본의 양처현모 이념은 개화기 이후 박정희 정권 시기에 이르기까지 한국에서 등장한 현모양처론에서 부분적으로 차용되거나 매우 유사한 모습으로 나타났다. 유교적 덕목과 서구 가정성 이념의 접합, 국가를 구성하는 단위이자 공적 장소로 인식되는 가족, 가족내 여성 역할에 부여된 다층적 의미 등이 한국에서 발견되고 있다. 하지만 나중에 보게 될 것처럼 이 양처현모 이념이 동일한 시기 동일한 비중과 방식으로 나타났고 볼 수는 없다.

3. 신사임당 담론의 역사적 국면

근대적 출판을 매개로 공적인 담론장이 형성된 구한말 이후 신사임당에 관련된 기사나 사건을 역사기록이 발굴되고 사용되는 측면에서 살펴보면 세 가지 국면이 드러난다. 첫 번째, 1900년대 애국계몽기와, 1920년대부터 1930년대 말까지의 두 번에 걸쳐 신사임당이 신지식층의 담론장에 등장한 국면이다. 이때 신사임당은 여성사 연구서, 여성 잡지, 신문 등에서 역사 속의 여성인물 중 하나로 발굴되었다. 두 번째는 1943년부터 1945년까지 신사임당이 '군국의 어머니'상으로 조명된 시기로, 국민연극 운동과 함께 만들어진 역사극에 등장하였다. <표 1>에서 보듯이 해방 이후 신사임당은 각종 교양·역사 서적에서 꾸준히 언급되었다. 하지만 이 시기를 특별한 담론적 국면으로 보기는 힘들다. 신사임당은 수백 명의 역사인물 중 한 명으로 간주되었을 뿐이다. 신사임당이 특별한 주목 대상이 된 것은 1960년대부터다. 이 세 번째 국면에서 신사임당은 박정희 정권의 국가영웅화 사업의 주도 하에 전통의 이름을 부여받은 '현모양처'이자 근대화를 수행하는 여성주체의 사표로 자리잡게 되었다.

<표 1> 신사임당 관련 기사와 출판물 및 사건

연도	월 일	기사·출판물 및 사업·사건	특기할 내용
1908		장지연의 『여자독본』에서 '어머니의 길母道'이라는 장에 김유신 모친, 정일두 모친 등과 함께 이율곡 모친으로 실림	
1926		이능화의 『조선여속고』 23장 조선부녀 지식계급, 1. 사족부녀土族婦女 유문식자有文識者 중 사임당 신씨가 언급됨	재주, 어진 아내, 박학다문한 아내
1931	2.	잡지 『신생』에 이은상이 쓴 「이원수와 산촌미부 : 율곡 이이선생 출생삽화 : 동방의 대위인 이이선생」이 실림	
1931	3.	잡지 『신여성』에 차상찬이 쓴 연재기사 '사상의 빛나는 여성들' 중 「허정승의 누님과 율곡의 어머니」가 실림	다른 기사는 허난설헌

연도	월일	내용	비고
1933	3.	잡지『신가정』에「이조국초의 여류문학」에서 사임당이 다뤄짐	
1934	10. 20	『동아일보』에 연재된 '조선심과 조선색' 시리즈에 '사상에 빗난 여성의 편모' 중「율곡선생의 모친 사임당 신씨」이 실림	다른 한 명은 허난설헌
1935	10.	잡지『은룡』에 제갈환이 쓴「율곡모사임당 신씨 : 명원名媛」실림	
1943		『동서 현모열전』(명문당)의 121명의 어머니 중에 실림	예술적 재능, 박학다문으로 남편을 내조한 이야기
1945	1. 29	제3회연극경연대회에 참가작품인 청춘좌의『신사임당』(송영 희곡)이 동양극장에서 성황리에 공연	
1947		김동인이 124명의 야담을 뽑아 실은『5천년 사설집史屑集』(조선출판사)에「율곡 모부인母夫人 사임당」실림	남편 이원수에 대한 내조와 가르침의 일화
1948		16명의 위인전기모음집인『조선위인전』(계림사)에 '신사임당' 실림. 영주英主, 충신, 명장, 철인, 경학, 문호 14명과 명부名婦 2명(평강공주와 사임당)	여류예술가와 율곡의 성모
1955	12. 13-15	『동아일보』가정란에 김도태가 쓴「사임당 신씨」가 3회에 걸쳐 연재	
1962		단행본 이은상의『사임당의 생애와 예술』이 발간됨. 이후 1966년부터 1994년까지 보유 수정 7판을 거듭하여 출간됨	사임당에 대한 기록의 원전 역할을 함
1962	6.18	『동아일보』가정란에 이은상의 기사「여성의 사표 신사임당－411주기에 붙여」실림	
1962		영화「율곡과 그 어머니」가 이종기 감독으로 촬영	필름 미상
1962	10.	국가재건최고회의 박정희 의장의 지휘로 오죽헌 수보하고 율곡 추모제전을 강원도 주최 연중행사로 제정	
1964		박화성과 최정희 공저의『여류한국』(어문각)에 '여류문현' 란에 실림	삼국시대부터 식민지시대까지 20명의 여성을 선정
1965	10.	오죽헌 내 율곡기념관 건립	문성사文成祠 현판
1965	11.	율곡기념사업협회에서 율곡과 신사임당의 존영을 새로 제작하여 봉안	

1969	5.	주부클럽연합회에서 사임당상像 제정 예능대회 개최	
1970	11.	애국선열조상건립위원회가 사직공원에 사임당동상 제작	
1974	10.	강원도에서 경포대 사임당 동상 제작	박정희 대통령의 글씨, 이은상의 약력
1974	5.	파주 자운산 묘역정화사업―사임당과 율곡 묘소 및 자운서원	
1977	11.	강원도교육위원회에서 사임당교육원 설립	

　사임당 담론의 국면은 역사 기록의 발굴 및 사용과 밀접히 관련되어 있다. 사임당에 대한 조선시대의 기록은 역사 속의 다른 여성들과 마찬가지로 단편적이다. 또한 자기 자신이 아니라 남성 유학자들이 남긴 것이다. 그러므로 사임당에 대한 기록은 단순히 사임당의 생애를 실증하는 자료이거나 불편부당한 객관성을 가진 자료가 아니다. 조선시대의 유교적 규범에 바탕을 둔 선택과 해석이, 그것도 남성 양반의 시각이 이 기록들에 삼투되어있기에 사임당에 대한 기록은 지배적 담론이다. 조선시대의 기록은 사임당에 대한 근대적 담론이 준거하는 원原자료이자 선택과 (재)해석이 가해지는 원原담론이다. 따라서 사임당이 담론화되는 과정은 그에 대한 기록이 어떻게 발굴되고 선택되고 사용되는가의 문제와 긴밀하게 관련되어 있다.

　식민지 시대부터 1950년대까지 신사임당에 대한 소개는 이율곡이 쓴 「선비행장先妣行狀」이나 기타 몇 가지 문서를 통해 알려진 단편적인 기록이 반복되는 경향이었다.4) 사임당에 대한 자료 수집에서 새로운

---

4) 이율곡은 부모, 외조부모, 형부부 등에 대한 행장과 기록을 남겼다. 사임당에 대해 「先妣行狀」, 외할아버지 신명화 공에 대해 「外祖考進士申公命和行狀」과 「外祖妣李氏墓誌銘」, 그리고 외할머니에 대해 「李氏感天記」와 「栗谷撰 外祖母李

국면을 연 것은 이은상이다. 그가 1962년 사임당에 관련된 기록과 관련 자료를 포괄적이고 체계적으로 수집하여 출간한 『사임당의 생애와 예술』은 박정희 정권 시기 국가 주도의 사임당 담론을 만드는 밑거름을 제공하였을 뿐만 아니라 오늘날에도 사임당에 관련된 모든 담론이 준거하는 원자료의 역할을 하고 있다.5) 이 책에는 사임당의 시, 글씨, 그림(풀벌레, 포도, 화조, 화초어죽, 난초, 산수) 등 흩어져 전해오던 작품들이 수록되었고, 율곡이 남긴 기록이나 기타 기록을 토대로 만들어진 사임당의 약전과 연보, 그리고 사임당의 가족에 대한 기록이 실렸다. 삶과 그림 및 가족에 대한 기록은 이율곡이 어머니와 외가에 대해 쓴 행장과 묘지명을 바탕으로 작성되었고, 신사임당에 대한 일화는 『견첩록見睫錄』, 『동계만록桐溪漫錄』 같은 문집류나 야사집에 실린 글에 준거하고 있다. 그 외 후대에 사임당의 것으로 전해진 서, 화 및 자수 작품에 붙여진 유학자들의 발문이 있다. 이 책은 1962년 초판이 출간된 이후 뒤늦게 알려진 사임당의 작품 및 관련 기록과 박정희 정권에 의해 조성된 유적 및 관련 사업을 추가하여 1966년부터 보유 및 수정판을 거쳐 1994년 7판에 이르러 완성되었다.

식민지 시대의 문헌과 이은상의 단행본 기록을 검토해 볼 때 신사임당과 관련하여 논의된 주제는 다음의 네 가지다(연대기적 사실은 부록 사임당 연보 참조). 첫째, 학식과 인격으로 남편을 계도한 것, 둘째, 어릴 때부터 천재성을 발휘한 그림 솜씨와 학문적 깊이, 셋째, 지극한 효심, 넷째, 살림살이의 근검함과 자녀교육의 엄격함이 그것이다. 국면에 따라 이 이야기들은 강조점을 달리하거나 선택적으로 사용되었고, 또 동일한

氏墓誌銘」, 형 이선 부부에 대해 「栗谷撰 伯氏參奉公墓誌銘」, 「栗谷撰 伯嫂郭氏祭文」 등이 있다(이은상, 1994).

5) 이념적 조언자로서 이은상과 박정희 정권의 관계는 별도로 연구할 필요가 있다.

국면에서도 해석자의 시각에 따라 하나의 주제에 대해서도 해석의 방식이 미묘하게 다르게 나타났다.

남편 이원수와의 관계는 이율곡의 『선비행장』에서도 언급되었고, 다른 문집에도 일화로 기록되어 있다. 사임당이 고전을 전거로 자신이 죽은 뒤 재취하지 말 것을 논변한 이야기(『동계만록』)와 남편이 영의정 이기의 문하에 가는 것을 사임당이 경계하자 부인의 말을 따름으로써 뒷날 화를 당하지 않았다는 이야기(『견첩록』)가 대표적이다. 남편보다 학식과 판단이 깊고 뛰어났다는 사실을 어떤 맥락에서 언급하고 또는 어떻게 이해할 것인가.

서書, 화畵, 침선針線에 두루 능한 사임당의 예술적 능력에 대한 예찬은 율곡의 『선비행장』에서 시작하여 후대에 쓰여진 사임당 작품의 발문과 문집 등에서 반복적으로 기록되었다. 『선비행장』에서 율곡은 사임당이 어릴 때부터 안견의 작품을 보고 습작을 하여 포도와 산수에서는 안견에 버금 간다고 하였고, 『옥오재집玉吾齋集』에는 풀벌레 그림을 닭이 와서 쪼아 종이가 뚫어졌다는 일화가 소개되어 이후 사임당의 정묘한 솜씨에 대한 경탄이 전해 내려왔다(이은상, 1962, 155쪽). 조선시대 여성이 학식과 재예를 모두 갖춘다는 것은 조선 후기 유교적 규범에서는 금기시 된 것이다. 조선 후기 성리학자들 사이에서 이에 대한 평가는 단일하지 않았으며, 애국계몽기 이후 이러한 사임당의 재예를 어떤 정도로 평가할 것인가의 문제도 미묘하게 달라진다.

사임당의 효성 문제를 살펴보자. 사임당이 친정 어버이에게 보인 효성은 그가 남긴 시나 일화를 통해 알려졌다. 그런데 사임당의 효성은 사실상 모계적 생활 터전과 외가살이에서 비롯된 것이며, "오늘날 기록으로 남은 조선시대 여성 중 가장 특이한 환경에서 성장한 인물"(박무영 외,

2004, 32쪽)이다. 사임당의 집안은 3대째 모계살이를 하였다. 이는 친영례나 장자장속 같은 성리학적 규범과 제도가 자리잡기 이전인 16세기 조선시대 양반사회의 모습을 반영한다. 하지만 그럼에도 사임당의 가족사는 당시로서도 흔치 않은 사례에 속한다. 사임당의 성장 환경과 결혼 후의 생활은 최근의 여성사 연구에서 강조하고 있는 것으로, 사임당이 자신의 재능을 닦을 수 있었던 중요한 요인이다(조성숙, 2002 ; 박무영 외, 2004 ; 박민자, 2005). 그런데 이러한 사임당 일가의 모계 생활은 조선시대 기록에서 주목되고 정리된 적은 없었다. 모계의 생활과 외가의 영향력에 대한 종합적인 전모는 이은상이 수집한 사임당과 율곡에 관련된 가족 기록, 즉 행장, 묘비명, 족보, 분재기 등을 전부 모아 맞춰본 이후 드러난 것이라고 할 수 있다. 조선시대 남성들이 쓴 기록 속에서 사임당의 모계적 생활은 언급되지 않았다. 율곡이 남긴 기록과 율곡에 대한 기록에서는 효심을 나타내는 일화의 배경으로 언급된다. 여기서 강조되는 것은 사임당이 가진 '효성', 그리고 그 영향을 받은 율곡이 가진 효성의 지극함이다.[6] 이는 이은상의 책에서도 마찬가지여서 비록 그의 작업을 통해 사임당과 이율곡에 미친 모계적 영향력이 더 잘 알려지게 되었음에도 불구하고 정작 신사임당의 모계 생활은 주목되지 않았고, 1960~70년대 사임당이 위인화 되는 과정에서도 마찬가지였다. 모계 생활을 바탕으로 강한 자존감을 가진 사임당의 면모는 시집 생활의 일화에서 읽을 수 있다. 이에 관련된 일화는 이율곡이 『선비행장』에서

---

6) 사임당의 시와 평생의 근심도 어머니를 향한 것이었지만, 사임당의 어머니 용인 이씨 또한 무남독녀로서 어머니 최씨의 병환 때문에 서울로 시집을 갔다가 다시 돌아왔다. 또한 율곡에 대한 일화도 마찬가지여서 율곡은 다섯 살의 어린 나이에 어머니의 병을 걱정하여 사당 앞에서 기도했고, 나이가 들어서는 외할머니의 병환 때문에 봉직을 버리고 강릉으로 내려갔다고 한다.

기록했는데, 이에 대해서 후대의 성리학자나 이은상의 단행본 등에서 특별한 주목의 대상이 되지 않았다.7)

사임당이 4남 3녀를 구체적으로 어떻게 교육했는지를 자세히 알려주는 기록은 별로 없는 것으로 보인다. 율곡의 『선비행장』에서는 사임당이 스스로 학식과 도덕으로 모범을 보였다는 언급은 있으나 구체적인 내용은 없다.8) 후대에 붙여진 발문들에서는 어진 부인 사임당이 율곡 같은 현인을 낳았다는 내용이 반복된다. 이은상의 책과 이후 나온 사임당에 대한 글들에서 '현모'로서의 사임당의 면모는 두 가지를 근거로 유추되었다. 사서삼경에 통달하였기에 유교적 덕목을 체현하였을 것으로, '사임당'이라는 호가 문왕의 어머니 태임을 본받고자 한 의지를 나타내고 있다는 점,9) 그리고 율곡을 비롯하여 4남 3녀의 자녀가 다 훌륭하게

---

7) 신혼을 치른 지 얼마 안 되어 진사가 작고하니 상을 마친 뒤에 신부의 예로써 시어머니 홍씨를 서울에서 뵈었는데 몸가짐을 함부로 하지 않고 말을 함부로 하지 않았다. 하루는 친척들이 모인 잔치 자리에서 여자 손님들이 모두 이야기하며 웃고 하는데 자당만 말없이 그 속에 앉아 있자 홍씨가 자당을 가리키며, "새 며느리는 왜 말을 않는가" 하셨다. 그러자 무릎을 꿇고 말하기를, "여자는 문 밖을 나가 본 적이 없어서 전혀 본 것이 없는데 무슨 말씀을 하오리까" 하니, 온 좌중에 있던 사람들이 모두 부끄러워했다고 한다(이필순, 1999, 313쪽에서 재인용).

8) "한성에 이르러 수진방에 살았는데 이때에 홍씨는 늙어 가사를 돌보지 못하였으므로 자당이 맏며느리 노릇을 했다. 가군은 성품이 호탕하여 세간살이를 돌보지 않았으므로 가정형편이 매우 어려웠는데 자당이 절약하여 윗분을 공경하고 아랫사람을 길렀는데 모든 일을 맘대로 한 적이 없고 반드시 시어머니에게 고하였다. 그리고 홍씨의 앞에서는 여종도 꾸짖는 일이 없고 말씀은 언제나 따뜻하고 안색은 언제나 온화했다. 가군께서 어쩌다 실수가 있으면 반드시 간하고 자녀가 있으면 꾸짖으니 종들도 모두 존경하며 떠받들고 좋아했다"(이필순, 1999, 314쪽에서 재인용).

9) '사임'이라는 호의 한자는 기록에서 여러 가지로 적혀 있었다고 한다. '師任'을 비롯해서 '師姙, 思任, 思姙'이 그것인데, 이은상은 율곡의 「외조부 신공행장」에 적혀 있는 글자가 '師任'임을 근거로 이를 정확한 글자로 보았다(이은상, 1966,

컸다는 점이 그것이다. 특히 이율곡이 남긴 여러 계훈서 류의 저작들을 통해 사임당의 영향을 역으로 추론하는 경우가 대부분이다. 그리고 장녀 매창과 막내 옥산(우)이 그림과 글씨에서 각각 사임당의 재능과 지혜를 이어받아 이름을 남겼음이 강조되었다.

4. '유문식자有文識者 사족부녀士族婦女'에서 '군국의 어머니'로

신사임당은 애국계몽운동과 민족주의적 역사학의 대두를 배경으로 근대적 담론장에 등장하였다. 1900년대 애국계몽의 문화운동 세력은 개화의 물결과 국권박탈의 위기에 대응하기 위해 역사위인과 국가영웅을 발굴하고 역사전기 소설을 활발히 출간하였다. 국망의 위기를 극복하기 위한 일환으로 여성 교육과 계몽의 필요성을 역설하는 목소리가 공론화 되었다. 여성교육용 간행물이 개발되었고, 여러 나라의 선구적 여성들이 소개되었다.[10] 역사적 인물에 대한 연구와 글이 널리 알려진 것은 1920~ 30년대 담론장이 확대되면서부터다. 최남선과 이능화 같은 선구자를 필두로 민속학적이고 역사학적인 연구가 본격화되어, 권상로, 안확, 이중화, 이규봉, 차상찬, 문일평, 함화진, 정노식, 김윤경, 이은상 등이 뒤를 이었다. 특히 한학에 조예가 깊었던 개벽사의 차상찬과 시인 이은상 같은 이들은 각종 정사와 야사, 문집 등에 실린 기록을 한글 이야기 형식으로 만들어 신문이나 잡지의 지면에 발표하는 데 주력하였다. 대중

62쪽).

10) 여학교용 교재와 초기 여성잡지에 대해서는 박용옥(2001, 298쪽)과 김수진(2009) 의 <표 3-1>을 참조.

적 출판매체를 통해 역사적 인물에 대한 관심이 증대하면서 이들을 소재로 한 소설과 극본이 활발히 만들어지게 되었다. 이 시기 주목을 받은 남성인물로는 이순신, 김삿갓, 단종 등이 있고, 여성인물로는 허난설헌, 황진이, 신사임당 그리고 논개를 꼽을 수 있다.

1) 문명한 국민의 교육자

신사임당이 근대 출판물에 처음 등장한 것은 장지연의 『여자독본』(1908)에서다.[11] 여기서 신사임당은 문명국가의 국민을 교육하는 어머니로 조명되었다. 장지연의 여성교육관 또한 당시의 계몽운동가들과 마찬가지였다.

> 여자는 나라 백성된 자의 어머니될 사람이라. 여자의 교육이 발달된 후에 그 자녀로 하여금 착한 사람을 이룰지라. 그런 고로 여자를 가르침이 곧 가정교육을 발달하여 국민의 지식을 인도하는 모범이 되느니라. (『여자독본』 상권 제1장 총론 제1과/박용옥, 2001, 303쪽에서 재인용)

『여자독본』은 우리나라 여성들과 중국 여성 및 서구 여성의 모범적 사례를 상하권에 나눠 모았다. 이 책은 우리나라 여성의 경우 조선시대 내훈서에 실린 모범적 여성들, 즉 '시가의 부모와 형제 그리고 남편을 위해 희생한 여성', 이른바 유교적 열녀는 취급하지 않았다. 이는 비슷한 시기 여학교에서 널리 쓰인 수신서인, 유교적 부덕을 가르치는 내용을

---

11) 『여자독본』은 한글을 주로 사용하고 상·하권으로 이루어졌다. 상권에는 총론, 모도(母道), 부덕(婦德), 정렬, 잡편의 5장 64과로 구성되어 한국여성 40명이 선정되었고, 하권에는 장 구분 없이 56과로 구성되어 중국 여성 19명과 서구 여성 10명이 선정되었다.

대거 실은『여자 소학 수신서』와도 대조적이었다.[12] 그리고 중국 여성과 서구 여성에 대해서는 전쟁에 참여하거나 자선활동을 벌임으로써 국가와 사회를 위해 헌신한 인물을 실었다(박용옥, 2001, 305~310쪽).

『여자독본』이 제시하는 여성상은 국민될 이를 교육하는 어머니이자, 구국정신과 독립사상을 갖춘 여성이다. 이는 유교적 규범에 바탕을 둔 여성상이 아니라 국가의 구성원이자, 그 구성원의 교육자로서의 지위를 강조하는 것이었다. 신사임당이 이율곡 모친으로서 '어머니의 길'母道이라는 장에 김유신 모친, 정일두 모친, 이오성 모친, 홍학고 모친, 김유신 부인과 함께 실려 있는 것 또한 주부의 첫째 책임을 국민을 기르는 자녀교육으로 생각하는 애국계몽적 여성교육론에 바탕을 둔 것이라고 할 수 있다.

1900년대에 신사임당이 이율곡의 어머니로서 거론되었다는 사실은 조선 후기 노론계열 학자들이 부여한 의미와는 다른 것이었다. 조선 후기 송시열을 필두로 노론 계열 인사들이 사임당을 상찬한 것은 율곡을 '성현'으로 만들려는 시도의 일환이었다. 그들은 사임당의 재예를 대성현을 낳은 여성이 가져야 할 도학이라는 측면에 가둬놓았다(이숙인, 2008). 송시열을 비롯한 노론 계열의 성리학자들이 보여준 사임당 해석은 사임당의 학문과 재예가 가져오는 긴장감을 율곡을 내세워 무마하려는 시도라고 할 만하다. 이에 비해 구한말 애국계몽 사상가들에게 신사임당은 문명국 건설이라는 거대한 목표 하에 문명국민을 기르는 교육자가 되어야 할 구한말 여성들이 본받을 어머니들 중의 하나였을 따름이다.

---

12)『여자소학수신서』에서 수신의 모든 덕목은 "남의 조은 어머니와 조은 싀모와 조은 며느리와 조은 동셔와 조은 올케와 조은 ᄌᆞ녀가 되랴ᄒᆞ여" 행해져야 한다(노병희, 1909/1977, 613쪽). 즉 여성은 시집('남의 집')의 친족체계 속에서의 위치와 역할로 정의된다.

2) '규녀식자閨女識者'와 '역사 속의 빛나는 여성'

다음으로 신사임당을 발견할 수 있는 책자는 1926년 간행된 이능화의 『조선여속고』다. 최초의 여성사 연구이자 근대적 민속사 연구라고 할 수 있는 이능화의『조선여속고』는 혼인, 복식, 산육잡속産育雜俗, 노력동작, 연중행사 및 유오遊娛, 지식녀·지식사知識事, 효녀효부열녀, 칭호와 계급, 금기 교훈, 투부기담, 여자교육의 내용을 담아 총 26장으로 구성되었다. 이 책에서 이능화는 조선 여자 중 유식자有識者를 네 종류로, 즉 사족부녀로서 글을 아는 이, 사족부녀로 시사를 지을 수 있는 이, 사족첩실로 시사를 지을 수 있는 이, 교방기녀로서 시사를 지을 수 있는 이로 나누고, 신사임당을 사족부녀士族婦女로 자리매김 하였다.[13] 이 책에서 이능화는 '규녀식자閨女識者'들로 사임당 신씨, 난설헌 허씨, 유몽인의 매씨, 윤광연의 부인 등을 소개하였다(이능화, 1926/1990).

이능화는 "부녀자는 사람들로부터 재주 없다는 말을 들을지언정, 덕이 없다는 말을 듣지 말라. 세가대족의 부녀가 지은 시사가 잘못되어 유전하면, 반드시 석자釋子들의 손에 들어가 뒤에는 창기가 부르게 되니 어찌 부끄럽지 아니한가?"라고 한 주문위의 말을 인용하면서, 여성에 대한 교육을 금하고 여자가 학식과 재예를 갖추는 것이 규범에 어긋난 것으로 여겨지는 억압적인 조선 사회였기에 여성들의 학식은 직접 교육아 아니라 형제들의 '어깨 너머로 배운' 것이었음을 지적하고 있다. 사임당 또한 이러한 맥락에서 억압적 상황에서 학식과 재능을 닦은 역사 속의 여성

---

13) '23장 조선부녀 지식계급'에 그 일화와 시가 소개되어 있다. 이 장은 유문식자(有文識者) 22명에 대한 이야기와, 사족부녀 34명과 사족첩실 10여 명이 지은 시를 싣고 있다. 교방기녀의 작품은 기생 연구서인『조선해어화사』중 30장 '시가와 서화에 능한 명기' 편에 따로 실었다. 사임당은 유문식자인 사족부녀의 일화와 시사를 소개한 절에서 각각 등장한다.

중 하나로 소개되었고 다른 양반 여성들에 비해 더 강조하는 바가 없었다.14) 더욱이 이능화는 지식계급 여성들이 지은 시사의 우열을 교방기녀, 사족첩실, 그리고 사족부녀의 순으로 평하면서, 그 이유를 "그 처한 경지에 따라 정감情感과 감발感發이 달랐기 때문"이라고 하였다.

이능화의『조선여속고』는 근대적인 여성사 연구서로 학술적인 가치가 크지만, 한글이 아닌 한문현토 문장으로 쓰였기에 당시 대중적인 파급력이 큰 출판물이 아니었다. 신사임당이 역사 속의 많은 여성들 중에서 좀더 특별한 주목을 받기 시작한 것은 1930년대에 들어서서부터다. 장지연과 이능화의 책자에서 신사임당은 각각 국민의 어머니, 또는 '규식여자' 중의 하나로 언급되었다면, 1930년대 초 여러 잡지와 신문에 '열전' 형식의 기사 형태가 자리잡으면서 신사임당은 점차 '역사 속의 여성' 즉 역사적 여성위인 중 중요한 인물로 부각되기 시작한다. 그 주요 기사로 1931년『신생』에 이은상의「이원수와 산촌미부 : 율곡 이이선생 출생삽화 : 동방의 대 위인 이이선생」, 같은 해『신여성』에 차상찬이 쓴 연재기사 '사상의 빗나는 여성들' 중「허정승의 누님과 율곡의 어머니」, 1934년『동아일보』에 연재된 '조선심朝鮮心과 조선색' 시리즈의 '사상에 빗난 여성의 편모' 중 하나인「율곡선생의 모친 사임당 신씨」, 1935년 잡지『은룡』에 제갈환이 쓴「율곡모사임당 신씨 : 명원名媛」을 꼽을 수 있다. 그리고 해방 이후 출간된 위인전기모음집의 인물에 몇 명 되지 않은 여성이 할애된 경우 사임당이 빠지지 않고 들어가 있다(<표 1> 참조).

하지만 신사임당이 1930년대에 주목을 받은 유일한 여성인물이었다고 할 수는 없다. 허난설헌과 황진이는 빠짐없이 거론되었고 때로는 사임당

---

14) 이능화가 소개한 일화는『동계만록』에 실린 것으로, 남편을 훈도하는 모습이다. 경서와 고사(古事)를 전거로 자신이 죽은 뒤 재취하지 말 것을 논변한 이야기다.

보다 더 큰 흥미와 경탄의 대상으로 취급되었다. 예컨대 당시 가장 활발하게 야담과 설화류 기사를 쓴 차상찬은 황진이를 자신의 타고난 절색과 갈고 닦은 재주를 유감없이 펼친 '여류기인'으로 평가하였다.[15] 한편 『동아일보』가 1934년 연재한 「조선심과 조선색」은 민속, 사회제도, 역사 속 여성을 다루면서 허난설헌과 신사임당을 꼽았는데, 필자 김원근金瑗根은 허난설헌을 남편에게 소박을 당하였으나 선도仙道의 정신세계를 가진 천재적 시인으로 묘사했다.[16]

그렇다면 1930년대 신사임당은 어떠한 측면에서 주요한 역사적 여성 인물로 주목되었을까. 그 내용은 "경서와 사서에 깊은 학식을 가지고 있고 시, 서, 화에 능한 재예를 가지고 있었던 여성으로, 남편을 계도하고 율곡 같은 대성현을 낳고 길렀다"로 요약될 수 있다. 주로 소개된 일화도 앞서 소개한 남편과의 관계를 보여주는 내용이다.

사임당이 민족주의적 발로에서 한국 역사에 대한 관심을 확산시키는 가운데 조선 양반 여성의 대표적인 '유문식자'로서 남편을 당당하게 계도한 인물로 해석되었음은 조선시대 성리학자들이 남긴 기록과 비교할 때 더욱 분명해진다. 조선 후기 양반 남성들이 사임당의 서, 화에 대해 남긴 기록들을 검토해 보면, 사임당의 학문과 재예가 가져오는 긴장감과, 그것을 대성현 율곡을 내세워 무마하는 과정을 알 수 있다. 사임당의 학문과 재예는 침선, 자수, 방적의 일을 익히고 봉제사접빈객의 역할에만

---

15) 차상찬은 야사와 사화, 및 풍속에 관심을 가진 민속학자, 사화 및 설화 전문가이며, 개벽사의 흥망성쇠를 끝까지 지고 간 언론운동가다. 그는 18여 개의 필명을 가지고 여러 잡지에 인물만평, 사화, 설화, 소화(笑話), 가십 등 약 410여 편의 글을 발표하였다(박종수, 1994, 259쪽). 차상찬이 『신여성』과 『별건곤』에 게재한 여성 열전류를 보면 「조선투부열전(朝鮮妬婦列傳)」, 「조선명원열전(朝鮮名媛列傳)」, 「조선역대미인전」 등이 있다(자세한 내용은 김수진, 2009, 3장 5절 참조).
16) 김원근, 「선도를 조하한 허란설의 시문」, 『동아일보』 1934. 10. 22.

전념하는 것을 부덕으로 규정한 유교적 규범에 어긋나는 것이다. 이 문제에 대해 가장 강경한 태도를 피력한 이는 송시열이었다. 송시열은 사임당의 재예에 쏟아지는 관심을 성리학의 대학자인 율곡의 어머니됨으로 옮기려 하였고, 사임당이 남긴 작품을, 사임당 본인이 남기기 위해 그린 작품일 리 없다고 추론하기도 했다(이은상, 1994, 214~215쪽).

사임당의 학문과 예술적 성취가 내포한 위험성을 무시하고 약화시키는 것은 사임당을 율곡의 어머니로 자리매김함으로써 가능하다. 그러므로 조선시대 사임당의 작품에 붙여진 발문은 대개 그 가치를 '율곡 선생 어머님의 그림'이라는 데에 두고 있다. 그리하여 신사임당 그림의 가치는 재주가 아니라 인품에 있다는 해석도 이어진다. 이러한 논의에 따르면 사임당의 그림은 다만 '채색칠'이나 '먹물칠' 같은 '손끝 기술'을 넘어서는 것으로 그 진정한 가치는 대성현 율곡을 키워낸 가문이자 그 모친의 도학에 있다(이은상, 1994, 150, 178~180쪽).

이렇게 사임당의 서화 작품을 사임당 자신의 재예가 아니라 대성현 율곡의 어머니가 가진 도학으로 강조하는 기록들은 1930년대의 문헌에서는 언급되지 않았다. 작품에 붙여진 발문들은 흩어져서 전해 내려온 것들이 대부분이므로, 당시 필자들이 이 기록을 보지 않았을 가능성이 크다. 1930년대의 민족주의적 역사학의 발로에서는 율곡의 어머니로서보다는 뛰어난 학문과 재예로 남편을 이끌어 이름을 남긴 여성이라는 의미를 더 주목했다고 하겠다.

3) 양처현모와 '군국의 어머니'[17)]

---

17) 일본에서 만들어진 '양처현모'라는 말은 식민지 시기 조선에서도 그대로 사용되었다. 당시 '현모양처'라는 말이 간혹 등장하긴 했지만 일반적인 용례는 아니었

일제는 1940년대 초 식민지 조선에도 지원병과 징병제를 실시하면서 조선 여성들에게 국가주의적 양처현모 이념을 선동하기 시작했다. 1942년 여성교육을 주제로 한 좌담회에서 진명고녀 교장대리인 마쓰오카 스바야시가 한 말은 징병제 실시 이전과 이후 일제가 조선에서 시행한 여성 교육이념의 실질적인 목표가 무엇이었는지를 보여준다.

> "종래의 여자교육이라는 것은 일신일대一身一代의 영예를 향유케 하는 것을 목표로 해온 것이지요.⋯⋯교육자로서의 급무는⋯⋯일본 국민으로서의 자각, 일본 여성으로서의 자각, 자기들의 자녀도 사유私有의 아들들이 아니라 폐하의 적자다, 어떻게 하면 폐하의 고굉으로서의 군인을 만들 수 있는가 하는 책임을 깨닫게 하는 것이 중요한 임무일 것입니다."
> (이상경, 2002, 213쪽에서 재인용)

1890년대 이래 식민지 조선에서 실시한 일본의 양처현모주의 교육은 일본 내지에서처럼 가정을 매개로 여성을 국민의 일원으로 불러내는 의도를 보이지 않았다. 그런데 징병제를 실시하는 상황이 되자 자식을 천황의 자식으로 간주하는 일본 군국의 어머니됨을 교육목표로 제시하고 있는 것이다. '군국의 어머니'는 전시 총동원체제와 함께 일본에서 강력한 힘을 발휘한 담론으로, 자식을 전쟁에 내보내고 군인 유가족으로 꿋꿋하게 살아가는 강인함, 물자절약 및 헌납, 때로는 여성 스스로 무기를

다. 우리나라가 전통적으로 모(母)의 역할을 더 중시했기 때문에 일찍부터 일본의 용어를 현모양처로 바꿔 사용했다는 통념이 있지만, 이 문제에 대한 본격적인 연구는 없다. 필자의 견해로는 현모양처라는 용어가 확고하게 자리잡고 나아가 '현모'가 한국의 전통으로 당연시된 것은 1970년대 신사임당의 국가영웅화 작업 이후다. 그러므로 식민지 시기의 경우에는 양처현모라는 용어를 사용하는 것이 적절하다고 하겠다.

들고 군인이 되는 경우까지를 포괄하였다(우에노 치쯔꼬, 1994 ; 이상경, 2002 ; 권명아, 2005).

하지만 식민지 조선인 여성에게 자식을 국가에 바친다는 것, 국민으로서 자각을 가진다는 것은 매우 낯선 것이었다. 또한 러일전쟁 당시 (자결한) 동시대에 존재하는 군국의 어머니(아내)의 모델이 나왔던 일본에서와 달리, 한국 역사에는 그에 비견할 만한 여성도 찾을 수 없었다. 황민화의 길에 동참한 지식인들이 식민지 조선에서 군국의 어머니상을 만들기 위해서는 역사의 재해석과 재서사화가 필요했다. 이광수는『원술의 출정』이란 일본어 소설에서 원술의 어머니와 아내를 '군국의 어머니'로 가공하였고, 채만식은『여인전기』에서 일본의 러일전쟁 영웅 노기 마레스케를 모델로 구현하고자 했다(이상경, 2002, 218~223쪽).

한국의 역사자료에서 '군국의 어머니' 모습을 끄집어내어 형상화하려한 이러한 일련의 움직임 속에서 연극「신사임당」이 등장했다. 제3회 국민연극 경연대회(1945. 1. 29~3. 7) 참가작인「신사임당」은 송영 극본, 극단 청춘좌, 안영일 연출, 김일영 장치로 동양극장에서 공연되었다. 당시「신사임당」은 매 공연 2,500명의 관객이 들 정도로 인기를 끌었다고 한다. 동양극장의 객석이 648석이었음을 감안하면 관객들의 반응은 폭발적일 정도였다(양수근, 2005, 96~97쪽).[18]

1939년 무렵부터 유치진, 이서구 등 당시 연극계의 주요 인사들은 신극의 자유주의, 개인주의와 신파의 상업주의를 청산하고 이른바 일본 신체제의 국가이념을 무대에서 표현하는 국민연극 논의를 적극 수용하였

---

18) 송영(1903~79)은 프로극에서 시작하여 1930년대 동양극장의 인기있는 대중극 작가의 반열에 올랐다가 1940년부터 조선연극협회 결성과 함께 친일목적극으로 방향을 선회, 해방 공간에서는 좌파연극단체를 만들어 활동하다가 월북하여 북조선연극동맹위원장을 역임하였다(양수근, 2005).

다. 총독부의 개입 하에 기존에 존재하던 연극, 연예단체를 합하여 1942년 '조선연극문화협회'가 결성되면서 국민연극 경연대회가 주요한 사업으로 실시되었고, 이를 통해 국민연극은 짧은 기간에 연극계를 석권하였다.[19]

'조선연극문화협회'가 규정한 연극경연대회 참가작의 요건은 '징병제도와 전력증강을 위한 생산 확충을 취재'하여 '일본정신을 투영'한 각본이었다. 이렇게 볼 때 역사극인 「신사임당」은 참가작의 요건, 즉 전쟁물자 헌납이나 징병참가 같은 노골적인 친일의 내용을 담지 않았다고 볼 수도 있다. 송영이 2회 경연대회에서 작품상을 받은 「역사」(1943)가 일본 군가, 일본어 교육, 전쟁물자 헌납을 노골적으로 선전한 데 반해, 「산풍」(1942)은 '도회지의 바람으로 상징되는 일본식의 변화를 소극적으로나마 견제'했고, 「신사임당」(1944)은 전통적 윤리관을 드러냄으로써 민족의 자긍심을 버리지 않으려 했다든지(양수근, 2005, 147 · 149쪽), 선전성이 약하다는 평가가 있다(현재원, 2004).

하지만 송영이 다음의 창작 의도에서 밝혔듯이 「신사임당」은 남편이 부재한 집안을 지키며 병사로 보낼 아들을 길러내는 '충忠'을 간직한 강인한 어머니상을 제시한다는 점에서 징병제가 요구하는 군국의 어머니론을 설파하고 있다.

> 징병제 실시로 반도의 황민화는 급속도로 추진되었다.
> 폐하의 고굉股肱이 될 수 있다는 커다란 감격을 가슴에 안고 용감하게 군문軍門으로 달려가는 반도 남아의 의기도 충성스럽게 빛나지만, 병사를

---

19) 국민연극경연대회는 1942년부터 1945년까지 3회(1942년 9월, 1943년 9월, 1945년 2월)에 걸쳐 시행되었고, 5~6편씩 참가하여 공연하였다. 국민연극에 대한 개괄적인 내용과 출품된 작품과 극단, 및 수상 내역은 이미원, 2003 참조.

보내는 '어머니'들의 성의 또한 '충忠' 자체의 현현이다. 그러나 둘도 없는 자기 자식을 충신으로 만들기 위해서는, 무엇보다도 그 '어머니'로서의 힘이 위대해야 하고 용감해야 한다. 동양의 현철賢哲 율곡 선생님을 낳은 신사임당은 반도뿐만 아니라 전全 동양 모성의 귀감이다.
필자는 평소에도 그 시대의 신사임당을 숭앙했으며, 그 전기의 일단을 극화하는 데 있어 신사임당의 말과 행동 하나하나가 현재 반도의 전체 부녀자들의 폐부를 찔러 '보다 나은 모성이 되어 씩씩한 자손을 나라에 바쳤으면 좋겠다'고 생각하기를 염원한다. (이재명 외, 2004, 290쪽)

연극 「사임당」의 주요 내용은 남편의 입신양명을 위해 10년을 떨어져 살기로 하고 남편이 부재한 가운데 인내와 솔선수범으로 교육을 하여 아들 율곡을 훌륭히 키워내고 마침내 성공한 남편을 맞이한다는 것이다. 이러한 이야기 뼈대와 인물 설정은 거의 허구에 가깝다.[20] 남아 있는 기록과 비교할 때 10년간의 별거생활, 율곡의 출생 시기, 남편 이원수가 서른여섯 무렵 관찰사가 되어 돌아온 내용 등이 그러하다.[21] 이렇게 이야기의 핵심 요소와 인물을 허구적 설정 위에서 그린 것은, 사임당으로

---

[20] 작품의 첫 장면은 남편의 10년 공부를 약속하기 위해 신사임당이 머리카락을 잘랐다는 일화다. 이는 강릉 지방에서 전설로 내려오고 있다. 하지만 전설에서도 이공이 십년 공부를 약속하여 서울로 갔으나 실제로는 3년이 지나서 도로 내려왔다고 한다(이은상, 1966).

[21] 사임당은 결혼 후 첫 아들을 낳을 때까지인 3년 동안은 강릉에 있을 때를 제외하고는 남편과 함께 옮겨다니며 지냈다. 남편 이원수는 극중에서 36세의 나이에 관찰사가 되어 강릉 사임당의 친정 땅으로 돌아왔다고 하나, 기록에 따르면 그는 50세 때 처음 수운판관이 되었다. 작품 속의 사임당과 이원수의 나이에 율곡은 출생하지 않았다. 율곡은 사임당이 결혼한 지 13년 되던 해에 출생하였기 때문이다. 사임당의 아버지 신 진사가 극에 등장하는데, 사실 그는 사임당이 출가하던 해에 별세했다. 송영이 사실과 다른 허구임을 밝힌 대목은 율곡의 출생에 대해서뿐이다.

하여금 나랏일을 할 준비를 갖추도록 남편을 떠나보내고 부덕으로 아들 율곡을 길러서 그 아들로 하여금 남편을 바로잡는다는 모습을 형상화하기 위한 것이다.

이 연극에서 '동양 모성의 귀감'으로서 신사임당의 덕은 무언의 인내로 형상화된다. 그래서 극중 사임당은 남편 원수나 율곡보다 등장 횟수도 적고 대사도 적다. 그녀의 덕은 아들 율곡과 사행(첫째 아들)의 입을 통해 표현되고 찬사된다. 다음은 율곡이 서울 아버지를 찾아가 계도하는 대목이다.

> **율곡** 저이들도 저의들이려니와 어머님이 불상도 하지 않습니가. 어머님께서는 아버님께서 상경하신 뒤로 주야로 불민불휴不眠不休하시며 가사를 도으시고 저이들 가르키시고 그리시고도 자기의 학문을 닥고 게십니다. 밤에도 주무시지 않고 편찬으셔도 눕지도 않으시고 일가나 동리 사람들이 아버님의 소문들을 가지고 좋지 못하게들 떠들어대도 귀담어 들으시지도 않을뿐더러 터럿만치도 밋지도 않으십니다. 이러케 어머님께서 아버님을 믿우시고 오즉 10년이 되어서 아버님게서 갸륵하신 학문을 막으시고 머리에 계화를 꼬지시고 도라오시기만 신명에게 비옵고 게십니다. 할아버지께서도 항상 "어머님의 지성이 갸륵하며 반드시 멀리 게신 아버님게도 통하시리라고" 말슴하고 게십니다. 그런데도 아버지께서는(눈물을 씻는다).
> (이재명 외, 2004, 338~340쪽)

이렇듯 아들이 전달하는 사임당의 생활은 인내와 기다림인 데 비해 남편을 깨우치는 적극적인 행위는 아들을 통해 구현되고 있다. 이러한 사임당의 행위 양태는 송영의 다른 작품인 「산풍」에서 산골마을의 적극적이고 능동적인 '모母'의 모습과 대비된다. '동양적 현모양처'를 말과 행동의 삼가로 그리고 있음을 알 수 있다.

남편이 없는 집에서 아들들을 길러낸 사임당 교육에서 궁극적 가치로 드러난 것이 '충'이라는 사실은 황민화 이데올로기를 함축하는 것이라고 해석할 만하다. 방황과 이탈 끝에 10년 만에 관찰사가 되어 돌아온 원수는 두 아들을 보자마자 이렇게 시험한다.

> **원수** 알었다- 너이들이 만일 입조入朝를 한다면-, 손바닥에들 써 봐라.
>   (율곡 형제 쓴다)
> **원수** 충성忠誠 충忠. (만족한 듯이 고개를 끄덕인다)

극의 전개상 외삽적이고 짧막한 대목이지만 이를 마지막에 배치함으로써, 학문하는 목적을 '충'으로 집결시키고 있다. 또한 핵심적인 줄거리 외에도 첨가된 인물이나 에피소드는 모두 황민화 이데올로기에 대한 간접적인 옹호로 귀결된다. 총 3막 5장 중 2막 전체를 할애한 원수의 방탕한 생활이나 양반 관료들의 부패상에 대한 풍자적 묘사는 양반사회로 대표되는 구조선에 대한 비판을 함축한다(정호순, 2005).

신사임당은 총동원체제 시기 황민화 정책을 적극적으로 수용한 지식인들에 의해 일본식 '총후부인'이자 '군국의 어머니'의 모습으로 탄생하였다. 이렇듯 신사임당은 황민의 자질이 조선의 과거에 존재했음을 입증하는 역사적 인물로 소환된 것이다.

5. 박정희 체제의 국가영웅화 작업과 한국적 현모양처

해방과 함께 담론장에서 사라졌던 신사임당은 박정희 정권 시기 민족주체성 확립을 위한 일련의 국가영웅화 작업 속에서 다시 등장한다. 이 시기 신사임당 담론은 국가에 의해 이데올로기적 방향과 물질적 재생산 그리고 전승의 수단이 제공되었다는 점에서 그 이전 시대와 차원을 달리한다. 그리하여 신사임당은 이제 단지 역사 속의 뛰어난 여성들 중의 하나가 아니라 한국의 민족적 주체성을 구현한 대표여성으로 자리매김 되었고 국가 영웅이 되었다.

박정희 정권은 식민지 경험을 오욕의 역사로 명명하고 한국전쟁 이후는 '자기상실'의 시대로 규정하면서 민족주체성을 새롭게 확립하여 자기갱생의 길을 갈 것을 기치로 내걸었다. 이때 민족주체성을 확인할 수 있는 계기는 역사와 전통이 된다. 앞선 시대를 부정함으로써 현재의 정당성을 구축하고자 했기에 새롭게 구축하는 주체성의 본질은 가까운 과거가 아니라 먼 과거에서 길어 올려져야 했다.

1) 사임당 유적 정화사업과 사임당교육원의 설치

근대 민족국가에서 전통을 창안하는 공통적인 원리가 선택이라고 할 때 박정희 정권의 선택은 임진왜란을 중심으로 한 '국난'이었다. 그 국난과 국난극복 중에서도 식민지와 독립운동이 아니라 임진왜란이나 몽골침입 같이 수백 년 전의 먼 과거가 선택되었다. 따라서 사적지에 대한 문화재 관리사업은 정권 초기부터 대통령의 특별한 관심 속에서 전개되었고, 이 사업은 모두 국난극복의 역사와 관련된 사적과 유적을 '성역화'하는 것이었다(은정태, 2005).

사임당에 대한 국가의 관심은 율곡기념사업에서 시작되었다. 율곡에 관련된 사적과 유적은 박정희 정권의 초기부터 이른바 '정화'의 대상이었다. 1962년 10월 당시 국가재건최고회의 의장이었던 박정희의 지휘로 강원도지사 이 용이 오죽헌을 수보하였고 율곡 선생에 대한 추모의 제전이 강원도 주최 연중행사 하나로 제정되었다. 이후 강릉지역의 도지사, 교육감, 교육장, 강릉시장, 유도회장이 중심이 되어 율곡기념사업을 추진하여 1964년 율곡선생기념협회가 창립되었고, 1965년 10월에는 오죽헌 경내에 율곡기념관이 건립되었다. 신사임당의 유품이 율곡기념관에 율곡의 것과 함께 모아 전시되었고 김은호가 제작한 영정이 각각 오죽헌과 몽룡실 안에 봉안되었다.[22] 이후 파주 자운산에 있는 율곡과 사임당의 묘소 및 자운서원 정화사업이 시행되었고, 오죽헌 정화사업으로 율곡을 모시는 사당인 문성사를 새로 짓는 등 율곡 유적에 대한 ‘정화사업’이 1976년까지 이어졌다(이은상, 1994, 364·373쪽).[23]

사임당이 한국 여성의 전범으로 기념하고 교육을 통해 계승할 위인으로서 만들어지는 작업이 구체화된 것은 1970년대 중반이다. 사임당 동상 제작이 추진되었고, 사임당교육원이 설치되었다.[24] 사임당교육원은 여고생, 여교사, 여성지도자를 대상으로 당시 박정희 체제가 여성에게 부여하는 이념과 자질을 교육하는 기능을 담당했다는 점에서 주목할 만하다.

사임당교육원은 1976년 11월 대통령령으로 1만 6천여 평의 부지에

---

22) 사임당의 영정은 1965년 11월 10일에, 율곡 영정은 1965년 10월 13일에 봉안되었는데, 사임당 영정의 제작비는 수도여자사범대학 부학장 최옥자와 김미희가 담당하였다고 한다(이은상, 1994, 373쪽).

23) 강릉 오죽헌에 대한 정화사업으로 1975~76년에 걸쳐 4억 7천 1백만 원이 쓰였다. 신규 건축물로는 문성사, 기념관, 기념비가 있다(은정태, 2005, 251쪽).

24) 사임당의 동상은 세 개가 있다. 1970년 애국선열조상건립위원회가 제작하고 고려 원양어업 사장 이학수가 헌납하여 사직공원에 둔 것이 있고, 1974년 강원도가 경포대에 세운 것, 그리고 사임당교육원 안에 세운 것이 있다. 경포대의 동상에는 박정희 대통령의 글씨로 신사임당상이라고 쓰여 있다(이은상, 1994).

1천 1백여 평의 건물을 갖추고 강원도 주문진에 개원하였다. 현재 원장 외 교육담당직 13명과 행정과 관리기능직 19명의 직원들이 1년 동안 교육 과정을 운영하면서, 2006년 12월 현재까지 총 수료인원 94,335명(여고생 79,000명, 기타 15,335명)을 배출하였다. 1980년대까지 교육원은 전국 여자 고등학교의 반장을 대상으로 교육을 실시하다가, 1990년대에는 주요 교육대상을 강원도 내의 여고생으로 변경하였다.

2) '충'과 현모양처, 전통과 근대의 접합

사임당교육원의 교육목표와 내용은 1970년대 시작된 국가의 발전주의적 젠더 전략을 함축하고 있다. 설치 조례, 원훈院訓, 및 원화院花를 통해 국가가 사임당에게 어떠한 이념을 부여하였는지 살펴보자.

사임당의 얼과 덕성을 이어받아 한국의 여성상을 정립하고 애국애족에 투철한 민족중흥의 역군을 기른다. (사임당교육원 설치 조례 제1조, 1977. 7. 29. 조례 제1041호, 개정 1991. 3. 25 조례 2203)

이 설치목적의 서술에서 흥미로운 것은 '전통을 계승한 한국의 여성상'과 '애국애족의 역군'이 자연스럽게 연결되어 있다는 점이다. '충忠·효孝·예禮·지智·신信'이라는 원훈은 이를 더 극명하게 보여준다. 인仁, 의義, 예, 지, 신이라는 성리학의 오덕五德 중에서 인과 의를 충과 효로 바꿈으로써 국가주의적 이데올로기를 강화하고 있다.

'충'은 1980년대까지 사임당 교육에서 핵심적인 요소였다.[25] 교육

---

25) 최근 교육 과정에는 반공교육과 국가추모의례가 없다. 대신 전통문화 체험 과정을 더 강화했다. 여성상도 애국애족에 투철한 현모양처라는 애초의 이념이

과정은 국가안보와 충효 관련 강의, 사임당과 현모양처의 이념 강의, 그리고 전통 교양 프로그램, 사임당 유적 답사로 이뤄졌는데, 수련생들은 3박 4일 동안 한복을 입고 생활하면서 부모님께 편지쓰기, 반공 강의, 서도, 탁본, 궁도, 강강수월래, 국가추념 의식 프로그램에 참여하였다. 특히 수련 마지막 날 밤에 배치된 국가추념 의식은 어둠과 빛, 소리와 침묵을 조합하여 만든 작은 스펙타클로서 국가주의적 정서를 함양시키려는 목적을 노골적으로 보여주었다.[26)]

다음으로 중요한 내용은 현모양처 이념이다. 사임당교육원이 제시하는 현모양처 이념은 근대화된 여성의 자질과 능력을 강조하고 있다.

현대 여성은 유아교육에서 어머니의 역할, 화목한 가정의 배려, 가사의 과학화, 합리화, 국가 산업 발전에 능동적으로 참여하는 가운데 여성 자신이 스스로의 지위에 대한 깊은 자각이 여권신장이며 여성의 열성劣性을 만회하고 남녀평등의 바른 길임을 알아야겠다. (강원도교육위원회 사임당교육원, 1982, 48쪽)

퇴색하고 당당하고 힘찬 '21세기형 여성'으로 강조점이 변화되었다. 강연 주제도 '남녀평등', '21세기와 나'다(사임당교육원 홈페이지 http://www.saimdang.or.kr/ 참조).

26) 이 의례는 기록으로 남아 있지는 않다. 필자의 체험과 기억에 기초하여 소개한다. 칠흑같이 어두운 밤 수련생들은 네 그룹으로 나뉘어 횃불과 촛불을 들고 침묵 속에 일렬로 흩어졌다가 십자로에서 합친 뒤 강당으로 들어가 앞면을 바라본 채 열을 맞춰 선다. 각자 든 촛불을 끄고 있으면 정면 중앙 부분에서 새어나오는 희미한 불빛과 함께 교향악 반주에 맞춘 애국가가 흘러나오기 시작한다. '대한사람 대한으로'라는 클라이맥스 부분이 엄청난 팀파니 소리와 함께 울려퍼지면, 중앙 정면에서 새어나오던 희미한 불빛은 밝고 선명한 태극기가 되어 있다. 언제부터인가 여기저기서 시작된 흐느낌은 어느새 울음바다로 변해 있다. 수십 년이 지난 지금도 이 광경은 필자에게 매우 선명한 기억으로 남아 있다.

이 이념에서, 근대화된 여성은 남편에 대한 헌신적 내조와 겸손하게 시부모를 모시는 며느리, 그리고 강인한 어머니의 역할에 의해 비로소 완성된다. 특히 어머니는 "자녀에게 미래사회를 뚫고 나갈 수 있는 굳굳한 신념과 의지와 자주적 정신과 수고를 아끼지 않는 근면한 정신을 소중한 자산으로 남겨주어야" 한다는 말에서 보듯이, 발전주의적 가치를 내면화한 인간을 기르는 훈육자, 강인한 의지와 인내를 가진 자로서의 주체상이 제시되고 있다(강원도교육위원회 사임당교육원, 1982, 66·67쪽).

이렇게 근대화된 현모양처를 국가발전의 주체로서 적극적으로 호명하는 것은 박정희 체제의 일관된 여성 이념이다. 다음은 박정희 대통령이 부녀회관 건립기공식에서 행한 다음의 연설문이다.

우리의 사회도덕은 여필종부의 윤리를 여성에게 강요하여 왔었고, 또 일본제국주의 지배하의 우리 여성은 남존여비의 봉건적인 유제에 그대로 얽매어 살아왔습니다.……따라서 우리 여성들도 이 개명된 시대의 정신에 따라 불평등한 사회를 개조하고 인습적인 사고방식을 불식하는 데 노력함으로써 새로운 질서와 윤리의 건설에 전진 있기를 바라면서 한 가지 당부하고자 하는 것은 여성이 남성과 평등하다는 것이 여성의 할 일을 포기함을 의미하는 것은 결코 아니라는 것을 잊어서는 안 된다는 것입니다.……끝으로 본인은……민주주의 사회의 건전한 발전은 건전한 가정으로부터 비롯하며 건전한 가정은 훌륭한 어머니로부터 이루어진다는 것을 우리 전 국민이 명심하여야 할 것이며 우리 부녀활동의 기조도 또한 여기에 있어야 한다 함을 다시 한 번 강조하여 두는 바입니다. (부녀회관 건립기공식 치사 1963년 4월 10일,『박정희대통령 연설문집 – 최고회의 편』, 대통령비서실, 강조점은 인용자)

여기서 여성은 가정에 소속되어 가정을 일구는 자로, 여필종부의 봉건적 유제를 벗어나 근대화를 이끌고 나가는 주체로 정의되고 있다. 이렇게 가정을 '건전'하게 만드는 여성이 새롭게 근대화된 주체로서 자리매김 되었지만, 다른 한편에서 '가정주부'는 현모양처라는 전통을 계승하는 행위인 것으로 다시 정의된다.

> 친애하는 전국의 가정주부 여러분!
> 1966년의 새해에 접어드는 문턱에서, 나는 진심으로 경애와 당부의 뜻을 곁들여 여러분에게 '현모양처'라는 글귀를 보냅니다. 우리의 조상되는 여성들은 정결함을 나타내는 흰옷의 맵씨와 드높은 교양 그리고 참을성과 침묵의 슬기를 창조했습니다. 이 같은 아름다움은 우리가 원하든 원하지 않든, 하나의 줄기찬 전통으로서 우리네 생활 안쪽 깊은 곳에 흐르고 있는 것으로 믿습니다.
> ……조국은 지금 '근대화'를 향해 숨가쁘게 줄달음치고 있습니다. 비록 고달픈 살림살이 가운데서라도 좀더 지식의 눈을 넓게 내일을 바라보는 현모·양처가 됨으로써, 병오년 새해의 미더운 주춧돌이 되어 주기를 바라마지 않습니다. (『주부생활』지에 실린, 주부들에게 보내는 메시지 1965년 11월 24일, 『박정희대통령 연설문집』, 대통령비서실)

박정희 정권 시기 여성은 '가족에 소속된 부녀자'로 정의되었다. 그리하여 여성은 도덕적 통제나 지도 계몽의 대상일 뿐, 시민-생산자로 인식되지 않았다. 국가는 건전가정을 육성하기 위해 부덕함양과 자질향상을 이루어야 할 집단으로 간주된 '일반 여성'을 대상으로, 성개방 풍조를 경계하는 가족윤리의 강조, 그리고 부덕함양이라는 기조 하에 의식주 생활개선, 위생교육, 소비자 보호, 가족계획과 보건 등의 정책을 실시했다 (황정미, 2001, 179~183쪽). 이렇게 볼 때 신사임당은 박정희 정권 시기 여성들에게 근대적 전업주부로서 알아야 할 근대가정학을 계몽하고 지도하기 위한 정책방향을 뒷받침하는 상징이며, 정책적 범주로서 이른 바 '일반 여성'을 직접 겨냥한 것이라고 할 수 있다.

전통의 근대화, 근대화된 현모양처, 국가에 충성하는 여성의 이미지는 고결함의 미학과 결합한다. 사임당교육원의 원화는 목련꽃이다. '환하고 고결한 자태'를 의미하는 목련꽃을 중심으로 여성이 추구해야 할 덕목과 사임당에 대한 묘사를 형상화한 원표에서, 목련꽃은 '여성 본래의 순결, 온화한 성품'을, 둥근 원은 '원만·자애·사랑·평화·번영'으로 여성의 힘을, 녹색 잎을 '협동·단결·희생·봉사의 발전적 정신'을, 그리고 달과 태양은 사임당이 율곡을 품고 있음을 의미한다(그림 참조).

원 표

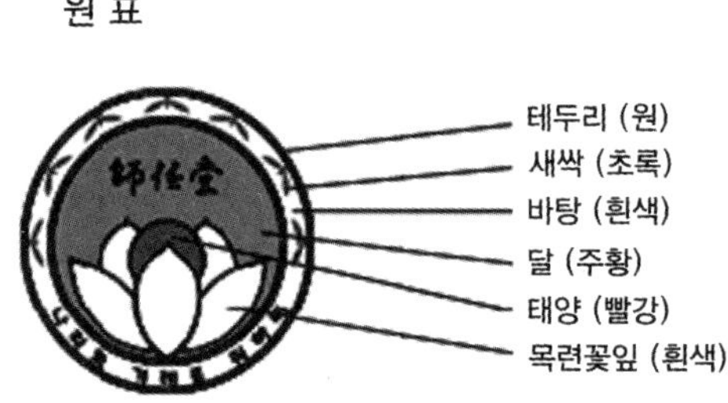

〈**그림**〉 사임당교육원 원표

목련은 많은 여자중고등학교의 교화였으며, 육영수의 상징이기도 했다. 국가원수의 현명한 '양처'이자 '고향의 봄 같은 포근한' 국모國母로 추앙되었던 육영수의 상징이 백목련과 하얀 한복이었던 것이다. 다음의 추도사를 보자.

우리들의 빛나는 퍼스트레이디―어린이의 친구, 노인과 병약자의 다정한 이웃, 자상하고 인자하셨던 어머니요, 우아한 한복에 어울리는 영롱한

지성과 청와대의 야당. 어찌하여 하늘은 이분을 빼앗아 갔는가……‘국
난’을 한 손에 움켜쥐고 밤낮없이 긴장하며 노심초사하시는 박 대통령에
게서 ‘운명’처럼 아낌을 받으시던 그 양처를 (「영원의 백목련」, 『전남매일
신문』 1974. 8. 19)

본인은 이 추도문집을 ‘백의의 아픔’으로 제題하였습니다. 하얀 빛과
하얀 목련을 좋아하시고, 하얀 학처럼 우리 고유의 한복을 즐겨입으신
단아하신 여사님께서 그처럼 어이없이 가신 아픔이 우리 백의민족의
가슴에 늘 살아 계시기 때문입니다. (이명휘, 「추도문집 간행에 즈음하
여」, 이명휘 편, 1977, 375쪽)

나아가 육영수는 사임당의 현대적 현신으로 비유되기도 했다.

육 여사는 한국적 부덕의 사표라 할 만했다……대통령을 훌륭히 내조했
으되 부덕의 발양에서였지 정사政事에의 용훼에서가 아니었다……신사
임당에게서 이조시대의 현숙근엄했던 여성상을 발견하고 육 여사에게서
는 전통의 아름다움을 승화시킨 현대적 모상을 발견했다면 고인에의
지나친 추모라 할 것인가? (「육영수 여사를 애도함」, 『강원일보』 1974.
8. 16. 사설)

육영수가 살아 있을 때 영부인으로서 한 활동은 부녀정책의 이데올로
기를 선도하는 것이었다. 자선활동과 가두모금, 육영재단을 설립하여
1970년 7월 어린이회관을 설립하고, 정수 직업훈련원을 세워 ‘불우청소
년’을 위한 기능양성소를 건립하였으며, 부녀회관 사업에도 관여하였다.
이 모든 활동은 자애와 사랑, 희생과 봉사의 정신을 체현한 어머니이자
국가의 어머니상을 만들어냈다. 또한 드러나지 않는 조용함으로 청와대

의 야당이었다는 소문은 양처로서의 덕목으로 해석되었다. 그가 즐겨입은 '하얀 한복'은 '백의민족', 고결한 전통을 상징하였다. 사임당교육원의 상징물을 육영수의 이미지로 해석해도 큰 무리가 없다. 이렇게 보면 적어도 1970년대 육영수와 사임당은 '한국적 부덕의 사표'로서 상호 공명하고 있었다고 보인다.

6. 여성운동과 사임당상像 – '초여인'의 역설

사임당은 국가만의 산물이 아니었다. 1969년 대한주부클럽연합회가 사임당상像을 제정하고 매년 신사임당의 날 기념행사를 이어올 만큼, 신사임당은 1970년대 여성운동의 한 흐름에서도 중요한 아이콘이었다. 국가가 만든 사임당은 애국애족에 투철한 현모양처, 전통으로 윤색된 현모양처였다면, 여성운동이 만든 사임당은 근대화 프로젝트에 적극적으로 적응하려는 '초여인'의 모습이다.

1) 사임당상像과 발전국가의 주부상像

사임당상을 제정한 대한주부클럽연합회는 김활란 박사를 중심으로 송금선, 유승옥, 여귀옥, 나사균 등의 모임인 화요클럽을 진신으로 하여, 1966년 중산층 주부를 대상으로 한 계몽활동을 목적으로 결성된 단체다. 1960~70년대 주요 사업은 교양과 사회봉사 중심이었다. 소비생활, 자녀교육, 가계부 적기, 여가선용 등 '합리적 생활방식'을 연구 실천하여 '과학화된 가정'을 건설하고, '사회와 국가의 주춧돌이 되는 아내와 모성' 으로서 봉사활동에 참여함으로써 건전하고 성실한 사회기풍 만들기를

목표로 하였다.[27)]

신사임당의 날 기념행사는 주부클럽이 매년 실시하는 가장 오래된 행사로 1969년 7월 1일 경복궁에서 첫 행사를 개최한 이래 매년 5월 현재까지 계속 열리고 있다.[28)] 주부클럽이 사임당상像을 제정하고 기념행사를 주관하게 된 배경에는 초대 회장인 김활란 박사의 발의가 있었다. 회사會史에 따르면, 김활란 박사는 외국 문헌에서 세계의 여인으로 한국의 신사임당이 기록된 것을 보고 충격을 받아 한국 여성들이 한국 여인을 알지 못하고 서구문화에 급급하기에 새로운 계몽의 필요성을 느껴서 1967년 3월 8일 좌담회에서 신사임당의 생애와 예술, 부덕에 대해 언급하였다고 한다. 이후 신사임당에 대한 연구와 기념사업이 추진되었다(대한주부클럽, 1989, 63쪽).

김활란은 1960년대 말 여러 발언에서 근대화된 주부, 가정을 지키는 여성, 그리고 봉사자로서의 여성이 바람직한 여성상이라고 주장하였다.

---

27) 사단법인 대한주부클럽은 1969년 42명의 회원으로 출발하여 2004년 현재 30만 회원 100여 개의 지부지회를 가진 조직이다. 초기의 봉사와 자선활동 중심을 탈피하여 소비자 문제에 대한 연구와 운동에서 단체로서의 전문성을 축적해 나갔던 것으로 보인다. 1970년대 말부터는 저소득층을 대상으로 가사 관련(파출부, 요리사, 베이비시터, 산모도우미, 간병인, 주부판매원 등) 직업교육과 알선 사업을 운영하고 있다. 현재 주부클럽연합회의 주요 사업은 '바람직한 혼례모델', '장묘개혁' 등 사회적으로 논점이 되는 사안에 대한 계몽운동, 신사임당 행사, 직업교육, 여성교양강좌, 취미교실 등의 주부사업, 소비자 보호운동 등에 이른다. 이 사업들을 볼 때 연합회는 뚜렷한 이념적 대안을 제시하는 운동조직이라기 보다는 이념적으로 온건한 범위 안에서 계몽사업과 사회사업의 영역을 포괄하는 대중단체라고 할 수 있다.

28) 신사임당의 날은 양력 5월 17일이다. 1회만 주부클럽연합회의 사정으로 7월 1일에 개최하였다. 1968년 3월 중앙위원회에서 신사임당의 날 일자를 결정하였다. 신사임당의 기일이 음력 5월 17일인데 생신 때가 음력 10월 29일로 김장철이어서 행사일을 양력 5월 17일로 정하였다고 한다.

……범상한 한 여성이 직장과 가정을 두고 양자택일을 해야 한다면 나는 그녀에게 가정을 택하라고 권하겠다. 여성의 보다 큰 직분은 자녀 양육이며 가정을 평안히 지키는 일이다. 전쟁을 치른 일시적 소강 상태에 있는 지금은 한 사람의 선각자보다 아홉 사람의 건전한 시민, 건전한 여성이 요구되는 때이다.……여성의 도움을 기다리는 기관은 곳곳에 있다. 여성단체, 문화기관, 사회복지기관, 종교기관 등 돈이 없어 월급을 줄 순 없지만 이런 곳은 얼마든지 일손을 필요로 한다. 가정을 다스리고 남는 시간에 이런 곳에서 무료봉사활동을 하는 것은 가장 바람직한 사회참여가 아닌가 한다. (「선각자보다 아홉 사람의 시민을」, 이화봉직 50주년을 맞아 여성에게 주는 글, 『여원』 155호, 1968/조은, 1999, 139쪽에서 재인용)

또한 김활란은 보다 나은 생활을 위해 주부들이 가사를 합리화, 과학화하고, '자녀를 올바른 시민으로 양육'하여, '가정이 정신과 안식처가 되도록' 만들어야 한다고 역설했다.

김활란의 이러한 주부상과 여성상은 당시 발전국가가 만든 현모양처의 상과 똑같은 것일까? 김활란이 여성에게 가정의 책임자로서의 정체성을 부여하는 것은 여성을 근대화 프로젝트의 주체로 만들려는 데 있다. 그는 여성들에게 가정평화의 유지자일 뿐 아니라 봉사활동으로 사회에 참여하여 사회문화를 창조하는 기수가 되라고 주장하였다. 이런 점에서 김활란이 제시한 여성상은 '초여인', 또는 '수퍼우먼'이었다.

개인적으로도 깊이가 있고 종합적인 지식이 풍부하고 과학적이면서 자유를 향유할 줄 아는 지성과 남편을 협조하고 자녀를 올바르게 키우는 후덕함을 지니면서 우아하고 협동심이 풍부하여 어떤 일에 부딪쳐도 냉정하게 지혜롭게 처리하는 '수퍼우먼'! 21세기가 필요로 하는 '수퍼우먼'을 아들·딸로 낳아 길러내고 '수퍼맨'을 남편으로 거의 완벽을 기하는 인류사회를 빚어낼 총명·예지·근면·협동심·기교를 겸비한 여성을 기다리는 일반의 이미지는 앞으로 반세기를 보내는 동안 향상, 승화되어 '수퍼우먼'으로 나타날 것입니다. 이 초여인은 50년 후면 한국은 물론 워싱턴·뉴욕·런던·파리·나이로비 등 세계 어디에서도 볼 수 있는 표준여성일 것입니다. (김활란, 「앞으로 오는 50년과 여성의 역할」, 김활란 박사 이화근속 50주년 기념 국제세미나, 1968/조은, 1999, 101쪽에서 재인용)

이 '초여인' 또는 '수퍼우먼'은 김활란이 신사임당을 해석하는 핵심어다. 자신의 시대가 요구하는 모든 부덕婦德을 행하고 그것을 실현하기 위해 갖춰야 할 지식과 총명함과 기교를 겸비한 여성이 이상적 여성이라면, 신사임당은 조선시대에 양반 여성이 해야 하는 모든 것을 다했고, 할 수 있는 최대치에 이르렀다는 점에서 조선시대의 '초여인'이라고 할 수 있다.

김활란은 1931년 여성들이 우선 자신을 발견, 자아실현의 욕구, 자존심과 자신감을 가지고 자신의 능력을 정당한 위치까지 스스로 끌어올리는 일에 진력해야 함과 동시에 자신의 가정을 문화적인 가정으로 만드는 과제를 담당하지 않으면 안 된다고 주장하였다(신옥희, 1999, 6쪽). 이런 관점에서 그는 가정에 있는 여성도 직업부인으로 보자고 하였다. "우리가 미래를 건설함에 있어서, 자녀를 기르는 일이 결코 한낱 집지키기, 아이보기만은 아닌 것이다. 좀더 중요한 책임이 있는 것이다"(「직업전선과 조선여성」, 1932/신옥희, 1999, 7쪽에서 재인용). 따라서 김활란의 견해는 식민지 시대 때부터 그 자신이 이어온 견해로, 1930년대 신여성 담론의 한 부분인 '양처'론을 일관되게 이어간 것이라고 할 수 있다.[29]

2) '초여인'의 역설

신사임당의 날 기념행사는 두 가지로 이뤄져 있다. 하나는 신사임당 像의 선정 추대식과 주부예능대회다. 주부예능대회는 처음 명칭인 '기능대회'가 1987년부터 변경된 것으로, 시, 수필, 서도(한글, 한문서예), 묵화, 자수 부문으로 나눠 실시되다가 이후 다도와 생활예절, 동시·동화 부문이 추가되어 현재 8개 부문이 실시되고 있다. 이 예능대회는 주부로서 '건전한' 교양을 진작시키고자 하는 애초의 목적뿐 아니라 사실상 이 분야에서 여성들이 전문작가로 등단하는 계기를 제공하는 기능을 했다. 예능대회 수상자 중 한글 한문서예와 문인화 부문의 수상자들로서 묵향회를 조직하고 초대작가로 활동하는 사람이 2005년 현재 59명에 이르고, 시·수필 부문 수상자들도 시문회를 조직하여 문단에 등단한 수가 백여 명에 이른다.

신사임당像은 " '딸'로 '지어미'로 '어머니'로 명석하게 삶을 살면서 그 본분을 할 뿐만 아니라, 자기 자신을 발견해 그 예술적 천분마저 소중히 알고 힘써온 분의 삶을 표창"(대한주부클럽연합회 편, 1986)하여 사회에 알리는 데 목적을 두었다.

그렇다면 실제로 신사임당像은 어떤 이들에게 수여되었을까. 2006년 까지 38명이 선정되었는데, 이들은 일과 가정을 양립한 엘리트 여성이다. 1969년부터 1986년까지 신사임당상에 추대된 17명을 놓고 좀더 자세히 살펴보면, 직업적 예술가라고 할 수 있는 사람은 소설, 그림, 서예 분야의 7명 정도 된다. 8명은 이화여전 출신으로 대한주부클럽연합회나 YWCA 에서 활동한 인물들이다. 수상자들의 출생 연도가 1913년생부터 1925년 생까지 분포되어 있는데, 3명을 제외하고는 모두 1910년대에 집중되어

---

29) 식민지시대 양처론에 대해서는 김수진, 2009, 5장 참조.

있다. 따라서 이들이 수상을 한 나이는 55세부터 68세 사이에 있다. 수상자들은 대개 1910년대 후반에 부유한 집안에서 태어나 일제 말기에 학교를 다니고 교사나 교수 등의 '사회경험'을 쌓고 결혼한 뒤 가정생활에 전념하다가 다시 직업 활동이나 사회 활동을 한 경우가 많다. 대개 직업적으로 성공한 아이들을 두었고, 직업적으로나 사회적으로 인정받는 사람들이다(<표 2> 참조).

하지만 수상자들의 수기는 역설적이게도 일과 가정의 양립과 성공을 일구는 '초여인'이 너무도 힘든 것이며, 사실상 불가능에 가까운 일이라는 사실을 웅변해 준다. 대부분의 사람들이 식민지 시대에 대학을 나왔을 만큼 부유한 집안 출신이라는 유리함은 단지 출발점에 불과하다. 많은 이들은, 결혼 후 직장 생활, 사회 활동이 친정 또는 시부모의 절대적 도움과 보조 위에서 가능했다고 이야기한다.[30] 또한 사실상 자신이 가정과 아이를 희생시켰다고 평하는 경우도 있다. 이 경우 여성으로서 예술과 가정을 완벽하게 병행한다는 것이 하나의 이상일 뿐이라고 말한다.[31]

한무숙의 일생은 사임당상이 상정하는 여성상의 가장 극단적인 역설을 보여준다. 한무숙에게 글쓰기는 가세가 기운 종가집의 맏며느리로 살아가는 고통을 이겨내기 위한 생존의 몸부림이었다. 어린 시절 병약한 가운데 미술에 재능을 보였던 그는 영국 여자선교사를 따라 유학갈

---

30) 예컨대, 4회 수상자는 서른의 늦은 나이에 결혼하여 며느리가 '맹렬여성'이 되기를 기대하는 시어머니의 도움을 받아 유학을 갔다 올 수 있었다. 그는 도서관 사서 일을 하다가 결혼을 하였으나 남편이 암으로 돌아가서 아이를 키우기 위해 이화여전에서 다시 일을 하기 시작하였고 당시 총장 김활란의 도움과 강권으로 전쟁 기간 중 미국유학을 갔다 왔다. 이때 육아 과정은 적적으로 친정어머니와 동생들의 도움을 받았다(대한주부클럽연합회 편, 1986).

31) 17회 수상자는 연애결혼을 하여 이화여전을 중퇴하고 아이를 어느 정도 다 키우고 난 뒤, 33세의 만학도로 조각 공부를 시작하여 미국유학을 갔다 와서 한국의 첫 여류조각가가 되었다(대한주부클럽연합회 편, 1986).

<표 2> 신사임당상 수상자 목록(1969~1985)

연도	회	생년	학력	직업	주요 경력	특기
1969	1	1914	이화여전 음악과	교사, 금란여고 교장	대한주부클럽연합회회장, 한국여성단체협의회 회장, 한국기독교미술인협회 회장	한글 서예
1970	2	1911	이화여전 피아노과	이화여대 음대 교수	여성단체 활동	성악
1971	3	1913		교사	적십자사 서울지사 자문위원장, 대한주부클럽연합회 이사	자수
1972	4	1914	이화여전, 미국 스탠포드 석사	이화여대 교수	대한주부클럽연합회 이사, 대한 YWCA연합회 실행위원	희곡 관련 저서, 번역, 연출
1973	5	1918	부산고녀	소설가	여류문학인회 고문	소설과 수필
1974	6	1921	경성관립여자시범, 일본동경여자미술전문학교	서양화가	국전 최고상	서양화
1975	7	1918	춘천 공립고등여학교	한국화가	전시회 활동	한국화
1976	8	1917	이화여전 영문학과		대한 YWCA 연합회 회장	서예
1977	9	1919	숙명여고, 일본 동방대 의학부	수도여자사범대학 학장	대학설립, 교회창립	한국인형
1978	10	1912	이화여전 문과, 미국 워싱턴 주립사범대학	이화여대 교수	서울 YWCA 이사	학술활동
1979	11		배화여고	서예강사	전시회 활동	서예, 자수
1980	12	1918	이화여전 음악과	서예강사	서울 YWCA 한글서예강사	서예
1981	13	1921	서울수도사범대학원	교사, 교장	대한주부클럽연합회 전북지부장	서예
1982	14	1925	홍익대	화가	국전특선과 입선, 전시회	동양화
1983	15	1916	이화여전 음악과		해군부인회 창설, 선교회	묵화
1984	16	1919	이화여전, 미국 인디애나 대학원	이화여대 교수, 도서관장	한국도서관협회 회장	학술활동
1985	17	1917	홍익대, 미국 미시시피 대학	홍익대 미술대학 교수	한국 여류조각가회 회장	조각

 * 대한주부클럽연합회 편, 1986을 참조하여 작성
** 수상자는 익명으로 처리함

수 있는 기회를 저버린 뒤 아버지 친구의 아들과 '얼굴도 모른 채 짝지워' 지게 되었다. 결혼식을 올리자마자 그녀는 남편과 떨어져 시집에서 깊은 병을 앓는 시어머니를 간병하고 죽을 고비를 넘기면서 임신과 출산을 하였고, 유교식 어른 모시기와 달마다 드는 제사 봉사, 가문의 친척 뒷바라지를 하면서 '고달픈 노역부'로 살았다고 쓰고 있다. 그의 글쓰기는 그 모든 노역이 끝난 밤에 벽에 원고지를 대고 누워서 한 것이었다. 그는 자신의 삶을 '보이지 않는 덫'에 걸려든 과정으로, 자신이 동의할 수 없는 가치관과 삶의 방식에 철저히 순종하며 빈사 상태로 살아온 일생으로 그리고 있다(한무숙, 대한주부클럽연합회 편, 1986). 그의 고통은 자신이 어찌할 수 없었던 질병과 가난에서 비롯된 것이기도 했지만, 더 큰 고통의 원천은 그가 '운명의 덫'이라고 표현한 현모양처의 삶이다. 자신이 선택하지는 않았으나 그렇다고 그것을 버리려고도 하지 않았기에 치러야 할 대가가 너무나 컸고, 문학을 생명의 불씨로 삼을 수 있었기에 겨우 안착할 수 있었던 한 여성의 인생이라는 고백이다.

7. 맺으며

신사임당이 남긴 서, 화, 자수, 시를 제외하고 그에 대한 말, 즉 기록과 담론의 역사 궤적은 수백 년에 걸쳐 있다. 사임당에 대한 근대적 형상화의 출발점은 1900년대 애국계몽기 국민을 교육하는 어머니의 상이었다. 이후 식민지 시대 사임당에 대해 가장 널리 서술된 내용은 무엇보다도 그가 여성교육을 금하는 억압적인 조선 사회에서 특이하게 존재했던 '규녀식자'라는 데 있었다. 사임당이 율곡의 어머니됨이나 남편을 계도한 일화는 그녀가 가진 지식과 재능에서 비롯된 것으로 해석되었다.

근대적 형상화의 출발점과 전혀 다른, 그러나 오늘날 우리에게 익숙한 이미지가 창출된 것은 1940년대 총동원체제기다. 군국주의와 제국 신민됨의 좌표를 동양적인 것에서 추구했던 이데올로기 지형 안에서 사임당은 식민지 조선에 존재했던 동양적 어머니, 군국의 어머니를 일찍이 체현한 여성으로 지목되면서 국가주의적 현모양처 이미지의 기틀이 마련되었다. 사회와 가정, 나아가 개인의 국가화를 추구하는 신체제, 병력과 노동력을 낳고 기를 뿐 아니라 전쟁에 내보내는 역할을 여성에게 지정하는 총동원체제의 젠더 정책에 부합하는 사례를 당대에서는 찾을 수 없었던 일군의 지식인들로서는 역사로 눈을 돌리는 것이 당연했다. 더욱이 사임당이 살았던 조선 후기의 유교적 규범은 서구적인 것에 비해 동양적인 것의 우월성을 설파하는 황민화 이데올로기에 부합하였다. 그리하여 신사임당은 이제 인내와 침묵으로 국가에 충성하는 남편과 아들을 기다리고 기르는 여성으로 그려진다.

 '군국의 어머니'로서 신사임당은 해방과 함께 사라졌지만, 1970년대 박정희 정권에서 신사임당은 근대화를 이끌어가야 할 주부/여성들에게 귀감이 되는 한국의 전통적 현모양처, '한국적 여성상'으로 부활하였다. 이 이미지에서 사임당의 강한 모계 생활과 모계적 정체성은 효 일반으로 치환되었고, 남편을 훈도한 것은 출세를 돕는 내조라는 의미로 강조되었으며 율곡을 비롯한 일곱 자녀들의 교육자임이 별 다른 증거 없이 확실시되면서, 유교적 부덕에서 어머니 역할이 생육자에 한정된다는 사실은 무시되었다. 이 모든 것이 전통의 이름으로 '현모양처'의 이미지 속에서 통합되었다. 그리고 그가 가진 학식과 재예는, 그것이 조선 후기 양반사회 규범의 일탈임이 가려진 채, 모든 여성이 현모양처이면서도 가질 수 있는 자아실현의 덤이 되었다. 재탄생한 사임당은 근대화 프로젝트의 여성 주체성을 선취함과 동시에 민족적 전통을 체현한 인물이다. 이 프로젝트 속에서 건전한 가정을 일구는 것은 봉건적 유제가 아니라 강인한 의지와 인내로써 고난과 역경에 찬 근대화를 수행하는 주체의 행위가 된다. 그리하여 박정희 정권은 전통의 수사학을 국가주의적 발전주의와 조화롭게 결합시키는 여성상을 제시했다. 한편 여성운동의 한 흐름이 주창한 사임당의 모습은 박정희 정권의 국가주의적 현모양처에 국한되지 않았다. 그것은 전통이라는 이름으로 포장된 현모양처의 이념을 오히려 적극적으로 받아들여 가정과 사회를 넘나들면서 발전주의적 근대화 프로젝트를 수행하는 '초여인'의 모습이었다. 그리고 화석화될 수 있는 사임당 대신 의례로 전승되는 사임당, 살아 있는 현대의 여성들이 구현하는 사임당상像이 만들어졌다.

박정희 정권이 생산한 사임당의 모습에서 우리는 일제 말기 총동원체제가 생산한 여성 주체상의 흔적을 발견하게 된다. 그것은 '가정의 국가화'를 극단화시킴으로써 달성되는 '여성의 국민화'다(정진성, 1999). 일제 말기 일본의 여성운동가들은 총동원체제를 '흥분과 사명감으로' 받아들였다(우에노 치쯔코, 1994, 58~59쪽). 신체제가 여성의 노동참가와 모성 보호, 공적 활동과 법적·정치적 지위 향상 등 현안 사항을 한꺼번에 해결할 수 있는 혁신적인 것으로 보았기 때문이다. 그렇다면 1970년대 여성운동이 제시한 '초여인'도 이러한 총동원 체제의 이념에 공명하는 것일까? 그들은 식민통치 하에서는 결코 실현될 수 없었던 여성의 국민화를 '초여인'을 통해 해방된 나라의 국가주의적 근대화 프로젝트 하에서 실현하고자 했던 것일지도 모른다. 하지만 현실에서 '초여인'은 존재하기 힘들었다. 사임당이 그러했던 것처럼.

참고문헌

■ 1차 문헌

『신여성』『별건곤』『동아일보』『조선일보』

강원도교육위원회 사임당교육원, 『수련교본(전국 여고생용)』, 1982.

계림사 편집부, 『조선위인전』, 계림사, 1948.

金井淸郎, 『동서 현모열전』, 명문당, 1943.

김동인 選, 『5천년 사설집(史屑集)』, 조선출판사, 1947.

노병희, 「녀ᄌ소학슈신셔」, 판국문헌연구소 편, 『한국개화기교과서 총서 10권』,
    서울아세아문화사, 1909/1977.

대통령비서실, 『박정희대통령 연설문집 — 최고회의 편』, 서울 대통령비서실, 1962.

대통령비서실, 『박정희대통령 연설문집 — 최고회의 편』, 서울 대통령비서실, 1963.

대통령비서실, 『박정희대통령 연설문집』, 서울 대통령비서실, 1965.

대한주부클럽연합회, 『20년사』, 대한주부클럽연합회, 1987.

대한주부클럽연합회, 『대한주부클럽연합회 30년사』, 1997.

대한주부클럽연합회, 『대한주부클럽연합회 40년사 — 1994년부터 2004년까지의 자
    료』, 2005.

대한주부클럽연합회, 『불씨』, 바른사, 1986.

박화성 · 최정희, 『여류한국』, 어문각, 1964.

이능화, 김상억 옮김, 『조선여속고』, 동문선, 1926/1990.

이능화, 이재곤 옮김, 『조선해어화사』, 동문선, 1927/1992.

이명휘 편, 『白衣의 아픔 — 육영수여사 추도 문집』, 휘문출판사, 1977.

이은상, 『사임당의 생애와 예술』, 성문각, 1962.

이은상, 『보유 수정 사임당의 생애와 예술』, 성문각, 1964/1994)

이은상, 『사임당과 율곡』, 성문각, 1966.

이재명 외 엮음, 『해방전(1940-1945) 공연희곡집 2 — 송영 편』, 평민사, 2004.

주부생활사, 『한국여성 30년사』, 주부생활사, 1976.

http://www.saimdang.or.kr/

■ 연구문헌

권명아, 『역사적 파시즘-제국의 판타지와 젠더정치』, 책세상, 2005.

김명희, 「허난설헌과 신사임당의 모성성 연구」, 『논문집』 33집, 강남대학교, 1999.

김수진, 『신여성, 근대의 과잉』, 소명출판사, 2009.

김은실, 「한국 근대화 프로젝트의 문화논리와 가부장성」, 『당대비평』 8호, 삼인, 1999.

김학이, 「나치독재와 대중」, 정문석·이상록 엮음, 『근대의 경계에서 독재를 읽다』, 그린비, 2006.

박계리, 「충무공동상과 국가이데올로기」, 『한국근대미술사학』 12집, 2004.

박무영·김경미·조혜란, 『조선의 여성들, 부자유한 시대에 너무나 비범했던』, 돌베개, 2004.

박민자, 「신사임당에 대한 여성 사회학적 조명」, 『덕성여대 논문집』 34집, 덕성여대, 2005.

박용옥, 「1905-1910년, 서구 근대여성상에 대한 이해와 인식」, 『한국 여성 근대화의 역사적 맥락』, 지식산업사, 2001.

박종수, 「차상찬론」, 『한국민속학』 28호, 1994.

손인수, 『신사임당의 생애와 교훈』, 박영사, 1976.

손인수, 「신사임당과 율곡의 교육윤리관」, 『율곡사상연구』 제3집, 1997.

신옥희, 「김활란과 21세기 여성교육」, 김활란 박사 탄생 100주년 기념 학술대회 자료집 『변화하는 세계와 여성고등교육』 1999. 5. 26~27.

양수근, 「일제 말 친일 희곡의 변모양상과 극작술 연구—박영호·송영 극작품을 중심으로」, 명지대학교 문예창작학과 박사학위논문(미간행), 2005.

은정태, 「박정희 시대 성역화 사업의 추이와 성격」, 『역사문제연구』 제15호, 2005.

이미원, 「국민연극 연구」, 『국민연극』 3, 월인, 2003.

이상경, 「일제 말기의 여성동원과 '군국의 어머니'」, 『페미니즘연구』 2호, 동녘, 2002.

이숙인, 「그런 신사임당은 없었다 : 권력과 젠더의 변주」, 『철학과 현실』 81호, 2008.

이은선, 「페미니즘 시대에 신사임당 새로 보기」, 『동양철학연구』 43집, 동양철학연구회, 2005.

이필순, 「여성 미술가의 역사적 고찰」, 김활란박사교직근속40주년기념편집위원회 엮음, 『한국 여성 문화 논총』, 이화여자대학교 출판부, 1999.

정문교, 「신사임당은 누구인가」, 『율곡사상연구』 제1집, 1994.

정진성, 「현대 일본의 모성인식」, 심영희·정진성·윤정로 공편, 『모성의 담론과 현실』, 나남출판, 1999.

정호순, 「국민연극에 나타난 모성연구─송영의 「산풍」, 「신사임당」을 중심으로」, 『어문연구』 제33권 1호, 2005.

조은, 「가부장제와 근대를 넘어서는 새 여성상」, 김활란 박사 탄생 100주년 기념 학술대회 자료집 『변화하는 세계와 여성고등교육』 1999. 5. 26~27.

조혜정, 『한국의 여성과 남성』, 문학과지성사, 1988.

최연식, 「박정희의 '민족' 창조와 동원된 국민통합」, 『한국정치외교사논총』 28집 2호, 2006.

황정미, 「개발국가의 여성정책에 관한 연구 : 1960-70년대의 한국 부녀행정을 중심 으로」, 서울대학교 사회학과 박사학위논문(미간행), 2001.

가와 가오루, 김미란 옮김, 「총력전 아래의 조선여성」, 『실천문학』 2002년 가을호, 2002.

무타 가즈에, 「가족, 성과 여성의 양의성」, 한국여성연구원, 『동아시아의 근대성과 성의 정치학』, 푸른사상, 2002.

요네다 사요코·이시자키 쇼오코, 「『청탑』 이후의 새로운 여자들─히라츠카 라이 초우와 '신부인 협회'의 운동을 중심으로」, 문옥표 외, 『신여성』, 청년사, 2003.

우에노 치쯔코, 이선이 옮김, 『내셔널리즘과 젠더』, 박종철출판사, 1994.

小山靜子, 『良妻賢母という規範』, 勁草書房, 1991.

Chatterjee, Partha, *The Nation and its Fragments: Colonial and Postcolonial Histories*, Princeton : Princeton University Press, 1993.

Davis, Nira-Yuval, *Gender and Nation*, Sage, 1997.

에릭 홉스봄 외, 박지향·장문석 옮김, 『만들어진 전통』, 휴머니스트, 2004.

Nolte, S. a. S. A. Hstings, "The Meiji State's Policy Toward Women, 1890-1910,"

Recreating Japanese Women, 1600-1945. G. Bernstein, University of California Press, 1991.

부록_ 사임당 연보

연도	나이	사건과 일화
1504 (연산 10년)	1세	• 10월 29일 강원도 강릉 북평촌 어머니 이씨의 친정에서 아버지 평산 신씨 명화 공(이 때 29세)의 5녀 중 둘째로 탄생
1510 (중종 5년)	7세	• 어머니가 이씨가 외조부모의 무남독녀로 친정부모 모시고 살고 부친이 평생 한성과 강릉을 오감. • 안견의 화풍을 본받아 산수 포도 풀벌레 등 그림공부 시작.
1516 (중종 11년)	13세	• 부친 신명화공(41세)이 한성에서 진사 시험에 오름.
1521 (중종 16년)	18세	• 외할머니 최씨 별세. • 아버지(46세) 한성에서 강릉으로 내려가는 도중 병을 얻어 어머니의 정성과 사임당의 꿈으로 쾌차.
1522 (중종 17년)	19세	• 덕수 이씨 원수공(22세)에게 출가. • 출가하고도 그대로 친정에 머물러 있던 중 11월 7일에 부친이 서울 본가에서 별세.
1524 (중종 19년)	21세	• 한성에서 시어머니 홍씨 부인께 신혼례 올림. • 9월 첫아들 선璿 출산. • 10년 동안 파주, 강릉, 봉평으로 옮아 다님.
1528 (중종 23년)	28세	• 어머님 이씨의 열녀 정각旌閣이 섬.
1529 (중종 24년)	29세	• 둘째, 맏딸 매창 출산.
		• 셋째, 둘째 아들 번璠 출산. • 넷째, 둘째딸 출산
1536 (중종 31년)	33세	• 다섯째, 셋째 아들 이珥 강릉에서 출산
1540 (중종 31년)	37세	• 병석에 누움. • 어린 율곡(5세)의 기도 일화
1541 (중종 36년)	38세	• 강릉 친정에서 한성으로 올라오며 대관령에서 시를 읊음. • 서울 수진방壽進坊에서 시집의 살림살이 주관.

연도	나이	내용
1542 (중종 37년)	39세	● 여섯째, 넷째 아들 우瑀 출산. ● 서울에서 살며 홀로 계신 친정 어머님 그려 눈물로 시를 지음. ● 아들 율곡이 13세 나이로 진사 초시에 올라 학문의 명성이 자자해짐.
1550 (명종 5년)	47세	● 여름에 부군 이원수공(50세)이 수운판관水運判官이 됨.
1551 (명종 6년)	48세	● 집을 삼청동으로 옮김. ● 여름에 부군이 세곡을 실어 올리는 일로 평안도 지방으로 아들 선과 이가 동행하여 감. ● 5월 17일 새벽, 병으로 누운지 이삼일만에 별세.(이 때 부군 51세, 자녀들은 맏아들 선 28세, 맏딸 매창 23세, 율곡 16세, 우가 10세였음) ● 파주 두문리 자운산에 장사지냄.
1561 (명종 16년)		● 부군 이원수 공(61세) 별세. ● 사임당의 무덤과 합장.
1568 (선조 원년)		● 율곡 33세 때 이조좌랑에 임명되었으나 외조모 이씨(89세)의 병환 소식에 벼슬을 버리고 강릉으로 돌아감. 이 때에 간원에서는 본시 법전에 외조모 근친하는 것은 실려 있지 않다 하여 직무를 함부로 버리고 가는 것은 용서할 수 없은즉 파직을 청하였으나 선조는 비록 외조모일지라도 정이 간절하면 가 볼 수도 있는 것이며 또 효행에 관계된 일로 파직시킬 수는 없다 하고 듣지 아니함. ● 남편 이원수공에게는 숭정대부 의정부 좌찬성이 증직 ● 사임당에게 정경부인 증직 ● 조부모, 증조부모에게도 증직.

* 이은상, 1962에 실린 사임당 연보와 이율곡 연보를 합하고 추려 작성

'역사적 내러티브'의 국가적 창출
이순신과 도요토미 히데요시에 관한 문화재 지정을 중심으로

최 석 영

1. 서론 : 관점viewpoint과 목적과 현창사업

역사의 여러 상황과 맥락 안에서 생산된 내러티브narratives는 그러한 과거가 실제 존재한 것과 같이 상상하게 만든다. 그것은 공식적인 역사 아니면 집단기억의 형태로 과거 이미지가 다양하게 상상되고 그것을 통해서 일반인들도 역사적인 주체 의식이 형성된다. 이것은 그 과거에 의미를 부여하고 지식을 구축해 가는 과정이기도 하다. 따라서 무엇을 어떻게 상상하도록 유도하는가에 따라서 상상되는 과거는 달라진다. 여기에 역사교육의 유효성과 함께 '한계성'이 존재한다. 과거의·사실에 의미를 부여하는 것은 과거에 대한 해석을 동반한다. 그러면 여기에서

문제가 되는 것은 내러티브를 생산하는 주체는 누구이며 이를 이미지화
시키는 이념과 수단은 무엇인가라는 것이다. 발굴을 통해 발견된 물질문
화에 대해 물질로서의 분석과 함께 역사문화사적 해석이 가해진다. 이때
그 해석의 방향 결정에 여러 요인들이 영향을 미친다. 해당 물질에 대한
역사학적 해석과 함께, 그 시대가 안고 있는 문제점의 해결이라는 요인이
작용하여 이념적이고 담론적인 해석도 이루어진다.[1]

일제에 의한 대한제국 강점이라는 역사적 상황에서 정치적인 헤게모
니뿐만 아니라 역사문화적인 헤게모니까지 장악한 조선총독부의 관료
및 일본인 학자들은 조선에서 그들의 역사를 추적하였다. 그 가운데
'문록경장文祿慶長의 역役'(한국사에서는 임진왜란[2]과 정유재란) 관련 유
적(성터와 그 흔적)과 관련되었다고 본 유적을 고적으로 지정 관리하면서
생산된 역사적 해석은 일본역사상 중국에 맞서 싸운 역사로서 자리매김
을 하는 것이었다. 또한 이것은 더 나아가 당시 일제가 대한제국 지배를
정치적인 이유―중국으로부터의 지배―를 들어 정당화하는 역사적 재료
로서 활용되었다.[3] 한편 이와 같은 일제의 지배담론의 생산에 촉발된
한국 지식인들은 이순신을 새롭게 '발견'하고 관련 유적을 정비하여

---

1) 이상의 논지는 Sam Smiles & Stephanie Moser, ed., *Envisioning the Past*, Blackwell,
   2005 참조.
2) '임진왜란'이라는 용어의 사용문제가 제기되었다. 박수철 교수는 최근 논고에서
   임진왜란이라는 용어에는 그동안 상대국을 비하하는 태도와 인식에서 온 것으
   로 국가와 국가 간의 전쟁이라는 시각이 결여되어 있다고 지적하고 '임진전쟁'이
   라는 용어의 사용을 제안하였다. 박수철, 「15・16세기 일본의 전국시대와 도요토
   미 정권―'임진왜란'의 재검토」, 역사학회 편, 『전쟁과 동북아의 국제질서』,
   일조각, 2006.
3) 이와 같은 관점의 연구로서는 오다 히데하루(太田秀春)에 의한 일련의 논고들이
   있다. 그 논고들은 다음과 같은 단행본으로 발간되었다. 『朝鮮の役と日朝城郭史
   の研究』, 淸文堂出版, 2006 ; 『近代の古蹟空間と日朝關係』, 淸文堂出版, 2008.

민족·저항의식을 고취시키는 방향으로 일반인들을 계몽하였다.

역사적 사실 가운데 무엇을 내러티브narrative화할 것인가는 당대의 역동적인 맥락 속에서 결정되기도 한다. 전통의 창출invention of tradition은 그러한 속성을 가지고 있다. 내러티브 생산에 역동성이 있다는 것은 한 가지 역사적 사상事象을 둘러싸고 상호 이해관계가 충돌 혹은 타협되는 과정에서 전통으로서 역사문화가 만들어지기 때문이다. 홉스봄E. Hobsbawm이 주장하였듯이 전통의 창출이 이루어졌던 시기는 수요 쪽이나 공급 쪽에서 매우 크고 빠른 변화가 일어나고 있던 시기였다.4) 또한 창출된 과거는 연구에 의하여 그것의 존재를 의식하지 않거나 정통적인 역사학의 연구와는 무관하다고 하여 방치되면 지속성을 갖는다. 식민지 지배라는 상황 하에서 만들어진 전통이 해체되지 않은 채 식민지 지배 후에도 여전히 의문시되지 않고 존재하는 까닭은 거기에 있다.

최근 들어 텔레비전에서 「영웅 이순신」이 방영되는 등 이순신에 대한 관심이 학계 내외에서 높아진 것이 사실이다. 서울특별시 중구에서는 이순신 생가 터에 기념관 설립을 추진하고 있으며5) 정부 차원에서는 현충사에서 개최되어 오고 있는 국가제례에 대한 정비사업에 착수하였다. 학계 내에서도 이순신에 대한 전기적인 연구에서 벗어나 '기억의 정치학'이라는 관점에서 이순신의 영웅화6)와 현충사의 성역화,7) 이순신

---

4) E. Hobsbawm & T. Ranger ed., *The Invention of Tradition*, Cambridge Univ. Press, 1983 ; 졸역, 『전통의 창조와 날조』, 서경문화사, 1995 ; 박지향 역, 『만들어진 전통』, 휴머니스트, 2004.

5) 서울특별시 중구에서는 이순신 생가 터에 기념관 설립을 추진하기 위한 연구에 착수하였다. 그 성과들이 서울시립대학교 산학협력단에 의하여 '충무공탄생지의 보전과 기념사업의 방향'이라는 학술심포지움(2008년 10월 17일, 충무아트홀 컨벤션센터)에서 발표되었다.

6) 신은제, 「박정희의 기억만들기와 이순신」, 김학이·김기봉 외, 『현대의 기억 속에서 민족을 상상하다』, 세종출판사, 2006 ; 정호기, 「박정희시대의 '동상건립

에 대한 역사적 평가의 변화,8) 일본 국내에서의 도요토미 히데요시에 대한 영웅화9) 등에 초점을 두고 연구가 진행되고 있다. 본고는 이러한 연구성과들로부터 힘입은 바가 크다.

본고의 목적은, 최근 '전통의 창출'에 입각한 연구성과들10)과 연구의 관점을 공유하면서 임진왜란과 정유재란(일본사에서는 '문록경장의 역')이라는 역사적 사건이 일제의 조선 강점 하에서 어떻게 역사적 자리매김이 되었는가, 또한 식민지 지배가 끝난 후에도 그러한 창출이 어떠한 맥락에서 지속성을 가지게 되었는가도 아울러 살펴보는 데 있다. 이를 통해 역사[전통] '창출'의 역사적 상황을 제시해 보고자 한다.

2. '문록경장의 역' 유적에 대한 식민지적 재해석과 이순신

1) 1910년 이전 이순신과 도요토미 히데요시를 둘러싼 한일 간 역사적 내러티브의 변화

운동'과 애국주의－'애국선열조상건립위원회'의 활동을 중심으로」,『정신문화연구』 30-1, 한국정신문화연구원, 2007.

7) 은정태, 「박정희시대 성역화사업의 추이와 성격」,『역사문제연구』No.15, 역사문제연구소, 2005.

8) 정두희, 「이순신에 대한 기억의 역사와 역사화」, 정두희·이경순 편, 『임진왜란 동아시아 삼국전쟁』, 휴머니스트, 2007.

9) 高木博志, 「근대 일본의 히데요시 영웅 만들기」, 정두희·이경순 편, 『임진왜란 동아시아 삼국전쟁』, 휴머니스트, 2007 및 지순, 「도요토미 히데요시(豊臣秀吉) 상의 창출」, 한일관계사학회/동북아역사재단 편, 『전쟁과 기억 속의 한일관계』, 경인문화사, 2008.

10) ① 졸고, 「일제 식민지상황에서의 부여 고적에 대한 재해석과 '관광명소'화」, 『비교문화연구』 9-1, 서울대학교 비교문화연구소, 2003 ; ② 김수진, 「전통의 창안과 여성의 국민화 : 신사임당을 중심으로」,『사회와 역사』통권 80호, 한국사회사학회, 2008년 겨울 ; ③ 황종연 편,『신라의 발견』, 동국대학교출판부, 2008.

(1) 1910년 이전 이순신에 대한 내러티브

임진왜란과 정유재란이 있었던 조선시대 선조대 당시 이순신에 대한 역사적 평가는 무엇이었는가. 정유재란에 대한 책임을 둘러싸고 당대 선조는 그 책임을 이순신에게 돌리고 통제사직에서 물러나게 한 후에도 여전히 그러한 책임 전가에 대해 고민을 거듭하였다. 선조는 한산도 패배에 대한 책임조사를 비변사에게 지시하였고 비변사에서는 원균에게 주된 책임이 있다는 보고를 접한 후에도 여전히 원균에게만 책임을 전부 돌릴 수 없다는 입장이었다. 수군통제사에 다시 복직된 이순신이 한산도 전투에서 승리하게 되자 상황은 달라졌다. 그럼에도 불구하고 선조는 여전히 원균을 옹호하면서 왜란이 끝난 지 6년이 지난 선조 37년(1604년) 10월에 원균을 이순신과 권율과 함께 선무공신宣武功臣으로 올려놓았다. 인조반정 이후 광해군 시대의『선조실록』에 대한 수정의 필요성이 제기되었다. 수정작업은 인조 19년(1641년)에 착수되어 효종 8년(1657년)에 완성되었다. 이 과정에서 이순신에 대한 역사적 내러티브 가 크게 바뀌었다. 일본군의 조선 수군 유인책에 말려들지 않기 위하여 이순신은 출동하지 않은 것이라는 점, 이순신 투옥의 당사자는 선조였다 는 점이 기술되었다. 숭명배청崇明排淸을 내건 효종의 북벌론이 제기되었 던 시대적 상황이 작용하는 가운데 이순신에 대한 재평가가 이루어졌다. 효종을 이은 현종대에 노량에 있는 이순신의 사당과 경상도 통영에 있는 사우祠宇에 편액을 내렸을 뿐만 아니라 이순신에 대한 국가제례도 행할 것을 명하였다. 1704년에는 충청도 유생들이 중심이 되어 조정에 사당 건립을 상소하여 1706년에 사당이 건립되었고, 그 다음 해 숙종에 의하여 그 사당은 현충사顯忠祠라고 명명되었다.

정조대에 이르러서는 정조 17년(1793)에 명나라 신종 황제의 기일忌日

에 맞추어 이순신을 영의정으로 추증하고 19년에는 『이충무공전서』를 발간하였다. 남인 중심으로 정국을 이끌고 있던 정조에게 당시 남인을 중심으로 한 천주교의 조선 유입은 정치적으로 부담이 되었다. 이러한 정국 속에서 국왕에 대한 충성심을 고양시키기 위하여 명나라 신종으로부터 도독都督의 인印을 받은 이순신을 기억하도록 한 것이다.11)

그러나 1864년 대원군에 의한 사원 철폐로 충무공 사당들은 통영의 충렬사를 제외하고 철거되었다. 일제가 청일전쟁에 이어 러일전쟁을 승리로 이끈 후 그들의 '문록경장의 역' 관련 유적에 관심을 가지고 그것을 찾고자 하였다. 일제는 러일전쟁 이후 국제적인 위상이 높아진 가운데 미토三戸 제2사단장은 러일전쟁 개선 시 북한에서 도쿄로 석비石碑 하나를 가지고 돌아왔다. 그것은 임진왜란 시 지방민들의 저항으로 가토 기요마사加藤淸正가 퇴각하게 되자 지방민들이 그것을 기념하여 세웠던, 말하자면 '퇴각기념비'였다. 이를 우연히 발견하게 된 미토 사단장이 이 석비를 도쿄까지 옮긴 것이다.12)

또 일제가 1905년 한일협약의 체결에 따라서 통감부를 설치한 이후, 일본거류민회에서 내놓은 서울의 도시개조안 중 남대문 철거계획이 당시 한성신문사 사장이며 일본인거류민단장이었던 나카이 기타로中井喜太郎(1864~1924)의 주장으로 철회되었다. 그가 남대문 철거에 반대한 이유는 남대문이 임진왜란 당시 가토 기요마사가 빠져나간 곳이라는 점 때문이다. 그 결과 서울성내−남대문−남대문 정차장을 연결하는 간선도로가 남대문 좌우도로를 확장한 형태로 조성되었다.13) 이처럼 남대문

---

11) 이상 정두희, 「이순신에 대한 기억의 역사와 역사화」, 정두희·이경순 편, 『임진왜란 동아시아 삼국전쟁』, 휴머니스트, 2007 참조.
12) 「加藤淸正擊退の碑」, 『考古界』 5-8, 考古學會, 1906. 2.
13) 太田秀春, 「근대 한일양국의 성곽인식과 일본의 조선 식민지정책」, 『한국사론』

〈사진 1〉 충청남도 공주읍 공주공원 내 가토 기요마사 퇴각비

이 철거되지 않고 남아 있을 수 있었던 것은 가토 기요마사가 남대문을 통과하여 서울을 함락시켰다는 일본사적 의의가 강조되었기 때문이다.

이러한 일제의 행정에 대해 한국의 지역민들이 어떠한 반응을 보였는지는 알 수 없지만 적어도 아산의 유생들을 중심으로 을사보호조약이 체결된 지 1년이 지난 1906년 2월에 현충사의 옛 터에 유허비遺墟碑를 세워 반일정신을 고취하고자 하였다.[14]

일제가 대한제국과 1907년 한일신협약을 체결하여 대한제국의 정치경제 등 모든 방면에서 간섭을 강화하고 있던 상황에서 신채호는 1908년 6월 11일부터 10월 24일까지 『대한매일신보』에 이순신 전기를 연재하여 우리 민족에게 이순신과 같이 일본의 침략 야욕에 맞서 민족적으로 들고 일어날 것을 주문하였다.

49, 서울대학교 인문대학 국사학과, 2003 참조.

14) 현충사관리소, 『충무공 이순신과 현충사』, 1999년 참조.

(2) 도요토미 히데요시에 대한 내러티브

일본에서는 문록경장의 역 이후에 도요토미 히데요시에 대한 이미지가 어떻게 만들어지고 있었는가. 도요토미 히데요시 사후 다음 해에 세워진 도요쿠니샤豊國社가 도쿠가와 이에야스에 의하여 파괴되는 등 역사적 격하가 이루어졌다. 그러나 그 후 민중들 사이에서는 임진왜란 관련 군기물들이 발간되어 도요토미 히데요시 등 관련 장수들과 조선에 대한 관심들이 나타났다. 그러한 군기물들은 전쟁에 참전한 무사15)와 종군승從軍僧,16) 유학자 등에 의하여 집필되었다. 그 가운데 도요토미 히데요시의 후계자로 간바쿠關白의 지위까지 올랐던 도요토미 히데쓰구豊臣秀次의 시의侍醫를 지낸 오제 호안小瀨甫庵(1564~1640)의 『태합기太閤記, 다이코키』(총 22권, 1610년대에서 1620년대에 걸쳐 간행되었다. 그 후에도 1646년, 1661년, 1662년, 1710년 등 여러 차례 출간되었다)라든가, 1797년에 처음 간행되어 1802년까지 간행되었으며 1877년에 가부키의 상연 종목으로 처음 무대에 올려진 이래 매년 상연된 「회본태공기繪本太閤記, 에혼타이코키」 등을 통해 도요토미는 대중 사이에서 회자되고 있었음에 분명하다.17)

---

15) 대표적인 것으로 고니시 유키나가와 함께 3천 명의 부하를 이끌고 참전한 마쓰우라 시게노부(松浦鎭信)의 부하 요시노 진고자에몬(吉野甚五左衛門)이 쓴 『요시노 일기(吉野日記)』가 있다. 이것은 선생이 소강 상태가 된 뒤 종종 기록한 일기를 참고로 부산에 돌아와 배 안에서 집필한 것이다. 1593년 7월 4일이라는 일자와 부산포의 배 안이라는 장소가 기록되어 있다. 특히 이것은 일본의 전통적인 음수율 7·5조의 경쾌한 리듬의 운문 형식으로 한자와 가나를 섞어 쓴 작품이다. 거기에서 조선인의 죽음을 '회화적'으로 묘사하고 있다. 박창기, 「임진왜란 관련 일본군기문학연구」, 고려대학교 대학원 박사학위논문, 1999 참조.

16) 대표적인 것으로 『서정일기(西征日記)』가 있다.

17) 임진왜란과 관련 군기물로서 이 밖에도 하야시 라잔(林羅山)의 『도요토미 히데요시보(豊臣秀吉譜)』(1642년), 『조선정벌기』(1659년본과 1665년본)가 있다. 김시

『태합기』는 단순한 사실의 나열이 아니라 '학도學道'에 의하여 역사적 역할의 선악을 판단하고 있다. 특히 주목할 만한 것은 도요토미 히데요시를 "어머니 품 안으로 해가 들어오는 꿈을 꾸고" 태어난 전국시대戰國時代의 영웅(천부적인 재능과 군주로서의 아량 등)으로 묘사하고 있다는 점이다.[18] 일본인들의 '조선관' 형성과 관련하여 주목할 부분은 임진왜란 전 과정을 묘사하고 있는 권13~15와 권16 일부에서는 일본군과는 대조적으로 조선인을 처량하고 연약하고 비겁한 모습으로 그리고 있다는 점이다.

다른 한편 「회본태공기」에서는 히데요시가 임진왜란을 일으킨 목적은 진구 황후神功皇后의 '삼한정벌' 이래 중단된 조선의 내조來朝를 포함하여 궁극적으로 명明나라를 정복하여 명나라의 황제가 되는 데 있으며 이러한 목적 의식이 가토 기요마사의 신격화와 결부되어 극적으로 표현되어 있다.[19] 즉 「회본태합기」의 기본 구도는 히데요시의 승계권을 둘러싸고 두 후보자의 후견인 간 대립, 측신 중 간신으로 등장하는 이시다 미쓰나리石田三成와 고니시 유키나가와 충신으로 등장하는 가토 기요마사가 대립하여 끝내는 간신이 패하고 충신이 승리한다는 것으로 되어 있다. 또 한국에서는 잔인한 인물로 알려진 가토 기요마사가 '인정 많고 인의를 펼친' 장수로 묘사되고 있으며 기존의 군기물과는 달리 히데요시만이 아니라

덕의 연구에 의하면 전자는 『태합기』의 내용을 수용하는 한편 중국 작품도 참조한 더욱 방대한 도요토미의 일대기이며, 후자는 중국 작품을 수용하면서 임진왜란을 주제로 다룬 것이다. 김시덕, 「『다이코키』에서 『에혼다이코키』로」, 『일본학보』 65-2, 한국일본학회, 2005 참조.

18) 박창기, 「임진왜란 관련 일본군기문학연구」, 고려대학교 대학원 박사학위논문, 1999 참조.

19) 김시덕, 『에혼타이코키(繪本太閤記)』의 임진왜란 기사 연구」, 『일본학보』 61-2, 한국일본학회, 2004 참조.

가토 기요마사가 신격화되고 있는 점도 주목할 만하다. 특히 유성룡의 『징비록』과 『서애선생문집』이 일본으로 전해져 이 책의 임진왜란 묘사는 그것으로부터 영향을 받아 내용적으로 전과는 달리 풍부해지게 되었다.[20]

에도 막부江戸幕府에 불만을 가지게 된 민중들의 현실 부정과 과거에 대한 감정 투사가 함께 작용하면서 에도 시대에 민중들 사이에서 히데요시에 대한 긍정적 이미지가 크게 확산되었다. 이를 두려워한 막부는 민중들 사이에서 널리 읽히고 있던 『태합기』 등의 발간을 금지할 정도였다.[21]

이와 같이 도요토미 히데요시 당대부터 그에 대한 영웅적 이미지가 있었던 것이 아니다. 에도 막부를 타도한 메이지 정부는 메이지 유신의 명분을 위하여 당연히 에도 시기 민중들의 히데요시에 대한 내러티브를 계승 확대하였다. 「대일본제국헌법」이 발포된 1889년 8월 26일 '도쿄東京 개시 3백년 기념제'가 에도 막부의 본거지에서 열리게 되고 이것이 지방으로까지 확산되어 번조藩祖를 현창하는 3백년 기념제가 각 지방에서 열렸다. 이를 계기로 1890년 6월 25일에 호타이코豊太閤 3백년 제祭가 열렸고 이는 '문록경장의 역'에 대한 역사적 의의가 크게 부각되는 기회가 되었다. 또한 교토제국박물관京都帝國博物館이 1897년 5월 1일에 개관하면서 처음으로 연 특별전이 다름 아닌 '도요토미 시대 작품전'(1898년 4~5월)이었다. 히데요시의 탄생지인 나고야시名古屋市 나카무라 구中村區에 소재하는 도요쿠니진쟈豊國神社는 관광과 수학여행의 주요 코스 가운데

---

20) 김시덕, 「『다이코키』에서 『에혼다이코키』로」, 『일본학보』 65-2, 한국일본학회, 2005 참조.

21) 박수철, 「15・16세기 일본의 전국시대와 도요토미 정권 - '임진왜란'의 재검토」, 역사학회 편, 『전쟁과 동북아의 국제질서』, 일조각, 2006 참조.

하나였다.[22] 1919년 「사적명승천연기념물보존법」의 제정에 따라서 도요쿠니묘豊國廟가 교토의 중요사적으로 조사 보고되었다. 이와 같이 박물관 활동과 사적 지정에 따른 관광, 수학여행뿐 아니라 역사적 인물의 선택과 공식교육은 해당 인물에 대한 역사적 평가와 함께 그에 대한 각인을 극대화시키는 효과가 있다.

일본 교과서가 국정제도로 바뀐 1902년 이후 1945년 패전까지 히데요시에 대한 역사적 평가의 대체적인 내용은, 일본이 명나라와 우호관계를 도모하고자 하였으나 명나라가 이를 수용하지 않아 "길을 조선에 빌어"라는 '가도입명假道入明'으로 조선에 '출병'하여 황실을 존숭하고, 원정에 의한 국위를 선양하였으며 "대동아大東亞를 건설하고자 한" 인물이었다는 것이다.[23]

또한 청일전쟁에 의하여 대한제국에 대한 정치적인 우위를 차지하게 된 일본은 도쿄제국대학 이학부 인류학교실에서 1900년에 고고학 전공의 야기 쇼자부로八木奘三郎를 한국에 파견하여 한국의 문화(특히 구석기문화)를 조사하도록 하였다. 그는 조사 과정에서 일본의 왜성 가운데 서생포西生浦 왜성을 조사하였고 이것을 울산왜성으로 간주하였다.[24] 또 1910년 7월에는 한국정부의 학부고문으로 와 있던 시데하라 다이라幣原坦(1870~1953)[25]에 의하여 울산왜성의 위치가 비정되었다.

---

22) 이상 高木博志, 「근대 일본의 히데요시 영웅 만들기」, 정두희·이경순 편, 『임진왜란 동아시아 삼국전쟁』, 휴머니스트, 2007 참조.

23) 지순, 「도요토미 히데요시(豊臣秀吉)상의 창출」, 한일관계사학회/동북아역사재단 편, 『전쟁과 기억 속의 한일관계』, 경인문화사, 2008 참조.

24) 八木奘三郎, 「韓國に現存する日本の古城蹟」, 『歷史地理』 3-7, 1901.

25) 시데하라는 1893년 도쿄제국대학 국사과를 졸업하고 1900년 10월에 문부성의 명을 받고 조선으로 건너오기 전까지 일본문화와 유구(琉球)문화와의 밀접성에 관심이 있었고 일본의 대학교수와 교장으로서 일본교육에 관여하였다. 조선으로 건너올 때도 한국정부의 학부고문으로 시작하여 1906년까지 학정참여관으로

이상을 통해 볼 때 1910년 일제의 대한제국 강점이라는 역사적 사건 이전에는 임진왜란 이후 조선왕조 차원에서는 이순신에 대한 평가에 부침이 있었다. 그러나 1900년대에 들어서서는 외압이라는 국제정세의 급격한 변화 속에서 이순신에 대한 역사적 평가는 외압에 저항하는 애국심의 상징으로서 자리매김 되기 시작하였다. 한편 일본에서는 에도 막부에 의하여 히데요시 관련 유적이 파괴되는 등의 역사적 시련 속에서도 히데요시에 대한 민중적 관심이 높았다. 그런 히데요시의 이미지는 막부를 타도한 메이지 정부에 의하여 새로운 평가가 이루어졌다. 또 메이지 정부에서는 조선에서의 관련 유적에도 관심을 보이기 시작하면서 메이지 정부의 정치적 명분 때문에 대내외적으로 히데요시에 대해 큰 관심을 가지게 되었다. 히데요시에 대한 '창출' 여건이 조성되고 있었다고 말할 수 있다. 그 여건은 일제의 대한제국 강점 이후 더욱 체계적으로 구비되어 갔다. 이는 상대적으로 이순신에 대한 조선 측의 관심 고조를 자극하였다. 이 또한 일제 하에서 이순신이 그 이전과는 다른 필요성에서 '창출'되는 역사적 상황이기도 하였다.

2) 1910년 이후 '문록경장의 역' 유적에 대한 재해석과 현창사업, 그리고 이순신 유적 보존운동

(1) '문록경장의 역' 유적조사와 재해석, 현창

활동하였다. 그리고 다시 1917년 7월부터 3년간 조선에 체재하였다. 그가 한국으로 오기 전 1890년경에는 마에마 교사쿠(前間恭作), 가나자와 쇼자부로(金澤庄三郞) 등과 함께 1890년경에 조선회(朝鮮會)를 조직하여 조사활동을 하기도 하였다. 졸저, 『일제의 동화이데올로기의 창출』, 서경문화사, 1997 ; 최혜주, 「시데하라의 고문활동과 한국사연구」, 『국사관논총』 79, 국사편찬위원회, 1998 참조.

① 유적조사와 재해석

우선 논지의 전개에 앞서 재해석이란 무엇을 가리키는 용어인가를 언급해 두고자 한다. 식민지 행정관료와 '식민지 모국 및 식민지의 학자'들이 식민지 문화를 기존의 의미와는 새롭게 또는 다르게 해석하여 그 의미를 변화시키는 경향이 나타났는데, 이를 미국 인류학자 허스코비츠 M. J. Herskovits 26)는 재해석re-interpretation이라고 명명하였다. 그렇게 재해석된 문화들이 식민지 상황이 종료된 다음에도 '사실facts'로서 수용되는 경향이 있었다.27) 이러한 현상은 포스트콜로리얼리즘post-colonialism 연구에서 하나의 연구주제가 되고 있다.

일제는 대한제국을 그들의 '외지' 중 하나로 만든 것을 포함하여 진구황후神功皇后의 '신라정벌'부터 '문록경장의 역'을 거쳐 청일전쟁과 러일전쟁을 '국위선양'과 '평화'라는 명분에 입각하여 '영광의 역사'로 기술하기 위하여 '분전奮戰'과 승전의 기록에 관심을 보였다. 그 흔적을 둘러싸고 한편에서는 오히려 일본에게 도움이 되지 않는 배일排日사상을 고취하고 있기 때문에 철거해야 한다는 주장이 있었는가 하면 다른 한편에서는 그것을 오히려 일본의 역사에 유리하게 재해석하여 통치에 활용할 수

---

26) 1895~1963. 허스코비츠는 1923년 콜럼비아 대학에서 보아스(F. Boas)의 지도 하에 「동아프리카의 캐틀 콤플렉스(cattle complex)」라는 제목의 박사학위를 취득하였다. 이 캐틀 콤플렉스는 허스코비츠에게는 문화를 이해하는 시각과 관련된다. 소의 소유와 관련한 명성 가치(prestige value)가 그 경제적 가치를 무색하게 하는 것 같다는 동아프리카와 남부아프리카의 유목사회에서 보이는 믿음을 가리킨다. 미국학계에서는 일반적으로 가장 최초의 아프리카 연구자로 알려져 있다. 그는 미국사회에서 아프리카인들의 문화접변(acculturation)의 범주를 정의하였다. 일부의 요소들은 변하지 않지만 다른 요소들은 새로운 사회적 맥락 안에서 재해석되었다. 일부는 비(非)아프리카 문화적 요소들과 통합되었다. Thomas Barfiled ed., *The Dictionary of Anthropology*, Blackwell, 1997 참조.

27) John H. Hamer, "Identity, Process, and Interpretation—The Past Made Present and the Present Made Past," *Anthropos* 89, 1994.

있는 방안을 강구해야 한다는 주장이 제기되고 있었다. 전자의 대표적인 예로서 일제의 대한제국 강점이 이루어진 지 얼마 안 된 시점에 당시 일본 중의원 의원 아다치 겐조安達謙藏는 조선 여기저기에 ‘배일排日의 재료’가 되는 기념물(예를 들면 산성, 고사찰, 가람 등)을 점차적으로 철거하는 방법을 강구하지 않으면 조선인을 ‘동화同化’시키는 데 장애가 된다고 주장하였다.28) 여기에서는 전자보다는 후자에 초점을 두고 일제하에서 그와 같은 측면이 어떻게 전개되었는가를 살피고자 한다.

일본 지식인들 사이에서는 그들의 대한제국 강점을 그동안 일본역사상 여러 번 시도된 정한征韓의 ‘완성판’으로 간주하고 대규모 정한이었다고 본 ‘문록경장의 역’이 실패한 원인을 분석하기도 하였다. 일본역사지리학회의 기관지『역사지리歷史地理』에서는 일제의 대한제국 강점을 기념하기 위하여 1910년 11월에「조선호朝鮮號」를 증간하기까지 하였다. 육군 기병대좌 야마모토 요시타로山本美太郎는 그 잡지에 투고한「전략상으로 본 도요토미 히데요시의 정한戰略上より見たる豊太閤の征韓」이라는 제목의 글에서 일본 군력의 우수성과 한국 군력의 열세를 강조하였다. 즉 고니시 유키나가小西行長와 가토 기요마사加藤淸正의 양군이 110리를 이동하여 경성을 점령하는 데 걸린 기간은 겨우 20일이었다는 점을 들어 ‘우리 군(일본 | 인용자 쥐)의 성공을 탄미’하지 않을 수 없고 한국의 ‘국방은 불완전’하였다는 것을 반증해 주는 것이라고 주장하였다. 그러나 한국에서 일본에 대해 악감정을 가지게 된 원인을, 명나라와 강화담판이 시작되어 일본군의 철퇴撤退를 당시 한국에서는 ‘패주敗走’로 간주하여 일본에 대한 복수심이 생겼고 진주성 전투에서와 같이 대참극을 초래하였다고 분석하

---

28) 安達謙藏,「朝鮮財政問題と鮮人同化政策」,『朝鮮』32, 1910. 10 ; 太田秀春, 2003 논고 참고.

〈사진 2〉 가토 기요마사 현충비 (회령)

였다.

그는 일본이 '문록의 역'을 둘러싼 명나라와의 강화에서 실제 명나라에 저자세로 임하여 외교에 실패하였음에도 불구하고 도요토미가 오히려 국내에서는 명나라로부터 항복을 받은 것처럼 포장하였다고 주장하였다. 또한 그가 한국정벌을 중지하고 철군을 결정한 이유는 무엇인가라고 물었다. 이와 같은 '문록의 역'에 대한 역사적 반성은 역으로 일제의 대한제국 강점을 '성공' 사례로서 군사사적으로 높게 평가하는 효과를 가져왔음에 주목할 필요가 있다.

일본이 조선을 지배하게 되자 조선총독부는 1910년 9월부터 구관조사舊慣調査와 함께 사료조사를 실시하였다. 후자는 특히 교과서를 집필하기 위한 자료수집과 관련이 있었다.[29] 사료조사는 인종학[토속학]적, 고고학적 시각과 방법에 의하여 추진되었다. 조선총독부에 의한 고적발굴조사는 조사에 그치는 것이 아니라 해당 유적을 고적으로 지정하는 사전작업이 병행되었다. 조선총독부가 지정한 고적 가운데 3분의 1을 차지하고 있는 것이 성곽이었다. 이 성곽 중에서 조선총독부가 가장 큰 관심을 가진 것은 '문록경장의 역' 때 일본인이 축성했다는 왜성倭城이었다. 왜성에 대한 조사는 조선지배에 대한 일본의 '외정外征' 역사를 찾아 조선지배를 정당화하는 논리 만들기와 관련이 있었다.

연구[30]에 의하면 일본에 의한 왜성 연구는 1890년대로 거슬러 올라간다. 후술하는 1893년 제5고등학교第五高等學校 교사 야쓰 마사나가矢津昌永가 가토 기요마사가 축성했다는 서생포西生浦 왜성을 조사한 이래 1900년대 도쿄제국대학 이과대학 인류학교실의 야기 쇼자부로八木奘三郞에 의한

---

29) 졸저, 『일제의 동화이데올로기의 창출』, 서경문화사, 1997 ; 이순자, 『일제 강점기 고적조사사업 연구』, 경인문화사, 2009 참조.
30) 太田秀春, 『近代の古蹟空間と日朝關係』, 淸文堂出版, 2008 참조.

왜성 조사에 이어 육군참모본부에 의한 부산왜성과 자성대子城臺 왜성에 대한 실측이 있었다. 왜성에 대한 일본의 본격적인 연구는 일제의 대한제국 강점 이후였다.

일본정부의 명령을 받은 세키노 다다시關野貞 일행(야쓰이 세이이치谷井濟一, 사와 슌이치澤俊一31))가 조선에서 '문록의 역'에 관한 유적 조사에 바로 착수하게 된 것도 그러한 사정이 작용하였음은 물론이다. 세키노 일행은 1911년 10월 19일에 경성에서 북쪽으로 약 5리 되는 고양군 벽제리碧蹄里에서 임진왜란 관련 유적을 조사한 결과 당시의 벽제관은 그 건축·위치도 임진왜란 당시의 것이 아니라고 보았다.32) 또 그들은 1911년 10월 말에는 울산성을 조사하였다.33) 1912년에는 야쓰이 세이이치에 의하여 울산왜성 성터와 석벽의 실측이 이루어졌다.34)

야쓰이 세이이치谷井濟一(1880~1959)는 1907년 도쿄제국대학 사학과에서

---

31) 사와 슌이치(1891~1965)는 1903년 고베초립(神戶町立) 고등소학교를 졸업한 후 6년 동안 사진기술수업을 받고 1908년 6월에 한성의 무라카미(村上) 사진관에 취직하였다. 무라카미 사진관은 1894년 조선으로 건너간 무라카미(村上天眞)가 개업한 사진관이다. 사와는 1912년 8월에 무라카미 사진관을 나와 10월에 조선총독부관방총무국의 촉탁이 되었다. 특히 1912년 11월부터 1913년 3월까지 관동도독부로부터 만주 각지 토민(土民) 생활상태 조사의 임시촉탁으로 임명되었다. 그것은 도리이 류조(鳥居龍藏)의 제2차 조선조사에 사진기사로서 동행하기 위한 것이었다. 1916년 7월 「고적 및 유물보존규칙」의 제정에 따라서 사와는 조선총독부관방총무국 겸 학무국 소속이 되어 1945년까지 조선고적조사에 관련한 업무에 종사하였다. 조선총독부고적조사보고서의 많은 유물사진은 사와가 촬영한 것이다. 또한 고적 조사 과정에서 생산된 유리건판사진의 정리도 사와가 담당하였다. 이상에 대해서는 吉井秀夫, 「澤俊一とその業績について」, 『高麗美術館研究紀要』 6, 2008 참조.

32) 谷井濟一, 「朝鮮通信(二)」, 『考古學雜誌』 2-3, 고고학회, 1911. 11.

33) 谷井濟一, 「朝鮮通信(三)」, 『考古學雜誌』 2-5, 고고학회, 1912. 1.

34) 谷井濟一, 「蔚山に於ける加藤淸正が籠りし城の遺址」(上·下), 『考古學雜誌』 2-5·7, 1912.

국사학을 전공한 후 교토제국대학 대학원에 입학하여 일본고대사를 전공하였다. 그는 1909년 대한제국정부로부터 고건축 조사를 의뢰받고 세키노 다다시의 조수로서 조사에 참여한 이래 1921년까지 조선에서 고적발굴조사와 조선총독부박물관 업무를 맡았다.[35]

일제 강점 하에서 일본인으로서 '문록경장의 역'에 관한 유적 가운데 가토 기요마사가 농성했다는 울산성의 지점을 조사하여 그것을 비정한 사람은 야쓰이 세이이치다. 그는 현지답사와 문헌조사를 병행하여 기존의 설을 검토하였다. 1911년 11월 3일 아침 직접 울산의 성을 답사하고 1911년 4월 15일 육지측량부가 발행한 조선 5만분의 1 약도(蔚山圖, 西生圖), 태전비탄수일길太田飛驒守一吉 막하에 있었던 대하내무좌위문위수원大河內茂左衛門尉秀元이 기록한 「조선기朝鮮記」, 1906년 12월 발행된 아사노 사치나가淺野幸長 가신 모某의 「울산농성각서覺書」, 『징비록』, 『울산읍지』(1902년 발간), 『신증동국여지승람』 등을 참고자료로 울산에서 가토가 농성한 지점을 비정하고자 하였다.[36]

그는 가토 기요마사가 농성한 울산성의 비정에 대한 기존의 설 즉, (1) 조사 당시의 울산성설, (2) 울산에서 남쪽으로 약 5리가 되는 서생포에 가토가 축조한 성이 있다는 설(야쓰 다카나가矢津昌永), (3) 대동여지도에 의하여 울산 동쪽 약 1리 해변에 도산島山이라는 산이 그 지점이라는 설(시데하라 타이라幣原坦), (4) 울산 동쪽 약 반리쯤 떨어진 필봉筆峰에 일본인이 축조한 증성甑城설 가운데서 (4)의 입장에서 그 지점을 비정하였다.

야쓰이는 여러 설 가운데 (1)과 (2)의 설은 '근거박약'과 '논리비약'을

---

35) 有光敎一, 『朝鮮考古學七十五年』, 昭和堂, 2007 참조.
36) 谷井濟一, 「蔚山に於ける加藤淸正が籠りし城の遺址」(上・下), 『考古學雜誌』 2-5・7, 1912.

들어 관심 밖에 두고, 다만 시데하라의 '도산설島山說'은 귀를 기울일 만하다는 이유로 그 설을 구체적으로 소개하면서 문제점을 동시에 지적하였다. 야쓰이는 시데하라의 도산설이 크게 두 가지 측면에서 문제가 있다고 주장하였다. 그는 당시 울산성은 가토가 농성한 성이 아니라는 점을, 울산읍은 세종 8년에 조사 당시의 지역으로 옮겨와서 완경사의 평야지대로서 결코 농성할 만한 지대가 아니며 울산에서 바다까지의 거리는 일본 거리로 4리里 정도고 일본식 성곽도 아니며 물이 부족한 곳도 아니라는 점을 들었다. 가토가 농성한 지역은 지리적으로 높고 물이 부족하며 일본식 성이 존재하지 않으면 안 되는 곳이라는 기본 관점에 서 있었다.

야쓰이는 시데하라의 도산설에 대해 다음과 같은 문제점을 제기하였다. 그는 시데하라가 취급한 문헌이 일본 측 자료보다는 조선의 문헌들이었다는 점도 문제점으로 지적하였다. 대동여지도에 울산군 동쪽 해안에 솟은 산을 도산이라고 하는데 그 위는 요해지이긴 해도 건물터라고 생각되는 것만 있을 뿐, 대동여지도의 동쪽 솟은 지점에는 작은 언덕 하나도 없다는 것이다. 또한 원래 울산 부근에 도산이 있다는 것을 울산지방 사람들은 모두 알지 못하였는데 조선 기록에서는 마치 일본군이 명명한 것과 같이 기록되어 있다는 것이다. 그는 일본 기록 중 울산농성에 관해 가장 정확하고 상세하다고 생각되는, 울산농성을 실제 경험한 오카와우치大河內秀元가 기록한『대하내물어大河內物語』에는 울산의 신성新城이라고 되어 있을 뿐 도산이라는 이름은 보이지 않으며, 아사노淺野의 가신 모某의『울산농성각서』에는 가토 기요마사의 서장書狀에도 야쓰이가 본 바에 한해서는 도산이라는 지명이 보이지 않는다는 것이다.

야쓰이는 실지로도 대동여지도에는 '해변두절海邊斗絶'이라는 곳에 산은 없고 도산이라고 하는 것은 '가공加工'한 지명이라고 보았다. 또 울산의 동남東南 약 11, 12리 지점에 있는 필봉이 즉 증성甑城을 가리키는 것이 아닌가 하는 주장에 대해서도, 시데하라는 당시 일본군이 울산읍성을 헐고 그 석재를 다른 곳에 옮긴 것을 확인하기 위하여 단지 증성에 관한 읍지 기사를 인용한 것에 지나지 않고 농성 지점을 비정하면서 증성에 관해 하나도 언급하지 않은 것을 보면 시데하라도 증성을 기요마사 등이 농성한 지점으로 생각하지 않았다고 보았다. 야쓰이는 도산이라 는 지명은 고유명사가 아니라 보통명사로 사용된 것이라고 보고 그 지명을 아예 없애자고까지 주장하였다. 야쓰이는 구전口傳에서도 울산군 동남 약 11, 12리 지점의 가마 모양의 성이 기요마사 등이 농성한 지점이라 고 전해지고 있고『울산읍지』에도 증성은 울산군 동쪽 오선리五鮮里(약 19정) 지점에 필봉筆鋒이 솟아 있고 강안江岸에 접해 있으며 일본인이 깎아서 성을 쌓은 것으로 되어 있다는 점을 들어 '증성설'을 찬동하였다.

야쓰이는 "당시 적지敵地에서 단기간 안에 그것도 추운 날씨에 이러한 성곽을 쌓아 우리군(일본군 | 인용자 주)의 의기 왕성함은 실로 경탄할 만하다. 이 성터는 당시 전쟁터를 치닫던 사람들의 영혼을 조문하기 위하여 보존하는 데만 그치지 말고 그 옛날 일본민족이 대활약한 좋은 기념으로 서 그것을 보호하고 영원히 전할 만한 유적"37)으로 해야 한다고 제언하였 다.

세키노 다다시 일행 외에도 왜성 조사에 정열적인 관심을 보인 사람은 구로이타 가쓰미黑板勝美(1874~1946)였다. 도쿄제국대학 졸업 후 동 대학의 교수로 재직하고 있었던 그는 1915년 4월 6일 학술조사의 명을 받고

---

37) 谷井濟一, 「蔚山に於ける加藤淸正が籠りし城の遺址」(下), 『考古學雜誌』 2-7, 1912.

그 다음 날 도쿄 역을 출발하여 22일에 경성에 도착하여 30일 조사준비를 마치고 출발하여 7월 26일 경성에 다시 도착할 때까지 조선의 여러 지역(웅천, 안골포, 고성, 사천, 순천)을 답사하였다.[38] 가쓰미는 고니시 유키나가가 진을 쳤다는 순천성을 답사하여 천수天守를 비롯하여 혼마루本丸, 니마루二丸, 산마루三丸, 성벽 등의 흔적이 비교적 잘 보존되어 있고 축성법도 일본식임을 확인하였다. 그리고 순천성의 위치와 성의 구조 등을 도면으로 그렸다. 이렇게 그는 1915년부터 1918년까지 측량기사와 사진기사를 동반하여 전국적으로 분포해 있는 왜성 전반을 조사하였다. 그의 왜성 조사 목적은 역사적 사실이 분명하지 않더라도 '국민감화'를 위해 교육자료로서 보존하는 데 있었다.[39]

일제는 '문록경장의 역'과 역사적 관련성을 가지고 있는 남대문을 국내외적으로 선전하였다. 여행안내기 등 간행물을 통해서뿐만 아니라 1910년 일제 강점 직후 교토에서 개최된 교토박람협회 창립 44주년 기념 전국제산품박람회全國製産品博覽會의 조선관朝鮮館 입구에 남대문을 모형으로 세우기도 하였다. 또한 서대문이 1915년에 시구개수사업市區改修事業의 일환으로 철거되고 동대문은 남게 된 이유도 '문록경장의 역' 때 고니시 유키나가가 동대문을 통과하여 서울을 함락시켰다는 역사적 의의 때문이었다.[40]

울산에서는 울산왜성의 현창사업이 공원조성과 함께 본격화되었다. 1917년 조선인과 일본인 유지로 발족된 울산성지보존회의 조직이 1923

---

38) 黑板勝美,「朝鮮史蹟遺物調査復命書」,『黑板勝美先生遺文』, 黑板勝美先生生誕百年記念會 編, 吉川弘文館, 1974.
39) 太田秀春,『近代の古蹟空間と日朝關係』, 清文堂出版, 2008 참조.
40) 太田秀春,「근대 한일양국의 성곽인식과 일본의 조선 식민지정책」,『한국사론』49, 서울대 인문대학 국사학과, 2003 참조.

년 4월에 개편된 이후 초대 회장 김홍조의 아들 김택천이 토지 및 수목을 기부함에 따라서 1928년 4월 15일에 1만 5,000평의 공원이 조성되었다. 당시 이 공원의 이름은 울산공원(현 학성공원)이었다. 공원이 조성된 다음 해에 조선물산공진회 때에도 조선에 1915년 10월 1일 개회식에 참석한 바 있었던 간인노미야閑院宮 고토히토載仁가 시찰차 오기도 하였다. 1920년대 중후반 울산지역의 각종 사회단체의 총회, 원유회, 야유회, 체육활동 장소 가운데 하나가 울산왜성이었다. 또한 이곳은 1920년대 초부터 1930년대 말에 걸쳐 일본인의 조선관광 붐에 힘입어 주요 관광코스 가운데 하나가 되었다.

② 고적지정과 현창

1910년대부터 1920년대에 걸쳐서 이루어진 '문록경장의 역'과 관련된 유적들이 조사되었다. 1933년 8월 「조선보물고적명승천연기념물보존령」이 발포된 지 2년 후 1935년에 관련 유적 가운데 울산학성蔚山鶴城이 고적 21호, 부산자성대釜山子城臺가 고적 22호로 지정되기 시작하여 1936년에 부산일본성釜山日本城(고적 61호), 마산일본성馬山日本城(고적 62호), 1938년에는 순천신성리성順天新城里城(고적 80호), 사천선진리성泗川船津里城(고적 81호), 김해죽도성金海竹島城(고적 82호), 기장죽성리성機張竹城里城(고적 83호), 웅천안골리성熊川安骨里城(고적 84호), 서생포성西生浦城(고적 85호)이, 1936년에는 물금증산성勿禁甑山城(고적 95호)이 지정되었다. 이와 같이 고적으로 지정된 11개 소가 1938년에 집중적으로 지정되었다는 사실도 주목할 만하다. 이는 1937년 중일전쟁의 발발과 국민총동원령이 발포된 상황에서 일본의 '외정外征'의 역사와 관련된 유적의 지정이 '신민臣民 통합' 정책에 부합되는 것이었기 때문이다. 현창사업은 고적에 대한

〈사진 3〉 고니시 왜성 (부산)

〈사진 4〉 부산 진성터

〈사진 5〉 경기도 벽제관('문록의 역 때 고하야카와가 명나라 군사를 무찌른 곳' 이라고 설명되어 있다)

지정에만 그치지 않았다. 신민들 사이에서 더욱 현창의 마음을 갖도록 하기 위하여 해당 유적을 공원화하고 관광 사이트site로 조성하였다.

우선 지정된 고적에 부여된 역사적 의의를 토대로 텍스트들이 만들어졌다. 1930년대 조선철도국에서는 조선여행 안내기를 제작하여 배포하면서 해당 유적들에 대한 텍스트를 정형화하였다. 예를 들면 울산역 부분에서 「울산성지蔚山城址」를 다음과 같이 설명하는 방식이다. 이 성은 경장慶長 2년(1597년) 12월 역役에서 가토 기요마사가 수비한 곳인데 갑자기 명나라와 조선 연합군에게 포위를 당했으나 "전군全軍 잘 국위를 발양하여 악전고투를 계속하여……바로 그것을 격퇴하여 적의 사상자 약 1만 수천 명"에 이르렀다는 내러티브다. 그리고 서생성지西生城址에 대해서는 "문록 2년(1593년 | 인용자 주) 가토 기요마사에 의하여 축조된 성지로……저 구마모토 성熊本城의 축조법을 연상시키는 느낌이 많다"41)라는

정형의 텍스트를 구축하였다.

이와 같이 1930년대에 들어서면 조선총독부 철도국을 중심으로 일본 관광객 유치에 힘을 기울였으며 이를 더욱 체계화하기 위하여 1937년에는 조선관광협회와 함께 전국 관광명소에 관광협회를 조직하였고 주요 철도역에는 관광안내소, 여행구락부를 설치하였다. 그리고 여행자들에게 홍보와 정보를 전달하기 위하여 조선총독부는『조선철도여행편람』, 『조선여행안내기』등의 안내서를 발간하였다. 또한 조선총독부는 이러한 조직을 실제로 움직이도록 하기 위하여 1935년에는 매월 9월 10일 「고적애호의 날」로 지정하여 고적에 관한 전국적 관심을 불러일으키고자 하였다.42)

또한 왜성에 대한 현창은 조선총독부 차원에서뿐만 아니라 해당 유적이 있는 각 지방의 보존 단체에서도 큰 역할을 수행하였다. 대표적으로 1930년대 부산고고회의 오마가리 요시타로大曲美太郎43)에 의하여 부산 자성대성지子城臺城址가 자성대의 동부, 돌담에 접한 지하 1척여에서 나비 문양의 헌당초와軒唐草瓦가 여러 개 발견되었는데 이것은 "소위 조선와朝鮮 瓦와는 전혀 달라서 작고 얇으며 가벼운 근래 일본와日本瓦와 그 계통을 같이하는 것"이라고 보았다. 시대는 문양와질文樣瓦質과 형식 등에서 보면

---

41) 조선총독부 철도국 편,『朝鮮旅行案內記』, 1934, 211~212쪽.

42) 졸저,『한국박물관 100년 역사 : 진단과 대안』, 민속원, 2008 참조.

43) 오마가리 요시타로는 1931년 9월에 조직된 부산고고회(釜山考古會)의 주요 회원 가운데 한 사람이었다. 부산고고회는 적어도 1936년까지 부산 주변의 패총, 기와, 왜성(倭城) 등에 대한 조사와 연구 활동뿐만 아니라 박물관 건설운동도 전개하였다. 오마가리 요시타로는 회원명부의 직업란에 역사연구가로 되어 있다. 그는 1906년에 부산으로 건너와 부산세관에서 일을 하였으며 1921년부터 1928년까지 전매국 전주전매지국에 재직하다가 역사 연구에 전념하기 위해 부산으로 되돌아왔다. 아마도 오늘날 향토연구가로 활동한 인물이 아닌가 생각 한다. 吉井秀夫,「植民地朝鮮における考古學的調査の再檢討」, 2006 참조.

"일본의 모모야마 시대桃山時代의 것으로……도요 공豊公의 조선역朝鮮役(임진왜란 l 인용자 주) 때에는 재목을 일본에서 가져다가 건축하였던 것 같고 기와도 일본에서 만든 것을 사용한 것이 아닌가 한다"[44]라고 보았다.

(2) 이순신 유적 보존운동

1910년대에는 한국인에 의한 이순신 관련 출판물이 보이지 않지만, 1917년에 조선연구회의 아오야기 쓰나타로靑柳綱太郞[45]에 의하여 『이순신전집李舜臣全集』이 발간되었다. 이것은 이순신 관련 각종 교서敎書, 비문과 관련 건물의 상량문, 제문祭文 등을 번역하여 실은 것이다. 이는 일제의 '문록경장의 역'의 역사적 의의를 강조하기 위하여 상대가 되는 이순신에 대한 조사의 필요성에서 나온 결과물이었다. 아오야기는 도요토미의 조선침략을 진구 황후의 '삼한정벌'의 계승으로 보았다.

그러다가 1920년대가 되면 장도빈張道斌의 『이순신전』(1924년, 국한문 혼용), 개벽사의 『조선지위인朝鮮之偉人』(1925년), 최찬식崔瓚植의 『고대소설 충무공이순신실기古代小說忠武公李舜臣實記』(1925년, 순한글) 등이 출간되어 일반 대중들에게 이순신에 대해 후손들이 본받아야 할 위인의 이미지

---

44) 大曲美太郎, 「釜山子城臺城址より出土の唐草瓦」, 『考古學雜誌』 24-3, 1934. 3.
45) 1910년 10월 "조선의 인문을 연구하고 풍속 제도 구관 전례를 조사하여 시설에 도움을 제공"할 목적에서 조선연구회를 창립한 호소이 하지메(細井肇)는 일제의 대한제국 강점을 합리화하는 데 크게 앞장선 인물이며 그로부터 조선연구회를 이어받은 사람이 아오야기다. 아오야기는 1901년 오사카마이니치 신문(大阪毎日新聞)의 통신원으로 한국에 건너와 우편국장, 이왕직(李王職)재무관, 궁내부 장서정리 등에 종사하였다. 1910~20년대에 조선연구회에서는 많은 단행본을 발간하는데 비슷한 시기에 설립된 조선연구회가 민간인 주도의 조선조사단체였다면, 조선총독부의 취조국(1910년 9월)은 관 주도의 조사기구였다. 최혜주, 「일제 강점기 조선연구회의 활동과 조선인식」, 『한국민족운동사연구』 42, 한국민족운동사학회, 2005 참조.

가 확산되었다. 1930년대에 들어서면 이순신에 대한 출판물들이 이전보다 체계적으로 발간되었다. 이윤재李允宰의 『성웅이순신聖雄李舜臣』(1931년), 이광수의 『이순신』(1932년. 1931년 6월 26일부터 1932년 4월 3일까지 『동아일보』에 연재), 최남선의 「이순신과 넬슨」(1934년 4월 21일부터 5월 1일까지 『매일신보』에 연재) 등이 발간되었다. 이러한 출판물들은 이순신을 보다 대중들과 친밀하게 만들었다는 점에서 이순신의 이미지 '대중화'에 일정한 역할을 하였다. 그러나 정두희 교수가 지적하고 있듯이 이들은 '이순신론'을 통해서 일제에 대한 저항의식 및 민족의식을 고양시키기보다는 불완전하게 소박한 민족주의자로서였고, 철저하게 투쟁하는 민족주의자의 모습은 아니었다.[46]

이순신 종손의 가산이 쇠진함에 따라 이순신 묘소 임야와 위토가 일본인에게 넘어갈 지경에 이르게 된 것이 『동아일보』(1931년 5월 14일자)를 통해 보도되면서 성금운동이 전개되었고 그 와중에 1932년 5월 23일 이충무공유적보존회李忠武公遺蹟保存會가 발족되었다(회장 윤치호, 부회장 송진우).

일제는 이순신과 관련된 유적을 '반시국적反時局的 고적'으로 보고 이순신 관련 유적뿐만 아니라 우리의 전승기념비를 철거하였다. 해인사 사명대사석상비, 황산대첩비, 건봉사사명대사기적비 등이 "시국 하 국민사상을 통일하는 데 지장이 있다"는 이유로 철거되었고 여수이순신좌수영대첩비와 해남이순신명량대첩비 역시 철거되어 조선총독부박물관으로 반입되었다.

---

46) 정두희, 「이순신에 대한 기억의 역사와 역사화」, 정두희·이경순 편, 『임진왜란 동아시아 삼국전쟁』, 휴머니스트, 2007 참조.

3. 1945년 이후 이순신과 히데요시에 대한 현창사업

1945년 이후에도 양국에서는 이순신과 히데요시는 정책적인 '배려' 하에서 크게 현창되었다.

1945년 이후 50년대에도 일제 하의 이충무공에 대한 보존사업을 계승하여 1948년 말에 이충무공기념사업회가 조직되었고 이충무공 탄신기념식(1950년 4월), 임진왜란 360주년 기념식(1952년 4월) 등이 거행되었다. 1960년대부터 이충무공 현창사업의 역사에서 획기적인 전기를 맞이하게 되었다. 박정희가 정권을 장악하면서 1970년대까지 국사, 국어 및 음악 교과서에서 이순신을 영웅적으로 기술하였을 뿐만 아니라, 1966년 애국선열조상건립위원회(초대 총재 김종필)를 설치하여 학교 내외의 대중적인 공간에 박정희 대통령 외에 자본가, 학교 육성회장, 학부모들이 자본을 내어 이순신 동상을 전국적으로 건립하여 국가[조국]를 위한 희생의 국민적 당위성을 내면화시켜 갔다.[47) 박정희가 정권을 장악하면서 추진된 현충사 정화사업과 충무공탄신기념제전의 개최(1962년 4월 27일), 충무공탄신다례에 대통령 참석,[48) 현충사의 사적지정(1967년 3월) 이후 1968년 7월부터 본격화된 이충무공 성역화 사업은 교육기관(충무교육원)의 신축, 성역의 확장, 경내외 조경공사로 이루어졌다.[49) 이와 같이 이순

---

47) 신은제, 「박정희의 기억만들기와 이순신」, 김학이·김기봉 외, 『현대의 기억 속에서 민족을 상상하다』, 세종출판사, 2006 ; 정호기, 「박정희시대의 '동상건립 운동'과 애국주의-'애국선열조상건립위원회'의 활동을 중심으로」, 『정신문화 연구』 30-1, 한국정신문화연구원, 2007 참조.
48) 1964년부터 2008년까지 충무공 탄신다례에 참석한 인사 가운데 대통령이 21회로 전체 46%를 차지하는 데에서 충무공의 국가적 내러티브가 어느 정도 중요성을 가지고 있었는가를 알 수 있다. 한국문화재보호재단, 「유적기관 다례, 제향 활성화방안 연구토론회」, 2008년 11월 7일 참조.
49) 은정태, 「박정희시대 성역화사업의 추이와 성격」, 『역사문제연구』 No.15, 역사문

신 사당에 대한 성역화 사업과 함께 교과서 서술과 동상 건립 등을 통하여 국가[조국]를 위한 희생의 국민적 당위성이 동상이라는 시각적 매개로 제시되었고, 조국근대화, 국방, 반공, 민족중흥의 담론들을 생산하여 유포하고 계몽하였다.

한편 일제 강점기 동안 앞서 언급하였던 고적으로 지정된 왜성들을 일제 때 지정된 문화재라는 이유에서 해제한 후 재지정하였다.

학교교육 차원에서 보면 일본에서는 히데요시에 대한 기술이 일본 패전 전과 비교하면 히데요시의 대내적인 치적을 중심으로 하고 조선침략에 대한 부분은 생략하거나 간략하게 다루었다.[50] 전국적인 단위는 아닐지라도 히데요시의 탄생지역과 그가 조선을 침략하기 위해 진을 치고 있던 지역을 1955년 8월 특별사적으로 지정하고,[51] 1967년 5월에 개관한 히데요시와 기요마사 두 사람에 대한 현창관을 1978년 10월부터 나고야시 박물관 분관으로 하였다가 1989년 4월부터는 이를 개축하여 1991년 5월에 나고야시 히데요시 기요마사 기념관名古屋市秀吉淸正記念館으로 이름을 바꾸어 히데요시가 태어난 나고야시 나카무라구에 재개관하였다. 그가 태어난 나카무라 구에는 생가는 없어지고 다만 그가 태어나 목욕을 하였다는 우물이 남아 있는데 그 주변에 도요쿠니진쟈, 나카무라 공원, 조젠지常泉社 등이 있다.[52]

제연구소, 2005 참조.

50) 지순, 「도요토미 히데요시(豊臣秀吉)상의 창출」, 한일관계사학회/동북아역사재단 편, 『전쟁과 기억 속의 한일관계』, 경인문화사, 2008 참조.

51) 이는 1926년 11월에 도요토미 히데요시가 구축한 기지로서 '나고야 성터 및 진터(名護屋城跡並び陣跡)'를 사적으로 지정한 것을 계승한 것이다.

52) 이우태, 「국내외의 생가유적 보존사례-일본 사례를 중심으로」 및 졸고 「'이순신 기념관'(가칭)의 교육프로그램 개발(안)」, 서울특별시중구·서울시립대학교 산학협력단, 『충무공탄생지의 보전과 기념사업의 방향』 학술심포지움 요지(2008년 10월 17일, 충무아트홀 컨벤션센터) 참조.

4. 결 론

이상 현 시점에서 한국과 일본 양국에서 이순신과 히데요시에 대한 현창사업의 역사성을 살펴보았다. 그 역사성은 다름 아니라 일제의 대한 제국 강점이라는 역사적 맥락 하에서 새로운 수요에 따라서 만들어진 역사 내러티브였다. 일제 강점 상황 이전에는 조선과 일본 양국에서 이순신과 히데요시에 대해 '평가절하'와 함께 현창의 움직임이 병존하였다가 일제의 대한제국 강점이라는 새로운 상황이 되면서 지배하는 일제와 피지배의 조선 각각에 '문록경장의 역'과 임진왜란에 대한 재해석에 의한 현창사업에 힘을 기울이게 되었다.

일제는 그들의 강점을 역사적으로 합리화하기 위해 통치전략상 '문록경장의 역'과 관련된 유적들을 조사하고 고적으로 지정하여 공원화하고 그들의 '정한征韓' 내러티브를 생산하였을 뿐만 아니라, 이러한 일제의 역사 내러티브 창출에 대항하여 한국 지식인들이 중심이 되어 조성한 이순신 관련 유적들을 그들의 지배에 장애가 된다는 이유로 철거하였다. 이와 같은 길항관계 속에서 타자를 통한 자국 역사의 재해석은 식민지 상황에서 그친 것이 아니었다.

식민지 후post-colonial 상황에서도 끝나지 않은 민족국가의 건설이라는 과제와 관련하여 히데요시는 일본 국민의 신神으로 숭앙되고, 이순신은 일제 상황 하에서 일제에 저항한 역사적 상징으로서의 현창사업을 계승하여 박정희에 의하여 민족적 영웅으로 추앙되기에 이르렀다. 중세 시기 동아시아 무대에서 국제전쟁의 양상을 띤 임진왜란을 일으킨 도요토미 히데요시와 그들의 침략을 막은 이순신은 각국 역사의 새로운 요구에 의하여 각각의 내러티브가 생산되고 그들에 대한 역사적 재해석은 다양한 매개와 현창사업을 통하여 이루어져 왔다. 임진왜란을 둘러싼 집단기억에 대한 연구에 의하여 국가에 의한 공식적인 내러티브와는 다른 재해석들도 시도될 것이다. 집단기억에 의하여 생산되는 내러티브는 또 다른 '창출'로서 집단의 통합력을 가져오게 할 것이다. 민족주의적 내러티브의 생산으로 각국에 유리한 역사 서술을 지양하고 향후 한중일 간 임진왜란에 대한 총체적인 연구를 통하여 임진왜란에 대한 균형 있는 역사상을 만들어 가야 할 것이다.

참고문헌

八木奘三郎, 「韓國に現存する日本の古城蹟」, 『歷史地理』 3-7, 歷史地理學會, 1901.

「加藤淸正擊退の碑」, 『考古界』 5-8, 東京 : 考古學會, 1906.

谷井濟一, 「朝鮮通信(二)」, 『考古學雜誌』 2-3, 고고학회, 1911. 11.

谷井濟一, 「朝鮮通信(三)」, 『考古學雜誌』 2-5, 고고학회, 1912. 1.

谷井濟一, 「蔚山に於ける加藤淸正が籠りし城の遺址」(上下), 『考古學雜誌』 2-5·7, 1912.

조선총독부 철도국 편, 『朝鮮旅行案內記』, 1934.

大曲美太郎, 「釜山子城臺城址より出土の唐草瓦」, 『考古學雜誌』 24-3, 1934. 3.

최석영, 『일제의 동화이데올로기의 창출』, 서경문화사, 1997.

최혜주, 「시데하라의 고문활동과 한국사연구」, 『국사관논총』 79, 국사편찬위원회, 1998.

현충사관리소, 『충무공 이순신과 현충사』, 1999.

박창기, 「임진왜란 관련 일본군기문학연구」, 고려대학교대학원 박사학위논문, 1999.

최석영, 「일제 식민지상황에서의 부여고적에 대한 재해석과 '관광명소'화」, 『비교문화연구』 9-1, 서울대학교 비교문화연구소, 2003.

太田秀春, 「근대 한일 양국의 성곽인식과 일본의 조선 식민지정책」, 『한국사론』

49, 서울대 인문대 국사학과, 2003.

김시덕, 「『에혼다이코키』의 임진왜란 기사연구」, 『일본학보』 61-2, 한국일본학회, 2004.

은정태, 「박정희시대의 성역화사업의 추이와 성격」, 『역사문제연구』 No.15, 역사문제연구소, 2005.

김시덕, 「『다이코키』에서 『에혼다이코키』로」, 『일본학보』 65-2, 한국일본학회, 2005.

최혜주, 「일제 강점기 조선연구회의 활동과 조선인식」, 『한국민족운동사연구』 42, 한국민족운동사학회, 2005.

박수철, 「15·16세기 일본의 전국시대와 도요토미 정권 : '임진왜란'의 재검토」, 역사학회 편, 『전쟁과 동북아의 국제질서』, 일조각, 2006.

신은제, 「박정희의 기억만들기와 이순신」, 김학이·김기봉 외, 『현대의 기억 속에서 민족을 상상하다』, 세종출판사, 2006.

정호기, 「박정희 시대의 '동상건립운동'과 애국주의-'애국선열조상건립위원회'를 중심으로」, 『정신문화연구』 30-1, 한국정신문화연구원, 2007.

정두희, 「이순신에 대한 기억의 역사와 역사화」, 정두희·이경순 편, 『임진왜란 동아시아 삼국전쟁』, 휴머니스트, 2007.

高木博志, 「근대 일본의 히데요시 영웅만들기」, 정두희·이경순 편, 『임진왜란 동아시아 삼국전쟁』, 휴머니스트, 2007.

최석영, 『한국박물관 100년 역사 : 진단과 대안』, 민속원, 2008.

지순, 「도요토미 히데요시상의 창출」, 한일관계사학회/동북아역사재단 편, 『전쟁과 기억 속의 한일관계』, 경인문화사, 2008.

한국문화재보호재단, 「유적기관 다례, 제향 활성화방안 연구토론회」, 2008년 11월 7일(장소 : 한국문화재보호재단).

김수진, 「전통의 창안과 여성의 국민화 : 신사임당을 중심으로」, 『사회와 역사』 통권 80호, 한국사회사학회, 2008 겨울.

황종연 편, 『신라의 발견』, 동국대학교출판부, 2008.

『이충무공탄생지의 보전과 기념사업의 방향』 2008년 10월 17일(서울시립대학교 산학협력단 주최 심포지움 요지 책자).

黑板勝美, 「朝鮮史蹟遺物調査復命書」, 『黑板勝美先生遺文』, 黑板勝美先生生誕百

年記念會 編, 吉川弘文館, 1974.

太田秀春, 『朝鮮の役と日朝城郭史の硏究』, 淸文堂出版, 2006.

吉井秀夫, 「植民地朝鮮における考古學的調査の再檢討」(文部科學省硏究支援結果報告書), 2006.

有光敎一, 『朝鮮考古學七十五年』, 昭和堂, 2007.

太田秀春, 『近代の古蹟空間と日朝關係』, 淸文堂出版, 2008.

E. Hobsbawm & T. Ranger ed., *The Invention of Tradition*, Cambridge Univ. Press, 1983 / 최석영 역, 『전통의 날조와 창조』, 서경문화사, 1995 ; 박지향·장문석 역, 『만들어진 전통』, 휴머니스트, 2005.

John H. Hamer, "Identity, Process, and Interpretation − The Past Made Present and the Present Made Past," *Anthropos* 89, 1994.

Thomas Barfiled ed., *The Dictionary of Anthropology*, Blackwell, 1997.

Sam Smiles & Stephanie Moser ed., *Envisioning the Past*, Blackwell, 2005.

마을의 근대화 경험과 새마을운동
이천 아미리 마을의 사례를 중심으로

김 영 미

1. 서 론

이 글은 일제 시기부터 새마을운동기까지 한 마을의 변화 과정을 미시적으로 추적함으로써 농촌사회의 근대화 과정을 내재적으로 접근해 보려는 시도다. 하나의 마을을 긴 시간 동안 다루는 이 연구는 그동안의 주류적 연구 경향이 일국적인 거대 단위를 짧은 시간 속에서 접근한 것과 대비되는 것으로, 크게 두 가지 문제를 극복하려는 노력에서 비롯되었다. 하나는 그동안의 농촌 연구가 국가의 지배정책사로 접근되어 왔으며 농촌사회 혹은 구체적 농민들의 경험 중심의 연구, 다른 말로 표현하자면 농촌사회의 내재적 시각에 입각하여 이루어지지 못한 점이다. 국가의 농촌정책이 아닌 농민사회에 대해서 거의 밝혀진 바가 없다는 점은 전통시대뿐만 아니라 근현대사 연구에서도 마찬가지라 할 것이다.

또 하나는 앞의 한계와 관련되는 문제로서 농민들에게는 연속적인 시간대였던 식민지 시기와 해방 이후의 역사가 근대사와 현대사 연구자들에 의해 분절적으로 다루어짐으로써 근현대 농촌사회의 시기별 계기별 변화상이 구체적으로 규명되지 못한 점이다. 1930년대 일제의 농촌진흥운동과 박정희 시기의 새마을운동의 유사성에 대해서 회자되고 있지만 이에 대한 구체적 연구는 아직 나오지 못하고 있으며 그 유사성이 밝혀진다 하더라도 그 사이의 '혁명적 정국'이라 부를 수 있는 해방공간과 한국전쟁, 제1공화국기의 사회상이 규명되지 않는다면 이 시기를 건너뛴 두 시기의 비교는 형태적인 것 이상을 넘어서기 힘들다고 볼 수 있다.

전통사회에서 근대자본주의 사회로의 농촌의 변화를 농촌근대화라고 일컫는다고 하면 농촌근대화의 일획을 긋는 시점은 무엇보다 박정희 시기의 새마을운동이라 할 것이다. 새마을운동을 경과하면서 농촌마을의 환경은 뚜렷하게 개선되었으며 농민들은 목표지향적 혹은 개발지향적 태도, 곧 근대적 신념체계를 내면화하게 되었다.[1] 이런 점에서 이 사업은 성공적인 농촌근대화 프로젝트였다고 평가할 수 있다. 이러한 성과를 인정함에도 불구하고 새마을운동에 대한 평가에는 상당한 허구성이 존재하고 있다고 생각된다. 첫째는 이 운동의 역사적 독창성과 이 운동의 국가주도성에 대한 과대포장이며, 둘째는 농민사회에 대한 지나친 폄하다.

---

1) 박섭·이행, 「근현대 한국의 국가와 농민 : 새마을운동의 정치사회적 조건」, 『한국정치학회보』 31, 1997, 48쪽.

박정희 정부는 한반도의 역사를 1970년대 초 이전과 이후로 양분할 정도로 새마을운동을 전통과 현대의 기점으로 규정하고 있다. 낙후된 농촌이 박정희 정부의 새마을운동의 시혜를 입어 잘사는 마을로 변모했다는 것이 정부 발표 성공사례의 천편일률적 레퍼토리다.[2] 심훈의 『상록수』가 집필된 당진군의 새마을 지도자가 새마을운동이 심훈 때 당진에서 시작된 것이라고 주장했다가 '관계기관'에 끌려가 고생했다는 에피소드는 박정희 정부가 새마을운동의 독창성에 대한 과대포장에 얼마나 힘을 쏟고 있었는지 말해준다.[3] 이와 같은 박정희 정부의 새마을운동에 관련된 이데올로기는 여전히 광범하게 유통되고 있다.

또한 박정희 정권은 새마을운동의 배경을 농촌의 무능과 무기력에서 찾고 있다.[4] 그러나 농촌지역 새마을운동에서 물질적 정신적 동원의 자양분이 되었던 것이 바로 '마을공동체'였다. 정책 입안에 관련했던 인물들은 농촌 마을이 가진 이러한 자원에 주목하였기에 1960년대 시장권 중심의 지역사회 개발운동을 비판하고 마을 중심의 새마을운동을 기획했다.[5] 1973년 100개의 마을을 둘러본 새마을운동 시찰단은 농촌

---

2) 내무부, 『영광의 발자취 : 마을단위 새마을운동 추진사』 1집, 마을문고본부, 1978.

3) 박진도·한도현, 「새마을운동과 유신체제 : 박정희 정권의 농촌새마을운동을 중심으로」, 『역사비평』 47, 1999, 66쪽.

4) 새마을운동이 일어나기 이전의 농촌에 가보면 오랜 가난과 무지와 사회적 푸대접에 찌든 나머지 진취성이라든지 의욕적이라든지 하는 것은 보이지 않고 그냥 침체해 있다는 것이 과거 우리 농촌의 모습이었다. 그뿐만 아니라 농민이 아무리 농삿일을 해보아도 부자가 될 수 없다는 체념, 또 남한테 어떻게 기대보자는 의타심이나 나태와 게으름이 농촌 구석구석에 만연해 있었던 것이 사실이다. 그리하여 건강하고 생산적인 '이인(里仁)'은 온데간데 없고 오로지 '어진 마을'로서의 고향 개념은 꿈속의 관념이나 동양화의 화풍에서만 남았고 현실은 단지 서글프고 무기력하고 자포자기에 빠진 빈곤한 촌락이 되고 말았다. 새마을운동연구회, 『새마을운동10년사』, 내무부, 1980, 97쪽.

마을에 광범하게 잔존하고 있는 공동체 문화가 새마을운동의 협동정신으로 효율적으로 동원되고 있음에 주목하면서 마을 중심의 단위 설정이 대단히 현명한 판단이었다고 평가하였다.6) 이와 관련해서 박정희가 농촌의 자생적·자발적 성공 사례를 발굴하고 이를 새마을운동으로 견인하려고 전력한 부분은 주목할 점이다. 1971년 6월부터 박정희의 명령에 의해 시행된 경제기획원이 주관하는 월간 경제동향 보고회에 마을지도자들의 사례 발표는 농민들의 성공적인 경험들을 통해 새마을운동의 방향을 만들어 가기 위한, 곧 농촌 마을의 경험을 국가적으로 전유하기 위한 기능을 하고 있었다. 경제동향 보고에서 박정희의 주목을 받은 마을지도자들의 수기는 이들의 노력이 국가 주도의 농촌사업과 무관하게 자발적으로 진행되어 왔음을 보여준다.7) 전후 황폐화된 마을을 재건하기 위해

---

5) 지역사회개발계획은 마을을 단위로 하지 않고 시장권을 중심으로 시범지역을 정하였다. 이후 시장권 중심의 지역 설정이 효과가 낮으며 마을을 단위로 해야 한다는 주장이 제기되었고 이것이 새마을운동에 받아들여졌다. 김영모,『농촌지역사회조직론』, 민음사, 1967, 167쪽.

6) 김영모에 의하면 1973년 봄『서울신문』남재희 편집국장의 제의에 의해 농촌사회학과 농업경제학을 전공한 교수들이 새마을 평가팀을 구성하였으며 약 1년간 100여 개의 마을을 현장 답사하면서 관찰, 분석한 결과를 신문에 발표하였다고 한다. 평가단은 김일철 교수(서울대 문리대), 김대환 교수(이화여대), 김문식 교수(서울농대), 왕인근 교수(서울농대), 이병동 교수(동국대), 김성훈 교수(전남대), 송해균 교수(서울농대) 들로 구성되었다. 이들은 성공한 새마을운동과 그렇지 못한 인근 마을을 현지 답사하여 그 원인과 방향이 무엇인지를 밝히는 작업을 하였다. 김영모,『새마을운동연구』, 고헌, 2003, 6쪽.

7) 초기 박정희 정부가 발견한 마을지도자들의 1950~60년대 자생적인 활동경험은 다음 자료에서 확인할 수 있다. 월간경제동향보고에서 각 도지사에 의해 추천받은 마을지도자들 가운데 8명이 발탁되어 이들은 일본과 대만의 농촌시찰을 다녀왔으며 그 결과를 다음 책으로 엮었다. 그리고 이 책의 부록에는 이들이 박정희 앞에서 발표했던 수기가 실려 있다. 농림부,『새마을로 가는 길』2집, 1973, 319~396쪽.

지속적인 노력해 온 많은 지역엘리트들 가운데 성공한 자들은 경제동향 보고를 통해 박정희로부터 새마을운동의 기수로 포장되었다.[8]

그동안 새마을운동에 대한 많은 연구는 국가 리더십의 효과나 리더십의 메커니즘 분석에 집중되어 왔다. 이 분야의 논문은 1970년도부터 지속적으로 제출되어 거론할 수 없을 정도로 많다. 박정희 정부에서 간행한 책자들은 이러한 연구의 기원을 이룬다고 볼 수 있다. 자발성을 가질 수 없었던 농민들이 국가의 강력한 지도에 의해 새마을운동에 참여하게 되었다는 입장이다. 그러나 몇 편의 주목할 만한 연구들은 새마을운동에 대한 국가주의적 접근의 위험성을 경고하고 농촌 마을의 역사적 경험이나 사회적 조건에 대해 면밀히 검토할 것을 제기하고 있다. 유병용 등의 연구는 새마을운동의 성공신화가 과장되어 있으며 농촌 새마을운동을 온전히 평가하기 위해서는 해당 농촌사회의 구조적 여건에 주목할 필요가 있음을 지적하고 있다.[9]

민상기의 연구는 농촌 새마을운동에 많은 농민들의 참여가 지속적으로 유발될 수 있었던 것은 마을이 사업단위가 된 것과 매우 중요한 상관관계에 있으며 전통적으로 형성되어 있는 마을공동체 의식을 자극하여 이를 주요한 참여 동인으로 하였기 때문이라고 밝히고 있다.[10] 그리고 박섭·이행의 연구는 새마을운동의 성공 요인으로 국가의 리더십보다

---

8) 본 연구자는 다음의 연구에서 1973년 새마을운동의 기수로 포상된 이재영이라는 인물이 1950년대 농촌계몽운동과 1960년대 농협운동을 통해 자생적으로 성장해 온 지도자이며 박정희 정부는 그의 경험을 국가적으로 전유하고 있었음을 밝힌 바 있다. 김영미, 「어느 농촌운동가의 생애와 1950~60년대 농촌근대화운동」, 『민족운동사연구』 51, 2007.

9) 유병용·최봉대·오유석, 『근대화전략과 새마을운동』, 백산서당, 2001, 20쪽.

10) 민상기, 「농민의 새마을운동 참여와 마을공동체의식」, 『농촌경제』 3-1, 1980, 89쪽.

이전부터 존재하고 있던 마을의 정치조직과 기능집단의 존재를 제시하였다.11) 이 연구는 특히 마을의 전통적인 공동체성뿐만 아니라 일제 시기 마을 중심으로 이루어진 농촌 근대화운동의 경험이 중층적으로 새마을운동의 기반으로 제공되었음을 지적하고 있다. 위의 연구들은 그동안 박정희 정부의 리더십에 초점을 맞춘 국가주의적 접근 방식의 제한성을 문제 삼고 시선을 '농촌사회'로 전환시켜야 함을 보여주고 있다.

본 연구는 농촌사회의 변화를 이해하는 데 투영되고 있는 과도한 국가주의적 시각에 문제제기를 하고 있다는 점에서 앞의 연구자들과 관점을 같이한다. 적어도 전통사회에서 근대사회로의 이행기에 있어 도시보다 훨씬 오랫동안 '낙후'되어 있던 농촌사회에는 전통적인 자율적 영역들과 새롭게 침투하는 근대국가권력의 영향력이 공존하고 있을 것이다. 그동안 농촌사회에 대한 연구에서는 국가의 지배정책에 대한 고려만큼 농민사회의 자율적 영역들에 주목하지 못했다고 생각된다. 본 연구에서는 오랫동안 농민들의 생활공동체의 단위로서 기능해 온 마을 공동체 내부의 변화를 고찰함으로써 농민사회의 근대적 변화를 내재적으로 접근하고자 한다.

본 연구의 대상이 되는 아미리 마을은 1973년과 1978년 두 차례에 걸쳐 '자립마을' 표창을 받았으며 새마을운동을 대단히 성공적으로 전개한 마을이다. 이 마을의 성공 사례는 이천지역 새마을운동의 대표적인 것이라고 할 정도는 아니지만 부발읍 일대에서는 주목할 만한 것으로 평가된다. 본 논문은 새마을운동 성공 사례의 이면에 존재하는 마을의 역사적 경험을 추적함으로써 새마을운동 이면에 가려진 농촌근대화의 다원적 양상들을 드러내고 나아가서 국가정책의 수동적 수용자가 아니라

---

11) 박섭·이행, 앞의 논문, 47~67쪽.

스스로의 생존전략을 끊임없이 모색해 갔던 농민사회의 자율성을 조명해 보고자 한다. 구체적으로 이 연구에서는 크게 다음 두 가지 문제를 밝히고자 한다.

첫째로는 국가 주도의 농촌 근대화운동의 흐름이 장기적으로 마을을 어떻게 변화시켜 왔으며, 그러한 앞 시기의 국가 주도의 정책들은 새마을운동과 어떻게 관계를 맺고 있는지 살펴보는 것이다. 둘째로는 마을사회의 영역에서 생활환경을 개선하기 위한 농민들의 자율적 노력들을 발견하고 재조명하는 것이다. 그리고 이러한 농민들의 자율적 노력들은 국가 주도의 근대화운동과 어떻게 결합하고 있었는지 아울러 살펴보고자 한다.

2. 접근 방법

본 연구는 대상 시기를 1930년대부터 1970년대의 마을 역사로 한정하였다. 1930년대라는 시기 설정은 첫째는 마을의 주요한 구술자들이 1930년대 생들이며 그 이전의 마을 역사에는 접근할 수 없는 자료적 한계에 의한 것이고, 둘째로는 일제 시기 국가 주도의 관제적 농촌근대화운동이 1932년 7월부터 1940년 12월까지 추진되었다는 사실과 관련된다. 그리고 하한시기를 1970년대로 잡은 것은 박정희 시기 새마을운동까지를 분석대상으로 삼기 때문이다. 본 논문은 일제 시기 농촌진흥운동의 시점부터 박정희 정부의 새마을운동이 추진된 시기까지를 다루고 있다고 정리할 수 있다.

마을의 역사를 재구성하는 데 있어 본 연구는 마을 주민들의 구술과 마을에 현존해 있는 기념물, 기타 사진자료 등을 주요 사료로 활용하였다.

본 마을에 대한 조사는 2000년 겨울부터 약 3개월 동안 집중적으로 이루어졌다. 조사위원은 이천시사편찬위원회의 마을지조사작업팀의 일원이었던 본인 외 7명이었다.[12] 조사팀은 마을회관에 기거하면서 공식적으로 3차, 비공식으로 수차례의 보완조사를 통해서 마을 가호에 대한 전수 가구조사와 주민 30여 명에 대한 심층면접을 진행하였다. 이때 본 연구자는 마을공동체의 경험과 이장권의 변동과 관련된 내용을 중점적으로 인터뷰하였다.

본 연구의 대상이 되는 아미리 마을은 이천시 부발읍에 위치하고 있다. 우선 이천시 전체에서 이 마을이 가진 특징은 영동고속도로 이천인터체인지에 위치하고 있다는 점과 이천에서 가장 큰 공장인 현대하이닉스가 자리잡고 있는 동리라는 점일 것이다. 영동고속도로는 1971년에 개통되었으며 현대하이닉스(구 현대전자)는 1983년 이곳에 입주하였다. 이 입주사건은 아미리의 공간과 주민구성에 지대한 영향을 미쳐 전통적 농촌 마을인 아미리를 도농복합마을로 변모시켰다. 아미리의 인구는 일제 시기에 약 60호에 300여 명, 1970년대 말에는 약 120호에 600여 명 정도였지만 1980년대부터 비약적으로 이동인구가 늘어나면서 2000년에는 1,132가구에 3,326명으로 급증하였다.

마을 내부의 공간적 특징을 살펴보면 아미리는 크게 3개 행정동리로 구성되어 있다. 현대하이닉스가 자리잡은 곳은 3리이며 1리와 2리가 전통적인 농촌마을이다. 본 연구는 1930~70년대를 대상 시기로 삼고 있기 때문에 이 시기의 주거공간이었던 1리와 2리만을 대상으로 하고자 한다. 아미리의 구 마을은 새말과 큰말이라는 두 개의 자연촌락으로

---

12) 이천시마을지조사팀은 이천 아미리, 나래리, 수광리의 3개 마을을 조사하였으며 구성원은 김영미, 문영주, 배경식, 소현숙, 이상록, 이용기, 황병주, 허수이다.

이루어져 있다. 이 두 마을 사이에는 꼴딱고개 혹은 장등이라는 완만한
언덕이 가로지르고 있으며 그 위에 마을회관과 마을공유지(구 마을정미
소터)가 자리잡고 있다. 본래 장등은 매우 가파른 언덕이었는데 새마을운
동 시기에 장등을 깎는 공사를 하여 마을 공동부지가 마련되었다고
한다. 따라서 아미리 마을은 공적 공간인 장등을 중심으로 새말과 큰말이
라는 두 개의 동리로 구분되어 있다고 볼 수 있다. 다음 <그림 1>은
아미리 마을 공간의 그림지도다.

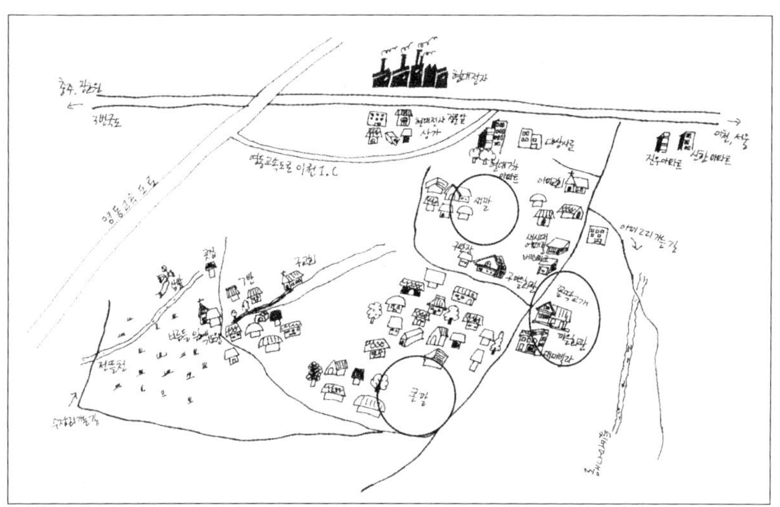

〈그림 1〉 아미리 마을의 공간지도 (출처 : 『이천시사』 제6권, 430쪽)

가운데 ○ 표시가 된 곳이 마을의 공적 공간인 꼴딱고개이며 이곳에
마을 공유재산인 구판장, 구마을회관, 마을회관이 위치하고 있다. 그
위에 ○표한 구역이 새말이며 아래 ○표 구역이 큰말이다.

아미리 마을의 조직은 크게 마을 주민 전체를 아우르는 공식조직과
마을 씨족집단들이 운영하는 비공식조직으로 구분해서 살펴볼 수 있다.

마을조직을 간략하게 그림으로 나타내면 다음과 같이 정리해볼 수 있다.

〈그림 2〉 마을조직

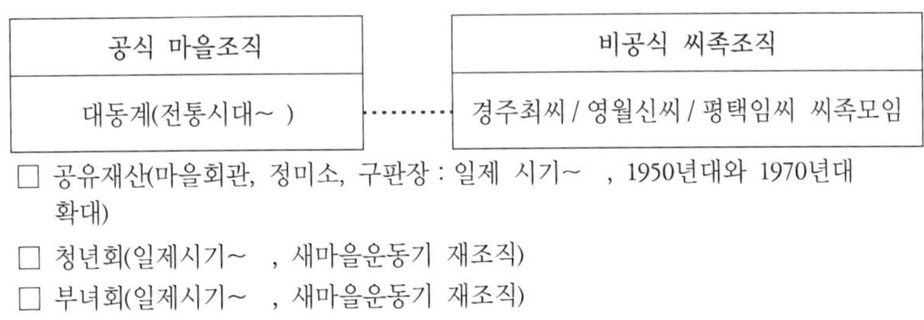

□ 공유재산(마을회관, 정미소, 구판장 : 일제 시기~   , 1950년대와 1970년대
　 확대)
□ 청년회(일제시기~   , 새마을운동기 재조직)
□ 부녀회(일제시기~   , 새마을운동기 재조직)

현재에도 이 조직들은 존재하고 있지만 상당히 약화되었으며 연구대
상인 1930년대~70년대에는 대단히 강고하게 존재하고 있었다. 공식조직
으로는 마을 토박이 세대주들의 모임인 대동계가 있다. 대동계는 과거에
마을제사인 동제를 수행하는 단위이자 마을회의가 열리는 단위, 마을대
표인 이장을 선출하는 단위다. 그 구성원들은 이장세를 낼 의무를 가지며
마을회의에 참석할 권리를 가지게 된다. 대동계는 추측컨대 전통적으로
마을 주민공동의 업무를 처리하기 위한 자율적인 조직이면서 또한 동시
에 근대적인 국가권력에 포섭된 최말단 행정기구로서의 성격을 동시에
가지고 있다고 볼 수 있다. 대동계회의 하부에 청년회와 부녀회가 존재하
고 있으며 이 조직은 직접적으로는 새마을운동기에 건설되었지만 실제로
는 그 이전인 일제 시기에 조직되어 활약했던 경험을 가지고 있다. 이
조직은 일제 시기부터 국가 주도의 농촌개발사업의 일환으로 만들어졌던
것으로 볼 수 있다.

마을의 비공식적 조직으로는 씨족조직들이 있다. 이 마을은 각성받이
마을로서 여러 성씨의 사람들이 모여 살았는데 경주 최씨·영월 신씨·

평택 임씨가 대성씨를 이루고 있다. 전통적으로 마을에 지주가나 유력 양반가는 없었으며 주민의 대부분은 자소작 계층이었다. 그러나 3개의 대성씨들은 각각 문중조직을 가지고 있었으며 후술하겠지만 적어도 1970년대까지 마을이 도농복합마을로 개발되기 전까지 이 조직은 상당한 영향력을 행사하고 있었다. 마을의 공식조직인 대동계회의 운영자인 이장권은 이들 씨족조직에 의해 뒷받침되고 있다. 특히 1950년대까지는 특별한 국면인 해방 공간과 전쟁 시기를 제외하고 이들 씨족조직에서 이장이 배출되었으며 이장권과 마을이권을 둘러싸고 씨족간의 갈등이 상당했다는 사실이 이를 말해준다.

3. 박정희 정부 이전의 마을공동체

1) 일제 시기 : 국가 주도의 근대화 경험

〈사진 1〉 일제시기 공회당과 구장

인근에서 보기 드물게 두 차례나 자립마을포상을 받은 1970년대 새마을운동의 '모범부락' 아미리는 조사 결과 흥미롭게도 일제 시기 농촌 근대화운동에서도 뛰어난 성과를 낸 마을이었다. 이를 입증하는 가시적인 사실은 1930년대 중반 아미리에는 이천에서 가장 먼저 마을공회당이 건립되었다는 점이다. <사진 1>은 이 마을에 거주하는 경주 최씨 종손가에서 소장하고 있는 공회당 사진이다. 네모 반듯한 벽돌과 시멘트 벽에 유리 창문이 설치된 건물 앞에 한 노인이 앉아 있다. 사진

〈사진 2〉 노구장의 근적비, 재건립된 비석(2009년 촬영)

속의 노인은 이 마을공회당의 설립자인 최장환崔章煥(1870~1945) 구장이다. 그는 부발 일대에서 '최남파'로, 마을 내에서는 '노구장老區長'으로 불렸으며 1945년 3월 사망하였지만 지금도 마을 주민들의 기억 속에 강하게 남아 있다.

아미리에는 노구장의 활약상을 추측할 수 있는 또 하나의 기념물이 존재하고 있다. 〈사진 2〉 노구장의 근적비가 그것이다. 이 비석은 1936년에 제작되었지만 본인의 반대로 설립되지 못하다가 그의 사후인 1945년에 세워졌다고 한다. 대체로 비석의 제작 연대는 공회당의 설립 직후인 것으로 보인다.

비석 뒷면에는 다음과 같은 내용이 기록되어 있다.

故 崔公章煥 勤績不忘碑

小農設稧 勤儉貯蓄 一里賙恤 視如家事 學業勤勉 隣里成風 嗚呼公蹟 永世不泯

최씨 종손가에서 직접 번역한 문구는 다음과 같다. "적은 농사이시면서 근검저축하시여 계를 하시고, 한 마을을 어여삐 여기여 내 집같이 친히 하시고, 학업에 근면하심이 이웃 마을에까지 성풍을 일으키시다. 오호이 공적 영원토록 빛나리다."

노구장에 대해서는 마을 내에서 모르는 사람이 없을 정도로 잘 알려져 있었다. 마을회관에 나오는 70대 노인들은 어리거나 철들어서 노구장 시절을 직접 경험한 세대들이었다. 그리고 마을회관 앞에 세워진 근적비는 그에 대한 기억을 새 세대에게 전수하는 역할을 하고 있었다.

먼저, 노구장의 계급적 기반에 대해서 정리해 보면 다음과 같다. 아미리에는 조선 후기부터 양반 묘(완산 이씨)가 있었으며, 그는 4~5섬지기(약 100마지기) 되는 양반묘의 위토를 관리하였다. 당시 아미리 사람들은 대부분 소작인이었으며 위토를 관리하는 노구장의 집은 마을에서 상당히 잘사는 편이었다고 한다. 씨족적으로 노구장은 아미리 3대 대성의 하나인 경주 최씨였으며 영월 신씨와 평택 임씨는 경주 최씨가와 인척관계에 있었다. 그는 한학에 밝아 여주·이천에서 사람들이 그에게 글을 배우러 찾아왔다. 현재 최씨 집안에 보관되어 있는 한시와 손자병법 필사본이 그의 한학 실력을 보여준다. 흥미로운 것은 최장환의 유시인데 거기에서는 "양반도 아니면서 농군도 아니면서……"라고 자신의 정체성을 표현하고 있다. 이는 최씨 집안이 그다지 유력 양반가문이 아님을 말해준다. 그러나 이 때문에 그는 개방적일 수 있었으며 근대문명을 빠르게 흡수할 수 있었던 것으로 추측된다. 정리하면 노구장은 마름으로서의 일정한 경제력과 경주 최씨 문중조직을 보유하였으며, 한학적인 소양과 함께 근대화에 대한 강한 신념을 가진 인물이었던 것으로 보인다.

다음으로 노구장의 활동 내용을 정리하면 다음과 같다. 그는 마을 내에서 노름을 금지하고 금주·금연 운동을 벌였으며, 절미운동과 가마니짜기 등을 독려하였다. 그리고 공회당 터를 기증하여 이천에서 최초로 마을공회당을 건립하였다. 마을창고를 마련하고 벼 300석을 비축하여 저리로 방출함으로써 가난한 동민들을 구휼하였다. 부녀자들에게 절미운동을 벌이도록 하고 큰 밭을 사서 공동노동으로 목화를 재배하여 부녀회 기금을 마련하였다. 공회당 앞에는 '근면 저축'이란 글씨를 새겨두고 마을 사람들에게 생활 지침으로 삼도록 하였다.

노름이나 낭비, 게으름 등 농촌 내 '폐풍'을 일소하고 근검절약의 새로운 '미풍'을 조성하려 한 노구장의 시도는 아미리가 처음으로 경험한 농촌 근대화운동이었다고 볼 수 있다. 1930년대 조선의 전 지역에서는 아미리와 유사한 움직임이 있었다. 일제는 당시 피폐해진 조선의 농촌 문제가 농민들의 태만과 낭비에 있다고 규정하고 근검절약과 근면성실을 강조하는 소위 '농촌진흥운동'을 벌여 나갔다. 그리고 아미리에서 이 운동은 노구장의 지도력에 의해 상당히 성공적으로 추진된 것으로 볼 수 있다.

일제 시기 농촌 근대화운동은 전통적인 아미리 마을공동체에 상당한 변화를 가져왔다고 볼 수 있다. 첫째 이 시기 구장권이 마을 내에서 가장 강력한 힘으로 자리잡게 되었다는 점이다. 그는 제삿상에 술을 쓰지 않고 냉수를 떠놓았을 정도로 근대화에 대해 강한 신념을 가지고 있었다. 그리고 그의 행동은 거의 '독재'에 가까울 정도로 초 강력한 것이었다. 우물 뒤에 숨어 있다가 사람들의 술병을 빼앗은 일화는 많은 사람들에게 신화화되어 전수되고 있었다.

> 노인네들한테 들은 바에 의하면, 신하리 들어오는데 도가집(술집)이 있어. 술 받으러 가는 길 옆에 우물이 있었는데 애들을 시켜서 댓병으로 술을 받으러 가면 노구장님이 숲 속에 숨어 있다가 술병과 돈을 뺏고 대신 물을 한 병 담아서 보내. (마을 주민 방인봉, 1933년생, 2000년 2월 12일자 구술)

1930년대 중반 아미리 마을에 우뚝 선 근대적 시설물인 공회당은 근대적 아미리 마을공동체의 상징물이자 노구장의 권력을 상징하는 것이었다. 이와 대조적으로 아미리 마을을 지키던 마을신목인 거대한 향나무가 노구장의 주도 하에 과감하게 베어졌다.

구 회관 앞에는 이조 때 산소가 하나 있는데 그 앞에 다섯 아름 되는 향나무가 있었어. 그 향나무가 해방 직전에 짤렸어. 그게 우리나라 국보야 (국보급이라는 뜻임). 높이가 150m 정도(그만큼 크다는 뜻으로 보임). 둘레에 싸고 있는 게 아산牙山인데 그래서 아미리야. 어금니 아牙. 어금니같이 생겨서 아미리. 그 향나무를 왜 짤랐느냐 하면 옛날에 노구장이라는 분이 있었어. 이 양반이 향나무가 있어서 아미리에 큰 인물이 안 난다고 하면서 저 나무를 없애야 한다고 짤라냈어. 난 지금도 그 생각을 하면 국보감 향나무인데 그게 없어졌어. 지금도 구 회관 앞에 가서 캐면 그 뿌리가 나올 거야. (마을 주민 박용관, 1932년생, 2000년 2월 12일자 구술)

이 시기 구장권, 혹은 구장권을 매개로 하는 근대적 신념체제와 국가권력은 전통적 마을신앙을 대신하는 권위로서 들어오게 된 것으로 볼 수 있다.

둘째, 구장권을 매개로 농진운동이 성공적으로 추진된 아미리는 이 과정에서 마을정치가 면에 수직적인 구조로 편입되어 갔다. 구장은 국가로부터 공식적인 지위를 부여받은 마을대표자이며 국가의 행정적 지침은 구장을 통해 마을 내부로 시달되었다. 노구장은 면사무소와 밀접한 관계를 맺고 있었다. 그의 아들을 비롯한 친인척 몇 사람이 면사무소에 근무하였을 뿐만 아니라 해방되기 3개월 전에 거행된 그의 장례식 때 면에서

하사한 만장이 펄럭이고 일본인이 추도사를 읽었던 장면들을 사람들은
기억한다. 이때가 전시체제기 막바지로서 물자가 대단히 부족했던 시절
임을 생각할 때 면에서 최장환의 위상이 작은 것이 아니었음을 추측해
볼 수 있다.

셋째, 이러한 마을 근대화의 경험이 주민들에게 미친 영향력이다.
우선 1938년 노구장 근적비의 제작과 사후 근적비의 설립과 현재까지의
존속은 노구장의 활동에 대한 마을 주민들의 동의를 표현한다. 그의
사후인 해방 직후 아들이 면의 노무주임으로 복무한 경력 때문에 피습을
당하는 불상사가 있었지만 이 사실은 마을의 공식 기억에서는 배제되어
있었다. 해방 직후 노구장에 대한 마을 내에서의 비판은 없었으며 노구장
에 대한 기억은 주로 긍정적인 것만 전수되고 있었다. 아미리 사람들은
일제 시기 마을의 근대화운동에 대한 경험을 상당히 긍정적으로 평가하
고 있었다.

> 그 분이 어려운 사람을 많이 도와주었어. 창고를 만들어서 쌀을 모아두었
> 다가 그 쌀을 풀어줘. 그 사람이 동네를 지배했고 모든 이들이 그 사람의
> 말을 신용했어. 젊은이들이 담배를 피우거나 어린아이를 업고다니면
> 그 사람에게 혼났어. 술주정을 하면 그 저녁에는 난리가 났어. (마을
> 주민 이명재, 1919년생, 2000년 1월 8일자 구술)

> (그분은 마을에서 존경을 받았나요?)
> 그렇죠. 노구장님, 노구장님 하죠. (마을 주민 방인봉, 1933년생, 2000년
> 1월 8일자 구술)

> 그 당시에 이미 농촌 생활이라는 것이 아주 피폐해 있는 상태란 말이야.
> 술이나 먹고 동절기에는 놀음이나 하고 이런 것들이 성행했었는데, 그

양반이 그래도 근검절약을 주창해서 마을의 질서를 잡았다 해서 공적비를 세워드린 것이야. 그 당시 그런 정신을 가졌다는 것은 대단한 발상이지. (마을 주민 박규화, 1953년생, 2000년 1월 19일자 구술)

그리고 이와 관련해서 주목할 부분은 아미리 마을의 새마을운동의 주도 세력들은 노구장의 전성기인 1930년대 초에 태어난 세대라는 점이다. 아래 <표 2>의 1960~70년대 박정희 시기 마을 이장의 출생연도를 보면 29년생, 32년생, 33년생(2명), 39년생으로 모두 노구장 전승시대에 아미리 마을에서 태어나서 성장하였다. 곧 박정희 정권 시기 아미리 근대화운동의 주역들인 청장년층은 어려서 노구장의 농진운동을 직접 경험한 세대들이었다. 이러한 점들과 박정희 정권의 수립이 노구장의 사후 15년 이후의 사건이라는 시기별 근접성으로 고려할 때 일제 시기 마을 근대화운동의 강력한 경험이 이후 아미리 마을공동체에 강한 물질적·정신적 영향을 미쳤을 것이라고 쉽게 추측할 수 있다.

2) 해방~1950년대 : 자율적 마을공동체의 건설

(1) 이장권의 변화와 씨족갈등

해방 직후 아미리 마을공동체의 특징적인 변화는 일제 시기에 형성된 구장권이 마을 내에서 갖는 위상이 상당히 약화된 점이다. 이는 세 가지의 새로운 현상과 관련되는데 먼저 구장이 자주 교체된 점, 대성 이외의 인물이 구장으로 선출된 점, 그리고 일제 시기에 표면화되지 않은 대성씨들 사이의 씨족갈등이 강화된 점이다.

<표 1>은 일제 시기부터 1950년대까지 마을 이장을 역임한 인물들이다. 해방 직후 아미리 마을 운영에서 주목할 만한 변화는 대성씨가 아닌

'김'씨가 이장이 된 것이다. 해방이 되고 첫 번째 구장이 된 인물은 김동식이었다. 아미리 3대 성씨가 아닌 '김씨'인 그가 구장이 되었다는 사실은 아미리 마을 운영과 관련해서 대단히 중요한 의미를 갖는다. 그는 구장이 될 당시에 70세에 가까운 노인이었다. 나이가 대단히 많고 씨족적 기반도 없는 그가 구장을 맡은 것은 '한학'에 밝고 '마을어른'이었기 때문이라고 한다. 그의 활동에 대해서는 별다른 기억이 전해지지 않으며 주로 '작명'이나 '호적' 처리 등 마을 행정을 담당했다고 한다.

<표 1> 일제시기~1950년대 마을 구(이)장

대수	이름	재임년도	생년/초임나이	학력 및 이력	재임시 주요 활동	기타
1대	신○○	1910년대	노인	미상	미상	
2대	최장환	1920년 전후	1870년	한학. 마름	공회당, 마을창고 건립. 근검절약 운동	근적비 (1945)
3대	최○○	1945년 3~8월		최장환의 아들		
4대	김동식	1945. 8~ 한국전쟁기	약 70세	한학		
5대	김호성	한국전쟁기 (6개월)		서울 출신. 일본제국대학 졸. 부발면 대한청년단장	주민들에 의해 퇴출됨	
6대	신준천	한국전쟁기~ 60년대 초(9)	1910년 (43세)	마름	1953년 기계방아 기증. 정미조합 결성	근적비 (1987)

그러나 해방 직후 마을에서 일어난 주목할 사건은 노구장의 아들이 피습을 당한 것이다. 위의 표를 보면 최장환이 사망한 것은 1945년 3월이었으며, 해방이 될 때까지 그의 아들 최○○이 구장직을 맡았음을 알 수 있다. 노구장 사후에 새로운 대표가 선출되지 않고 그의 아들이 구장직

을 맡았다는 사실은 마을 내에서 그의 영향력이 거의 절대적이었음을 입증한다. 해방 직후 최○○의 피습은 해방 직후 '혁명적 시기'에 마을 내 대성씨들이 일제 시기에 '협력'한 것에 대한 일정한 불만이 존재하였으며 이에 대한 사회적 반성이 강요되었던 것으로 추정해 볼 수 있다. 대성씨가 아닌 김씨 이장의 출현은 이러한 배경에서 이루어진 것으로 추측된다.

한국전쟁 중간에 아미리는 또다시 이장권이 교체되었다. 김동식이 사임하고 이번에 새로 이장으로 추천된 사람 역시 대성씨가 아닌 김호성이라는 인물이다. 흥미로운 것은 그가 아미리 토박이가 아니라 일제 말기 소개疏開할 때 서울에서 아미리로 피난 온 사람이라는 점이다. 김호성은 일본에서 대학을 졸업하였으며, 부발면 우익청년단장을 역임하고 있었다. 마을 주민들은 그가 마을민의 대표라기보다 뭔가 대외적으로 마을의 발전을 도모해줄 '정치력' 있는 인물로 평가하였기 때문에 이장으로 선출했다고 한다. 그러나 김호성은 약 6개월 만에 주민들의 반발을 사서 퇴임을 당했다. 사람들은 그가 선임되고 사임당한 이유를 다음과 같이 설명하였다.

대한청년단이라는 것이 있었는데 여기서 단원들이 많았어. 서울서 이사 온 사람이 부발면 대한청년단장을 했어. 일본 동경 제국대학을 졸업한 사람 김호성. 배운 것도 많고 해서 이장을 시킨 거지. 그런데 농촌하고 통하지 않아. 시간을 딱 정해 놓고 와라, 그 시간 딱 되면 문을 걸어 잠그고 안 열어줘. 그러니 1년 하고 이장을 도로 내놓았지. (마을 주민 방인봉, 1933년생, 2000년 1월 8일자 구술)

노구장의 주민에 대한 권위적인 통제를 용인했던 주민들이 자유당과 결탁된 지역 우익 청년단장인 김호성의 근대적 시간규율에 대한 강력한 제제에 반발했다는 점은 대단히 흥미롭다. 이 사건은 김 구장이 마을 주민들의 동의를 얻지 못하고 있었다는 점과 이 시기 면사무소로부터 지원되는 국가의 행정적인 권위가 마을 내에서 구장권을 뒷받침할 정도의 힘을 갖고 있지 못하다는 점, 이와 더불어 보다 중요하게는 1950년대 마을공동체는 아무리 정치적 영향력이 있는 인물일지라도 그것이 부당하다고 느낄 때 이것을 견제할 수 있는 힘을 가지고 있었음을 보여주는 것으로 해석된다.

1950년대 구장권의 약화를 보여주는 또 하나의 중요한 현상은 씨족갈등의 심화다. 씨족갈등이 격화되었다는 것은 구장권의 약화와 함께 문중조직의 힘이 그를 대신했음을 말해주는 것으로 추측된다. 이 시기 씨족갈등의 발단은 기계방아에서 시작되었다. 아미리에 처음으로 기계방아가 들어온 것은 1950년을 전후한 시점이다. 마을 주민들이 연자방아 두 대를 두고 이용하고 있었을 때, 세 사람이 합작으로 4마력짜리 발동기를 들여왔다. 이후 그 방아는 신준천의 단독명의로 되었다. 그런데 임씨 측에서는 임씨가 많으니까 또다시 수익성이 높은 기계방아를 들여왔으며 신씨 방아와 임씨 방아는 마을 내에서 서로 경쟁관계에 놓이게 되었다. 이에 신준천은 자신의 방아를 동네에 희사함으로써 방아 주도권 문제를 해결하였다. 신씨 방아가 동네방아가 되었기 때문에 임씨 방아는 아미리에서 나갈 수밖에 없었다. 신씨와 임씨는 방아 문제뿐아니라 면의원 선거에서도 치열한 접전을 벌였는데, 면의원 선거는 임씨의 승리로 끝났다.

이때 방아를 기증했던 신준천은 김호성 이후의 마을이장이었으며 방아 희사로 약 9년에 걸쳐 오랫동안 이장직을 역임할 수 있었다. 신

이장은 1952년부터 1960년까지 9년간 이장직에 재임하였다. 그는 서울지주의 마름으로서 노구장과 마찬가지로 경제력과 소작권을 둘러싼 실권을 지니고 있었으며 한편으로 아미리 3대 대성씨인 신씨 집안 사람이었다.

이러한 씨족갈등은 이 시기 약화된 구장권을 대신해서 상대적으로 씨족조직이 강력한 응집력을 가졌음을 보여준다. 30~40년 전에는 동네 씨족의 기제사에도 모든 씨족원들이 다 참석하였다고 한다. 영월 신씨의 종손도 아버지 때에는 명절뿐 아니라 기제사 때에도 역시 모든 친척들이 참가하였다고 한다. 그러다가 각자의 집에서 기제사와 차례를 지내기 시작한 시기가 30~40년 전쯤이고, 이것이 집안 간에 서로 멀어지게 만든 원인이 되었다고 한다.[13] 임씨의 경우도 마찬가지다. 마을 주민 임완규는 "그땐 전깃불도 없어 등불 들고서 좁은 논길 좁은 제사에 참석했다. 첫닭이 울어야 제사를 지냈다. 음식이 귀하여 제사음식 얻어먹고 집에 오면 꽤 늦었다"고 한다.[14] 문중계도 이 시기에는 활발히 운영되어 신씨의 경우 소종계가 조직되어 있었고 그릇 등을 구비하고 돌아가면서 잔치 때 이용하였다. 신씨 종손에 의하면 나중에 그걸 본따서 최씨와 임씨도 그릇계를 했다고 한다. 일제 시기까지 아미리에서는 마을공동체 조직이 씨족보다 우위에 있었지만, 해방 이후에는 마을공동체의 약화와 함께 씨족조직이 상대적으로 강한 힘을 발휘하게 되었던 것으로 볼 수 있다.

(2) 자율적 마을공동체와 정미조합의 결성

1950년대의 아미리 마을의 변화에서 또 하나 주목할 부분은 이러한

---

13) 마을 주민 신종백, 1930년생, 2000년 1월 19일자 구술.
14) 마을 주민 임완규, 1933년생, 2000년 1월 8일자 구술.

씨족갈등 속에서 아미리 주민들이 마을공동체를 자율적으로 정비하고 있었다는 점이다. 이는 신준천의 방아 기증에서 비롯된 아미리 정미조합의 결성으로 나타났다.

기계방아가 들어오기 전 아미리에는 연자방아를 이용한 방앗간이 두 개 있었다. 노동력을 현격히 절감시켜주는 기계방아는 연자방아와는 비교할 수 없을 정도로 효율적이었으므로 1950년대의 농민들에게 절실한 '근대적 농기구'로 떠오르고 있었다. 그러나 값이 비싸고 사용과 유지가 쉽지 않아 개인이 소유할 수는 없는 물건이었다. 이 때문에 1950년대에는 기계방아를 돌리는 전문 방아꾼이 생겨났으며, 주로 이장 경력을 가진 자이거나 마을 내에 영향력 있는 인물들이 동네에 방아를 도입하여 방아권을 독점하고 마을 주민을 상대로 상당한 수입을 올렸다. 이는 아미리뿐만 아니라 이천의 많은 마을에서 확인되는 부분이다.

정미소라고 공탕기(4마력 반짜리)라고 있었어. 신준천이 발동기를 가지고 있었어. 그때는 전기가 안 들어오니까 발동기로 양수기 물을 펐어. 석유 넣어서. 그걸 여름이면 물을 푸고 가을이면 그걸로 방아 찧고. 사람이 그 집으로 안 가니까 발동기를 끌고 다니면서 방아를 찧었어. 우리 큰집에 큰 소가 있어 맨날 그 소를 빌려서 끌고 다녔어. 아미2리 라제울에 임인규 씨가 또 발동기가 있었어. 여기 임씨네가 많이 사니까 자기 집안 것을 찧으려고 이리 끌어 들어온 거야. 발동기가 대립하게 된 거지. 신준천이 이리저리 끌고 다니면서 찧다가 내가 발동기를 동네에 희사하겠다고 했어. 그러니까 임씨 방아가 나갈 수밖에. 동네 거에다 찧으면 동네 수입이 되는데. 그때서부터 동네 재산이 생기는 것이지. 용공 뜬 것을 동네 재산으로 삼아서 비용을 썼어. 그때는 리경비는 안 거뒀어. (마을 주민 방인봉, 1933년생, 1월 8일자 구술)

신준천의 기계방아 희사로 아미리 주민들은 정미조합을 결성하여 동민 소유의 기계방아를 운행하였다. 정미조합은 6명의 이사진이 있었으며 조합장은 방아 희사자인 신준천이 되었다. 조합원 출자액은 구좌당 백미 5말로 1~4구좌로 차별적으로 출자했으나 이후 조합원당 2구좌 쌀 1가마로 통일하였다고 한다. 출발 당시 아미리 정미조합의 자격은 마을 주민 중 농업에 종사하는 자로 하였으며 결성 당시 조합원은 70여 명이었다고 한다. 이 숫자는 당시 아미리에서 농사를 짓는 세대를 다 포함한 것으로 볼 수 있다. 정미조합은 개념적으로는 전체 마을 운영과 분리되어 있었지만 실제로 정미조합의 범주는 쌀농사를 주업으로 하는 주민들의 생산공동체 곧 아미리 공동체였으며, 이장이 조합장을 겸임하고 정미조합의 수익금은 조합원들에게 분배하는 이외에도 동리 재산으로 축적하였다.[15]

1950년대 정미조합의 결성은 해방 이후 아미리 주민들이 자율적으로 공동의 문제를 해결해 나가는 힘을 보여준다. 정미조합은 한편으로 방앗간의 운영과 수익분배 등과 관련해서 주민들에게 일상적인 논의 공간을 마련해 주었으며 또 한편으로 아미리 마을공동체의 물적 토대를 강화하고 확대하는 기반이 되었다. 방앗간의 수입은 조합원들에게 공평하게 분배되었을 뿐만 아니라 일정한 기금을 조성하여 마을 공동경비로 이용하고 또 나머지는 마을기금으로 적립하였다. 아미리는 정미조합이 결성되고 리경비(이장세)를 따로 거두지 않았으며 상당한 액수의 정미조합기금을 비축하였다. 새마을운동 당시 정부 지원 시멘트로 마을회관 건물을 새로 지을 때 주민들의 기부금도 받았지만 정미조합의 기금도 상당액이

---

15) 정미조합의 운영 방식은 마을 주민 방인봉(1933년생)·박규화(1932년생)·최동석(1958년생), 2000년 1월 9일자 대담 구술.

〈사진 3〉 신이장 근적비(2009년 촬영)

투입되었다. 그리고 1999년 마을회관의 3차 신축 시에도 정미조합기금이 이용되었다. 정미조합을 결성하여 마을공유재산을 확대시키는 데 공을 세운 신 이장의 업적은 또 하나의 마을 기념물인 신 이장의 근적비(<사진 3>)를 통해서 확인할 수 있다.

마을회관 앞에 세워진 신 이장의 근적비 뒷면에는 정미조합의 결성에 대한 감사의 내용이 다음과 같이 기록되어 있다.

公은 寧越人으로 西紀 一九十一年 九月 二日 誕生하여 一九八四年 十二月 七日 享年 七十三歲로 他界하셨다 天性이 勤儉하고 誠實하였으며 每事에 所信이 있고 不義에 屈하지 아니하였으며 始作이 있으면 반듯이 成就가 있었다 公은 部落里長을 九年間 歷任했으며 部落發展을 爲하여 協同 團結 勤勉을 최우선으로 하였다 특히 西紀 一九五三年度에 自家精米所를 마을에 喜捨하여 部落基金 造成에 공이 크므로 그 功을 追慕하는 情이 懇切하여 높은 功績을 길이 後世에 傳하고자 이 비를 세우다

그는 정미조합을 결성한 공으로 이승만 정권기에 연속해서 이장직을 역임할 수 있었으며 근대교육을 받지 않은, 곧 구세대로서 이장이 된 마지막 인물이었다.

4. 박정희 정부와 마을의 변화

1) 1960년대 : 청년이장과 마을권력의 세대교체

1960년부터 아미리 마을 운영은 상당한 변화를 보이고 있다. 이때부터 이장의 평균연령이 30대로 낮아지며 청년들이 마을 운영을 주도하는 모습이 특징적으로 확인된다. 이는 아래의 <표 2>에서 확인해 볼 수 있다.

<표 2> 1960~1970년대 아미리 이장들

대수	이름	재임연도	생년/ 초임나이	학력 및 이력	재임시 주요 활동	기타
7대	안봉학	1960~61 (2)	1929년생 (33세)	부발국교. 새말 방장坊長. 상이군인		
8대	신기영	1962~67 (6)	1932년생 (31세)	서울 성동고 졸. 한양공대1 중퇴	씨족갈등 없앰	
9대	임완규	1968~73 (6)	1933년생 (36세)	부발국교, 서울 경신중학, 이천농고 졸	정미소 재건립. 마을도로 포장 및 확장. 전기시설	'새마을 훈장' 수여
10대	신현승	1974~76 (3)	1939년생 (37세)	경찰공무원	야산개발 경지확대, 도로 확장. 지붕개량	
11대	방인봉	1977~79 (3)	1933년생 (46세)	이천농고 졸	마을회관 1차 신축. 마을공유지 확장. 전화 설치	

먼저, 정미조합을 결성한 신준천 이장 다음으로 1960년부터 1961년까지 2년간 이장을 지낸 사람은 안봉학이다. 당시 안씨의 나이는 33세였다. 그는 전쟁 때 군대가 갔다가 화염방사기를 뒤집어써서 화상을 입은 상이군인이었으며 마을 일에 주도적이었다고 한다. 그는 이장 선임 직전 1950년대 후반에 '방장'을 맡고 있었다.[16] 안씨는 5·16 이후 상이용사

특혜로 수원 조흥은행에 취직하면서 이장직을 사임하였다.

다음으로 이장을 맡은 사람은 신기영이다. 그는 안씨보다 더 젊은 나이인 31세에 이장을 맡았다. 신씨는 서울 성동고를 졸업하고 한양공대를 중퇴한 인물로 마을에서는 상당한 고학력자다. 신씨는 아미리에서 청년기를 보낸 사람이 아니며, 아미리로 돌아온 지 얼마 안 되는 시점에 이장을 맡았다.

그 다음으로 1960년대 후반 이장이 된 임완규 역시 선출 당시 36세에 불과하였다. 그는 이천농고 출신으로 서구의 새로운 영농법에 대한 교육을 받은 인물이다. 그리고 이전 시기 4H나 청년회 활동을 마을에서 경험한 적이 있는 인물이었다.

1960년대 아미리의 청년 이장의 등장은 마을공동체의 주도세력에서 역사적 세대교체가 이루어지는 것을 의미한다. 박정희 정부 수립과 함께 청년 이장층의 등장은 넓게 보면 당시 마을에는 식민지 시기에 태어나서 근대교육을 받은 근대화 1세대들이 성장하여 이들이 광범한 청년군을 이루고 있었던 조건을 고려할 수 있다. 이들은 적어도 보통학교 이상의 교육을 받았다. 안봉학은 부발보통학교를 졸업했으며 신기영은 서울 한양대학교를 중퇴했고, 임완규는 이천농고 출신이었다. 곧 이들은 아미리 마을에서 근대교육을 받은 1세대들에 해당하며 이 시기 마을에는 이들과 유사한 동년배들이 상당수 존재하였으며 이들이 이장과 그 하위의 방장, 그리고 반장 등으로 충원되고 있었다.

---

16) '방'이라는 제도가 실시된 것은 1958년 지방자치법 개정안에 의해서다. 이승만 정권은 주민의 직선제였던 동리장(洞里長)을 임명제로 바꾸고, 동리의 하부조직인 통과 반을 신라시대의 최하 행정단위인 방으로 개칭하여 말단행정을 강화하고자 하였다. 이 법안의 의도는 전국 각지의 말단 행정을 강화하고 세포조직까지 관제화하기 위한 것이었다. 이 법안에 따라 아미리에서도 세 개의 방(坊)이 생겼다.

또 하나는 1950년대 후반부터 시작되는 농촌개발사업들은 관 주도로 이루어졌으며, 물질적인 보상 없이 잦은 모임과 정신교육이 주된 내용을 이루었다. 이런 상황에서 근대적인 학교교육을 받고 민첩하게 여러 가지 실무에 잘 대응할 수 있는 마을 청년층이 관공서 출입을 전담하고 나아가 마을 일을 주도하게 된 것은 자연스러운 현상이었던 것 같다. 1960년대 초 재건국민운동이 전개될 때 이 운동과 관련하여 아미리에서는 (재건)반 상회가 공식적으로 이루어졌으며, '지도자' 교육이 빈번하게 이루어졌 다.17) 한 주민은 재건국민운동을 할 때 재건학교라는 것이 있었으며 그는 서울 수유리 공무원 교육원에 교육을 받으러 세 번 갔다고 한다.

청년 이장의 등장이 박정희 군사정권의 수립 이전부터 나타났다는 점은 주목할 필요가 있다. 이승만 정권 시기부터 농촌개발사업들이 시도 되었고 이 과정에서 마을에서 실력과 시간을 겸비한 청년들이 마을 운영의 실무자로 등장하고 있었던 것으로 해석할 수 있다. 청년 이장과 그들 동년배의 활동이 두드러지는 1960년대 마을공동체에 나타는 주목할 변화는 씨족갈등의 타파였다. 앞서 서술했듯이 1950년대는 방아문제나 면의원 선출문제에서 신씨와 임씨 간의 대립과 갈등이 심각했다. 비록 신씨 방아의 동네 기증으로 방아를 둘러싼 갈등이 표면적으로 무마되었 지만 임씨와 신씨는 서로 반목하고 있는 상황이었다. 그런데 신씨 집안의 청년 신기영이 이장이 되면서 마을 청년들은 의기투합하여 씨족갈등을

---

17) 1960년대 초반 박정희 정권이 추진한 재건국민운동은 ① 민족적 자주성, 자조, 협동단결의 정신으로서 사회정의를 구현하며 ② 민족혁명의 전위로서 국민운동 의 핵심세력을 훈련하며 재건청년회, 재건부녀회 회원 360만 명을 확보하고 ③ 자립적인 지역개발을 통하여 도시·농촌간의 격차를 줄인다고 되어 있다. 1961년 6월 국가재건최고회의 산하기관으로 재건국민운동본부를 설치하고 시 ·읍·면에 지부를 두었다. 당시 이 운동은 전국적으로 공화당 창당의 기틀을 마련해 주었다.

〈사진 4〉 1978년에 건립된 마을회관(2009년 촬영)

없애기 위해 노력하였다고 한다. 사람들은 신기영 이장 때부터 씨족갈등이 사라졌으며 이장이 한 세대 아래로 내려온 것이 씨족갈등을 없애버릴 수 있는 조건이었다고 한다.[18] 1960년대 형성된 이와 같은 일군의 근대교육을 받은 마을청년들은 1970년 초 아미리 새마을운동을 담당하는 주역들이 되었다.

2) 1970년대 : 새마을운동과 자립마을 포상

아미리의 새마을운동은 이천 부발읍 일대에서 가장 성공적인 사례라고 말할 수 있다. 박정희 정부는 1973년 새마을운동에 대한 호응이 좋다고 판단되자 전국의 마을을 주민의 참여도와 발전수준에 따라 차별적으로

---

18) 마을 주민 방인봉, 1933년생, 2000년 1월 8일자 구술.

〈사진 5〉 마을정미소 터(2009년 촬영)

지원하는 방침을 세웠다. 이에 따라 전국 마을을 새마을운동에 대한 참여 수준에 따라 기초 자조 자립 마을로 구분하였으며 최종 단계인 자립마을로 선정되면 모든 방면에서 우선적인 지원을 하였다. 아미리는 1973년과 1978년 두 차례에 걸쳐 '자립마을'로 포상을 받았다.[19]

　1970년대 새마을운동과 더불어 시작된 아미리의 변화상은 다음과 같이 몇 가지 영역으로 정리된다. 첫째, 마을 환경 개선과 관련된 부분이다. 먼저 마을 길의 확장·포장이 이루어졌다. 보상 없이 땅을 내놓아야 했기 때문에 땅 주인의 반대가 없지 않았지만 청년회에서 '강행'했다고 한다. 그리고 전기가 들어왔으며 지붕이 개량되었고 마을에 한 대의

---

19) 정부통계에 의하면 1972년도 기초마을은 전 마을 수의 30%, 자조마을은 57%, 자립마을은 7%였으며, 1977년에는 자조마을이 33%, 자립마을이 67%로 성장한다. 내무부, 앞의 책, 32쪽.

전화가 가설되었다. 마을에 앰프가 설치되어 그동안 마을 일을 알리던 '소임'이라는 마을 직역이 사라졌다고 한다.

둘째, 마을 공유재산의 확대다. 이 시기에 새말과 큰말을 가르던 장등을 깎는 공사가 진행되었으며 이 공사의 결과 마련된 평평한 부지가 마을 공유재산으로 확보되었다. 여기에 마을정미소가 건립되었으며 마을회관의 신축이 이루어졌고 마을구판장도 생겨났다. 1950년대에 결성된 정미조합은 운영이 순조로워 많은 수익을 낳았다. 새마을운동기에는 그동안 이동식으로 이용되던 기계방아를, 마을정미소를 건립하여 고정식 방아로 바꿈으로써 마을방아가 마을정미소로 확대 발전하였다. 1930년대 중반에 건축된 낡은 마을회관을 대신하여 새로운 마을회관이 신축되었다. 구 마을회관은 유치원으로 이용되었다고 한다. 새마을운동은 마을의 공적 공간을 확대시켰지만 이는 실제로는 일제 시기 공회당 건물과 1950년대 이후의 정미조합을 기반으로 확대된 것이라고 볼 수 있다. <사진 4>와 <사진 5>은 현재 마을에 남아 있는 기념물로, 이 시기에 건립된 마을회관과 정미소(터)다.

셋째, 마을 운영조직의 변화다. 청년회와 부녀회가 조직되었으며 대단히 활발한 활동을 하였다. 청년회에 대해서는 이미 1960년대 '의기투합'해서 마을의 문제를 해결해 보려는 청년 주도층이 등장한 바 있었으며 그때 형성된 그룹이 좀더 조직적으로 정비되었다고 볼 수 있다. 청년회는 사실상 이장과 반장을 배출하는 기반이자 동시에 이들의 동년배 집단으로서 마을의 주축이 되는 조직이었다. 이 시기 이장과 반장 체계는 밤낮을 가리지 않고 24시간 가동되었다.

우리 반장들이 그때 5명이 있었는데 그때 다 같이 했어. 그때는 하자면

다 되니까 밤중이라도 가고. 한 반이 몇 호씩 책임졌어. 한 반이 15호도 되고 골목대로 잘라서 반장이 다니기 좋은 대로 잘랐지. 그때는 반장들이 일을 다했어. 잡종금, 세금 받는 것도 다 돌아다니면서 받고. (마을 주민 방인봉, 1933년생, 2000년 1월 8일자 구술)

청년회와 달리 부녀회는 1972년에 조직되었으며 부녀회의 조직과 활동은 자발적이라기보다 국가 주도의 새마을운동에 의해 촉발되었다고 볼 수 있다. 부녀회 주도로 '절미저축' 사업이 추진되고 '구판장'이 운영되었으며 개간된 산에 부녀회 명의의 공동경작지를 마련하여 공동노동이 이루어졌다. 이외에도 부녀회는 막걸리 등을 팔아서 부녀회 자금을 조성하였다. 1973년부터 부녀회 자금의 일부로 부녀회 관광이 시작되어 많은 호응을 얻었다고 한다.

아미리에서 새로운 남성권력의 출현은 근대교육에 힘입은 바가 큰 것으로 보이며 여성권력의 출현은 국가의 동원정책을 배경으로 하고 있다고 볼 수 있다. 초기 부녀회 활동을 했던 여성들은 지금도 그 시절에 대해 잊을 수 없는 감격스러운 순간으로 표현하고 있다. 아무도 호명하지 않았던 그녀의 '이름'을 국가가 호명해 주었던 것이다.

잊을 수가 없어. 칭찬 많이 받았어요. '아미리 부녀회장 김재숙 씨'라고 많이 알아주었다고. 면, 군의 부녀계장들도 많이 칭찬을 해주었고. 위에서 지시 내리면 그것을 그대로 실천에 옮기려고 애를 썼어요. 혼자 살면서 힘든데 부녀회장까지 한다고 동네 사람들이 칭찬했어. 새마을사업이 72년도에 시작되었고 새마을사업을 처음 하는데 부녀회가 잘 움직여야 한다고 강조했어. 다달이 한 번씩 부녀회가 있었어. 부녀회는·그때는 새댁만 안 왔지 삼십 대에서 오륙십 대는 다 모였어. (마을 주민 김재숙, 1931년생, 2000년 2월 11일자 구술)

넷째, 마을신앙의 소멸이다. 일제 시기 노구장의 농진운동 시기 이후 새마을운동기에는 또 한 번의 마을신앙 해체작업이 이루어졌다. 가장 대표적인 것은 마을 내에서 신성시되었던 마을의 진산인 '장등(깔딱고개)'이 깎여서 사라진 것이다. 그때까지도 장등은 신성시 되어 초상이 났을 때도 상여가 장등을 넘어가지 못하고 우회해서 돌아가야 했다. 그리고 장등 꼭대기에는 큰 엄나무가 있었는데 거기에 서낭이 있어 사람들이 오고가면서 돌을 놓고 무엇을 매달고 하였다고 한다. 장등을 깎는 공사를 할 때는 노인들이 모두 반대했지만 청년들이 다 책임을 지겠다고 하며 강행하였다.

1960년대 30대 이장들의 활동 기간을 거치면서 청장년층이 마을의 주도권을 잡게 되며 새마을운동기에는 이미 아미리에서는 마을권력의 세대교체가 이루어졌던 것으로 보인다. 이후 마을청년이 목을 매어 자살하는 사건이 생기자 은연중에 장등공사 때문이라는 말이 돌았지만 액땜을 위한 고사 등의 행위는 하지 않았다고 한다. 장등은 아미리의 큰 마을과 작은 마을을 가르는 경계였기에 장등을 낮추는 공사를 통해서 큰 마을과 작은 마을은 물리적인 소통이 이전보다 원활하게 되었다고 한다. 그러나 장등과 엄나무는 새말과 큰말을 분할하고 있었던 면도 있지만 아미리 마을 주민들을 결속시키는 정신적 구심이었다. 따라서 장등의 해체는 주민통합의 측면보다는 정신적인 마을공동의 신앙체제를 무너뜨리는 결정적 계기가 된다고 볼 수 있다.

아미리는 다른 마을에 비해서 새마을운동에 대한 반발이 적었으며 지도부가 사업을 추진하는 데 거의 장애가 없었다. 아미리 청년들과 사람들은 국가 주도의 근대화운동을 비교적 자연스럽게 받아들인 것으로 보인다. 아미리 사람들이 음으로 양으로 노구장의 영향을 받고 있었으며 초기 근대화운동에 대한 우호적인 역사적 경험 위에 토대하고 있는 것은 분명한 것 같다. 그러나 아미리 새마을운동의 자원 동원구조를 살펴볼 때 간과할 수 없는 부분이 있었다. 그것은 첫째로는 아미리 마을 환경의 변화를 이룩할 수 있었던 중요한 자금은 1950년대부터 운영되었던 정미조합에 의해 뒷받침되었다는 점이다. 1950년대 정미조합은 흑자를 내고 있었고 여기에서 마을 공동경비 및 마을회관 건축비가 제공되고 있었다. 기본적으로 마을회관을 건립하기 시작하게 된 것은 정부가 제공한 시멘트와 자립마을 지정에 의한 하사금이었다. 그러나 이것으로 회관을 건립하기는 불가능하였다. 마을에서 자체적으로 비축하고 있던 정미조합의 자금과 또 외지에 나가 있던 마을 주민들의 마을에 대한 기부금이 뒷받침되지 않고서는 불가능했다. 다음 <사진 6>은 마을기념물로, 새마을운동기 마을회관의 건립에 기부했던 마을을 떠나 있던 주민들의 명단이 기록되어 있다.

> 하다 보니 돈이 모잘라 임완규하고 서울로 올라가서 살다간 사람들한테 도움을 청하자고 했어. 서울로 간 사람들 전화번호를 며칠 동안 찾아서 적어서 서울로 찾아갔어. 가서 달라니까 기분 좋게 척척 그때 돈 10만 원씩도 주고 그랬어. 그래서 그 돈으로 그것을(마을회관)을 마무리했어. (마을 주민 방인봉, 1933년생, 2000년 1월 8일자 구술)

또 하나 지적할 부분은 아미리 새마을운동의 성공 이면에는 새마을운동과 같은 시점에 발생한 영동고속도로의 개통이라는 역사적 사건이 맞물려 있었다. 아미리는 영동고속도로 변에 위치하는 마을로 1971년 고속도로의 개통은 아미리 청년들에게 일자리를 제공하고 있었다. 영동고속도로는 아미리를 관통하고 지나가며 인터체인지가 아미리에 설치되

〈사진 6〉 마을기금 기부자 기념비(2009년 촬영)

었다. 도로공사 사무소가 그곳에 마련되자 도로공사 측은 마을과 긴밀한 관계를 가지며, 아미리와 도로공사는 자매결연을 맺었다. 아미리 사람들은 조직적으로 도로공사의 사업에 보수를 받고 참가하였으며, 도로공사는 아미리 일에 적극적으로 지원하였다. 청년회가 조직되어 활기를 띤 것은 영동고속도로 개통 이후 절개지 사방공사 일을 맡게 된 것이 가장 컸다.

도로공사와 아미리가 자매결연 맺어서, 도로공사 때 산을 깎은 후 생기는 절터구를 덮기 위한 칡과 담쟁이 공사가 필요한데 그걸 청년회에서 맡았어. 우리도 일당을 받고 남는 공사 금액으로 청년회 기금을 마련했다고. 영동고속도로 만들고 얼마 있다가. (마을 주민 박규화, 1932년생, 2000년 1월 19일자 구술)

도로공사로부터 호법—원주간 사방공사를 맡게 되면서부터 청년회의 활동은 눈부시게 활발해졌다. 이 사업으로 청년회는 1000만 원의 자금을 마련하였으며 그 일부를 부녀회 운영자금으로 제공하고 나머지를 청년회 기금으로 사용하였다고 한다. 그리고 도로공사 측과 아미리 마을은 자매 결연을 맺어서 1972년 마을도로 확장·포장공사와 정미소 건립공사, 엠프 설치가 도로공사의 무상 장비협조에 의해서 진행되었다. 도로공사 장비과장의 도움으로 불도저를 이용하여 정미소의 터를 닦을 수 있었으며 마을의 나쁜 길도 이 시기에 도로공사의 도움으로 덤프트럭을 빌려서 자갈을 싣고 와서 많이 고쳤다고 한다.[20] 이와 같이 영동고속도로의 개통이라는 조건은 아미리 주민들에게 많은 경제적인 혜택을 가져다주었고 이것이 마을 공동사업의 활성화의 중요한 배경이 되었다고 볼 수 있다.

5. 결론을 대신하여 : 새마을운동의 동인動대들

이상에서 볼 때 1970년대 아미리 새마을운동의 '성공'이라는 사건은 다음과 같은 아미리 마을의 역사적 경험들과 결부되어 있었다.

첫째, 일제 시기 농촌 근대화운동의 규정력이다. 일제 시기 아미리는 이천 지역에서 가장 먼저 공회당이 설립되었을 정도로 근대화운동이 활발하게 전개된 마을이었다. 노구장으로 일컬어지는 마을지도자에 의한 근대화운동의 경험은 물질적·정신적으로 마을 주민들에게 전수되었다. 그러나 일제 시기 노구장의 주도 하에 일어난 아미리 마을의 근대화를 단순히 일제 지배정책으로서의 '농진운동'이라고만 규정할 수 없다. 일제

---

20) 마을 주민 방인봉, 1933년생, 2000년 1월 8일자 구술.

의 농진운동이 근대적 계몽운동의 성격을 띠고 있는 것은 사실이지만 다른 한편으로 미신과 노름 타파, 근검 절약, 금주 금연 등의 운동은 민족주의 진영에서도 농촌문제 해결의 보편적인 방안들로서 제기하는 사안이었다. 노구장은 친일의 잣대에서 자유로울 수 없지만 아미리 마을 주민들에게 '친일파'이라는 이미지보다는 '마을지도자'로서 긍정적 이미지로 강하게 남아 있었다.

둘째, 해방 이후 아미리는 씨족갈등이 대단히 격화되었지만 그 속에서도 갈등의 조정을 통해 자생적으로 마을공동체를 만들어내고 있었다. 아미리의 노장층들은 국가의 정책과 무관하게 쌀 생산공동체로서 정미조합을 결성하였으며 수익의 공동 분배뿐 아니라 마을 운영자금의 충당, 그리고 상당한 공동자금을 비축할 정도로 효율적으로 조합을 운영하고 있었다. 1950년대 아미리는 그동안 '무능'과 '무기력'으로 보아 온 1950년대 농촌마을의 이미지로만 설명할 수 없는 것이다. 국가권력이 약화되자 씨족갈등이라는 혼돈된 모습을 보이면서도 그 속에서 스스로의 문제를 해결해 나가는 자기 치유와 재건의 활력을 지니고 있었다. 약 1953년부터 운영된 아미리 정미조합은 1970년대 새마을운동의 재정적 기반이 되었다.

셋째, 아미리에서 새마을운동의 성공은 근대교육을 받은 새로운 역사세대의 등장과 밀접하게 관련되어 있었다. 1960년대부터 마을 운영의 주도권을 잡기 시작한 이들은 마을 내의 씨족갈등 문제를 해결하는 선도적인 모습을 보였다. 마을 내 청년층의 활약은 10년 동안 지지층을 확대하고 있었으며 새마을운동기에는 마을 정치의 세대교체가 완전히 일어났던 것으로 볼 수 있다. 이들은 국가 주도의 힘과 맞물려서 마을 내 노인층의 반대까지 무마할 수 있는 실권을 가졌다. 마을 장등 공사는 노인층의 반발을 샀지만 실력으로 강행한 사건이었다. 곧 마을 내에서 역사세대의 교체는 새마을운동의 기반과 관련해서 주목할 부분이다.

넷째, 아미리 성공신화의 이면에는 영동고속도로의 개통에 따른 지역 경제의 활성화라는, '새마을운동'과는 별개의 외적 조건이 지대한 영향을 미치고 있었다. 고속도로 공사를 마무리하는 사방공사를 맡음으로써 아미리 청년들의 일자리가 창출되었고 이것이 1970년대 아미리 청년회조직이 활성화되는 중요한 배경이 되었다. 그리고 마을환경 개선 사업부분에서도 도로공사 측의 무상원조에 의해 아미리는 다른 지역보다 뚜렷한 가시적 성과를 낼 수 있었다.

참고문헌

새마을운동연구회, 『새마을운동10년사』, 서울 : 내무부, 1980.

내무부, 『영광의 발자취 : 마을단위 새마을운동추진사』, 서울 : 마을문고본부, 1978.

농림부, 『새마을로 가는 길』 2집, 서울 : 농림부, 1973.

김영모, 『농촌지역사회조직론』, 서울 : 민음사, 1967.

김영모, 『새마을운동연구』, 서울 : 고헌, 2003.

유병용·최봉대·오유석, 『근대화전략과 새마을운동』, 서울 : 백산서당, 2001.

김영미, 「어느 농촌운동가의 생애와 1950~60년대 농촌근대화운동」, 『민족운동사연구』 51, 2007.

민상기, 「농민의 새마을운동 참여와 마을공동체의식」, 『농촌경제』 3-1, 1980.

박섭·이행, 「근현대 한국의 국가와 농민 : 새마을운동의 정치사회적 조건」, 『한국정치학회보』 31, 1997.

박진도·한도현, 「새마을운동과 유신체제 : 박정희 정권의 농촌새마을운동을 중심으로」, 『역사비평』 47, 1999.

제 2 부
전통의 문화적 변용

기미와 삼일
해방 직후 역사적 기억의 전승

차 승 기

1. '시작'을 위한 회고

제2차 세계대전에서 연합국이 승리함에 따라 그 부산물로 주어진 조선의 해방은 어떤 과정의 결과라기보다는 새로운 '시작'으로서의 성격을 강하게 가진다. 적어도 당대의 조선인에게는 그러하다. 무엇보다도 해방은 '주어진 것'이었다. 한반도 내외에서 독립과 해방을 위한 다양한 노력들이 끊이지 않았음에도 불구하고 해방은 조선인들의 자주적인 해방의 노력이 낳은 보람의 열매가 아니었다. 거리를 누비고 만세를 외치며 환희의 순간을 만끽할 때조차, 해방의 주인은 조선인이 아니었다. 그 열매를 수확할 권리는 연합국에, 특히 미국과 소련에 있었다. 35년

전 식민지화가 그러했듯이 1945년 8월 15일에도 조선은 타율적으로 역사에 기입되는 존재였다. 차이가 있다면, 40년 전 조선의 일본 병합을 승인(카쓰라-태프트 밀약, 1905)했던 국가가 이제는 조선을 자신이 지배하는 세계체제 속에 편입시키고자 한다는 것이리라.

따라서 해방 조선에서는 해방을 향해 걸어온 도정을 그대로 따라감으로써 새로운 공동체에 도달한다는 단순한 프로그램이 현실적으로 성립될 수 없었다. 8·15의 공적은 모조리 미국·소련 중심의 연합국에로 회수되었기 때문에, 또 한반도 안팎에서 기획된 조선인들의 어떤 정치적 비전도 '해방'이라는 결과로 검증된 바 없기 때문에, 조선인이 미래의 공동체를 주도할 권리의 영토는 한 줌도 남아 있지 않았다. 그러므로 오히려 수많은 다양한 비전들이 폭발적으로 터져나와 서로 경쟁하는 상황이 빚어졌다. 그러나 이 비전들이 이미 남북한을 점령하고 있던 미국과 소련의 체제에 의해 선규정된 것들임은 물론이다. 이 선규정된 조건들 위에서, 그 조건들에 편승하거나 저항하면서, 대립되는 세력들이 각각의 미래의 공동체에 참여하려는 치열한 투쟁을 시작한 것이 이른바 '해방'기다.

이렇듯 결과가 아니라 '시작'이라는 점에서, 그것도 미국과 소련의 군정체제 하에서의 '시작'이라는 점에서 조선인들은 의식적이든 무의식적이든 강력한 인정투쟁의 정치적 공간에 진입하지 않을 수 없었다. 북한에서는—비록 '해방'을 가져오지는 못했지만—김일성의 항일투쟁을 비롯한 조선인들의 해방투쟁의 역사가 새로운 공동체에 참여할 수 있는 정치적 자격과 정당성의 근거로 인정되고 있었다. 그러나 남한에서는 해방 조선과 직결되는 항일투쟁의 역사를 찾기 힘들었을 뿐만 아니라, 해외에 망명해 있던 임시정부 요인들조차 새로운 국가 건설을 주도할 권리를 부정당한 채 '자연인'의 자격으로 귀환할 수 있을 뿐이었다. 이렇듯 해방이 항일투쟁의 결과가 아니라는 사실은 식민지 경험으로부터 정치적 정당성을 발견해 내고자 하는 시도들에 특정한 경향성을 부여해 주는 것으로 보인다. 즉 흔히 '어떻게 싸워 왔는가'보다는 '얼마나 고통을 받았는가' 하는 것이 정치적 정당성 여부를 가르는 기준이 되곤 했던 것이다. 그리고 이 같은 '고통의 증명'은 그 고통을 알지 못했던 자들과 고통을 증명할 수 없는 자들에게 죄의식을 불러일으키면서 권위를 획득할 수 있었다.[1]

그러나 고통을 입증할 수 있는 자들, 즉 갇히거나 쫓겨난 자들조차 '식민지적 과거'와 '8·15'를 인과적으로 연결시킬 수는 없었다. '해방'을 고통을 견딘 세월의 보답으로 간주하는 논리는 역사 바깥에서나 가능할 뿐이다. 고통이 아무리 혹독했다 할지라도, 그리고 그 고통의 흔적이 새겨진 신체가 아무리 도덕적으로 신성화된다 할지라도 "일본제국주의자의 지배를 우리 단결의 힘으로 타도하지 못한 것은 커다란 **유감**일 뿐 아니라 이것은 우리 민족이 **부끄러워하지 않을 수 없는** 일"[2]이었다.

투쟁의 역사가 자긍심과 관련되어 있다면, 고통의 기억은 회한과 관련된다. 게다가 그 고통의 대가가 외부로부터 주어진 결과에 의해 찬탈

---

1) 이혜령, 「'해방기' 식민기억의 한 양상과 젠더」, 『여성문학연구』 19, 2008, 247~248쪽 참조. 이혜령은 식민지 시기 조선 사회와 격리된 곳에서 고통 받던 자들이 해방 직후 가장 권위 있는 텍스트 주체가 되었으며, 그들이 겪은 고통은 다른 식민 기억-텍스트를 통어하는 기율이 되었음을 밝히고 있다.

2) 박헌영, 「삼일운동의 의의와 그 교훈」(1947. 2. 24)/박용재, 「해방기 자기서사와 주체성 복원의 기획」, 동국대학교 석사학위논문, 2009, 21쪽에서 재인용(강조는 재인용자). 박용재의 이 논문은 해방 직후 쏟아져 나온 다양한 자기 서사 속에서 '국민국가'로 수렴되지 않는 복잡한 주체성 복원의 시도들을 재구성하고 그 복원의 기술들을 흥미롭게 분석하고 있다. 다만 "연합국에 의해 해방되었다"는 사실에 대한 정서적 반응을 '죄책감'(같은 글, 18쪽)으로 규정하고 있는데, 이 감정은 오히려 '부끄러움' 또는 '회한'에 해당되지 않는가 한다.

당함으로써 회한의 감정에는 부끄러움이 덧씌워지게 된다. 물론 고통이 각인된 신체들이 식민지의 일상을 벗어나지 못했던 이들에게까지 부끄러움과 회한을 자각시키면서 해방 조선의 대중들로부터 정치적 권위를 전유하는 것은 가능하다. 하지만 이런 식의 전유가 특정 개인에게 배타적인 특권을 보장해줄 수는 있을지 몰라도, 결코 해방 조선의 **필연성**을 입증해 주지는 못한다.

해방 직후 3・1운동이 유난히 특권적인 회고와 역사적 의미화의 대상이 된 사정이 여기에 있다. 3・1운동은 "수난의 현대사 속에서 유일한 '반항'의 지점이자, 모든 반항의 원점"3)이었기 때문이다. 그리고 이렇듯 특권적인 대상이자 심각한 정치적 의미를 가진 대상이었기 때문에, 서로 다른 미래 기획을 가진 자들이 그 전유를 둘러싸고 치열하게 투쟁해야 할 대상이기도 했다.

이 글은 식민지 기억을 전승하는 특정한 방식이 아직 지배적이지 않았던 상황, 그러나 냉전구조가 형성되며 기억 전승의 정치학이 점차 뚜렷해지던 상황에서 역사적 기억의 공유 및 전승이 어떤 방식으로 시도되었는지를 해방기 3・1운동에 대한 기념과 기억을 둘러싼 투쟁을 통해 살펴보고자 한다. 구체적으로는 해방 직후 3・1운동을 기념하거나 문학적으로 재현하는 행위들이 놓여 있던 역사적 규정성들을 고려하면서, 3・1운동을 전유하고자 하는 서로 다른 지향성들이 어떤 지점에서 충돌하고 어떤 지점에서 동의하는지를 고찰하고자 한다. 이를 통해 특정

---

3) 권명아, 「냉전의 신체 조형술과 191931」, 『1919. 3. 1 : 주체・문화・기억―3・1운동 90주년 기념 국내전문가 집중토론회』, 성균관대학교 동아시아학술원 인문한국사업단, 2009. 3. 21, 189쪽. 아울러 박용재는 해방 직후 주체성 복원의 구심점으로 놓여 있는 3・1운동이 '이야기, 혹은 글쓰기의 구심점'이기도 했다고 평가한다. 박용재, 위의 글, 15쪽 참조.

한 과거(사건)를 기념하고 기억하는 행위가 공동체, 아이덴티티, 주체 형성과 관계 맺는 정치적 의미를 반성적으로 사유하고자 한다.[4)]

2. 미래를 향한 기념과 기억의 '좌우' : 저항-혁명과 저항-반일

 3·1운동은 해방을 주체적으로 쟁취하지 못했다는 회한을 위무慰撫하고 해방 조선의 필연성과 존재 가치를 입증하는 데 더없이 적절한 역사적 증거였다. 그런가 하면, 식민지를 '유일무이한 현실'로 간주했던 이들에게는 자신들의 과거마저 용해시켜 줄 '민족적 쇄신'의 거대한 운동을

---

 4) 따라서 이 글에서 다루는 텍스트는 1948년 8월의 단독정부 수립 이전까지의 이른바 '해방 3년간'에 생산된 것으로 제한하고자 한다. 단독정부 수립 이후 3·1운동에 대한 표상 및 기억은 국가권력 주도의 지배적 언어에 의해 강력히 규율되고 있었기 때문에 그를 통해 뚜렷한 지향성을 발견할 수 있지만, 이 글에서는 아직 결정되지 않은 상태의 규정성들을 중시하고자 하기 때문에 '해방 3년간'에 국한한다. 해방 직후 3·1운동의 기념 및 기억을 둘러싼 투쟁을 다룬 지금까지의 연구는 대체로 표상정치의 차원에서 이루어졌다. 대표적인 연구로 는 정종현의 「3·1운동 표상의 문화정치학」(『한민족문화연구』 23, 2007)이 있으 며, 특히 3·1운동 90주년을 전후해서 '급증'했다. 성균관대학교 동아시아학술 원 인문한국사업단은 국제학술회의 '1919년 : 동아시아 근대의 새로운 전 개'(2009. 2. 13~14)와 국내전문가 집중토론회 '1919. 3. 1 : 주체·문화·기 억'(2009. 3. 20~21)을 개최한 바 있고, 역사문제연구소 등이 주최한 학술 심포지 움 '3·1운동, 기억과 기념'(2009. 2. 26)에서도 '기억'의 문제가 중요한 문제로 다뤄졌다. 미완의 발표문 형태이기 때문에 확정적으로 평가하기는 어려우나, 대체로 3·1운동이 대한민국의 역사 속에서 '국민국가'와 '국민적 주체'를 확증 하기 위해 동원된 측면을 강조하고 있는 것으로 보인다. 하지만 과거의 역사적 사건으로서의 3·1운동을 '이야기'로 재현하여 전승·공유하는 방식에 대한 탐구는 미흡하다고 하겠다. 기존 연구 성과에 대한 비판적 검토는 논의를 전개하 는 과정에서 이루어질 것이다.

촉발시킬 수 있는 효과적인 계기였다. 3·1운동이 **전 민족적 독립의지를** 과시한 역사적 사건이었다는 평가는, 해방 후 3·1운동을 전유하고자 했던 여러 세력들이 그 입장을 초월해 공유하고 있던 것이기 때문이다. 3·1운동은 좌우를 막론하고 해방된 조선의 **현재**를 긍정하기 위해 반드시 소환해야 할 역사적 근거였으며,[5] 동시에 조선의 **미래**에 대한 좌우의 비전에 따라 갈등적으로 전유될 정치적 의미소였다.

이렇듯 역사적·정치적으로 중요한 의의를 갖는 3·1운동이었기에 좌우세력은 서로 그 의미의 전유를 위해 반목과 투쟁을 불사하게 된다. 해방 이후 최초의 기념일[6]을 준비하기 위해 이승만, 한민당, 국민당계 인물을 중심으로 한 '기미독립선언기념국민대회준비회'(이후 '기미회') 와 인민당, 신한민주당, 조선공산당, 독립동맹, 조선민주당계 인물들을 중심으로 한 '삼일기념전국준비위원회'(이후 '삼일회')가 각각 조직되었고,[7] '기미회'는 서울운동장에서, '삼일회'는 남산공원에서 각각 독자적인 기념식을 가졌다.[8] 비록 좌우가 서로 다른 장소에서 독립적으로 행한 이 첫 기념식은 큰 물리적 충돌 없이 치러졌지만, 1946년 7월 조선공산당이 계급투쟁 노선을 분명히 하고 좌우대립이 격심해진 이후인 1947년의

---

5) 이렇듯 해방 조선의 '전체'와 연결되어 있기 때문에, 해방 이후 첫 3·1기념식을 좌우합작으로 거행하려는 시도도 있을 수 있었다. 이 시도는 우익 측의 제의 거부로 실패했다. 「삼일운동 기념에 좌우익 협조안 제출」, 『조선일보』 1946. 2. 11 ; 「삼일기념행사 종시대립 : "기미"측, 제의 거부」, 『조선일보』 1946. 2. 28 참조.

6) 1946년부터 3월 1일은 미군정 법령에 의해 국경일로 지정되었다.

7) 지수걸, 「3·1운동의 역사적 의의와 오늘의 교훈」, 한국역사연구회·역사문제연구소 편, 『3·1민족해방운동연구』, 청년사, 1989, 20쪽의 주 16) 참조.

8) 그러나 인민위원회의 힘이 강했던 일부 지방에서는 좌파를 중심으로 통합된 기념행사를 개최하기도 했다. 지수걸, 위의 글, 21쪽 ; 김민환, 「한국의 국가기념일 성립에 관한 연구」, 『한국학보』 99, 2000, 138쪽 참조.

3·1기념행사에서는 결국 유혈충돌로까지 비화되고 말았다.[9)]

　자유주의적 성향을 가진 언론인 오기영은 애초에 하나였던 '기미년 삼월 일일'이 '기미'와 '삼일'로 분열된 데에서 '분단'과 '민족상잔'을 예감한다.

　　우리는 지금 부당하게도 민족통일을 상실하였다. 과거에는 오직 외적에 향하여 거족적인 항쟁을 할 수 있었으나 이제 우리는 분열되어 相殘的인 內爭에 열중하고 있다. 분명히 기미년 삼월 일일을 기념하는 것이면서 **기미**와 **삼일**의 두 갈래가 있고 **대한**과 **조선**의 갈등이 있다[10)]

　'기미'와 '삼일'은 3·1운동을 기념하기 위해 좌우에서 조직한 준비회를 지칭하는 기호이지만,[11)] 동시에 서로 다른 지점을 통해 3·1운동을 전유하고자 하는 좌우의 정치적·역사적 입장의 일단을 드러내는 상징적 기호이기도 하다. 오기영은 그것을 '대한'과 '조선'으로 번역하고 있다. 이렇게 번역됨으로써 좌우의 대립은 남북의 대립으로 보다 실체화되는

---

9) 1947년의 3·1기념행사와 관련된 일련의 사건은 '분단'의 중요한 전기를 이룬다. 남산에서 행사를 마친 '삼일회' 측과 서울운동장에서 행사를 마친 '기미회' 측이 남대문에서 충돌했을 때 '기미회' 측의 도발에 의해 폭력사태가 빚어지고 이에 경찰이 발포하여 다수의 사상자를 발생시킨 사건은 단순한 일화에 그치지 않는다. 이 사건은 미군정의 공산주의 탄압과 남한 내 우파들의 득세가 점차 분명해져 가는 시기, 따라서 좌우의 대립이 극에 달하던 시기의 긴장관계를 상징한다. 특히 이 해 제주도의 3·1 기념집회에서 경찰의 발포에 의해 14명의 사상자가 발생한 사건은 이후의 살인적인 공산주의 탄압으로 이어져 결국 1948년 4·3항쟁을 낳는 중요한 계기가 되었다.

10) 오기영, 「삼일 정신의 재인식」, 『새한민보』 1948. 3/『자유조국을 위하여』, 성각사, 1948, 182쪽.

11) '삼일'과 '기미'라는 기호는 서로 다른 정치적 입장에서 3·1 기념식을 준비하던 좌우 세력 각각을 구별하기 위해 이 시기 일반적으로 사용되었던 것으로 보인다. 예컨대 홍종인, 「정계와 언론과 정당」, 『新天地』 1946. 6, 25쪽 참조.

데, 그도 그럴 것이 오기영이 위 인용문을 쓴 1948년엔 이미 미군정 당국의 탄압에 의해 남로당이 지하로 잠적한 이후이며, 따라서 남한 내에서의 좌우대립이 남한과 북한의 대립이라는 일종의 체제 대립으로 굳어져 가던 시기였기 때문이다. 그렇다면 '기미=대한'과 '삼일=조선' 은 어떤 형태로 대립적인 차이를 보이며 3·1운동을 기념하고자 했는가?

'기미'가 직접적으로 지시하는 것은 다름 아닌 '기미독립선언'이다. 이 표현은, 1919년 3월 1일에 시작된 전 민족적인 저항운동의 핵심을 33인의 '기미독립선언'에서 찾고자 하는 우파의 정치적·역사적 입장을 징후적으로 드러낸다. 반면에 '삼일'은—독립선언 그 자체보다—그 해 3월 1일에 시작되어 전국적·민중적으로 확산되어 간 '저항운동'을 지시 하는 것으로 봐서 크게 틀리지 않을 것이다. '기미'/'삼일' 사이의 이 같은 미묘한 차이는 3·1운동에 대한 좌우의 역사적 평가를 통해서 더욱 분명히 드러난다.

우파는 3·1운동을 '성공적인 운동'으로 평가하면서 '우리 민족의 자주독립 역량을 전 세계에 알렸다는 것,' '임시정부가 수립되었다는 점,' '신문화운동, 계몽운동 등이 촉발되어 많은 성과를 올릴 수 있었다는 점' 등을 부각시켰다.[12] 반면에 좌파는 3·1운동이 실패했다고 평가하면 서, 그 실패 요인으로서 '노동자계급의 미성숙,' '토착자본가의 중도반단 적·타협적 태도,' '당의 부재,' '부르조아 민족주의자의 외세의존적 태 도,' '민족해방투쟁과 토지투쟁의 결합 부재' 등을 들었다.[13]

---

12) 『동아일보』 1946. 3. 2/지수걸, 앞의 글, 22쪽 참조.
13) 『해방일보』 1946. 3. 1/지수걸, 앞의 글, 21~22쪽 참조. 3·1운동을 실패한 것으로 평가하는 입장은 좌파 일반에 공통적이었던 것으로 보이는데(김오성, 「三一運動과 八·一五의 意義」, 『大潮』 1946. 7, 58쪽 참조), 이는 해방 이후의 시점에서 갑작스럽게 돌출된 것이 아니라 식민지 시기로부터 지속적으로 이어 지는 것이었다. 특히 해외에서 활동한 사회주의자들은 3·1운동을 "실천을

단적으로 말해서 3·1운동은 우파에게는 성공한, 좌파에게는 실패한 운동이었다. 이는 무엇을 뜻하는가. 우파에게는, 많은 희생이 뒤따랐음에도 불구하고 일제의 총칼 앞에서 용감하게도 독립의지를 과시했고, 그럼으로써 이런저런 긍정적인 결과를 성취했다는 사실이 중요했다. 반면 좌파에게는, 많은 희생이 있었음에도 불구하고 결국 운동은 독립을 쟁취하는 데까지 나아가지 못했고, 거기에 이런저런 역사적 한계와 오류가 작용했다는 사실이 중요했다.

이 입장의 차이가 내포하고 있는 시간관의 상이함을 염두에 두면서 해방 직후의 상황, 즉 자주적으로 해방을 쟁취하지 못한 상태에서 인정투쟁을 통해 권력의 정당성을 입증 받고 그 헤게모니 하에서 새로운 공동체를 구성할 필요성이 대두되던 상황을 고려해 다시 한 번 음미해 보자. 3·1운동에 대한 우파의 해석에는, 1920년대 문화정치로의 전환 이후 이루어진 근대적 변화를 '성공'의 정당한 부산물로 간주함으로써 식민지 치하에서의 자신들의 행보를 긍정하고, 무엇보다 '3·1운동－임시정부'의 정통성을 해방 조선에서의 자신들의 존립 기반으로 횡령하려는 전략이 작용하고 있다.[14] 이러한 해석은 승리자의 시간관을 전제하고 있다. 말하자면 현재는 과거의 열매이며, 그 열매를 소유함으로써 현재가 긍정

통해 극복해야 할 '실패한 운동'"으로 여겼고, 따라서 3·1운동을 기념하는 방식도 "실천적인 기념투쟁의 양상"을 띠었다. 최선웅, 「좌와 우, 그들이 기념한 3·1운동」, 『3·1운동 90주년 기념 학술 심포지움 : 3·1운동, 기억과 기념』, 역사문제연구소 외, 2009. 2. 26, 35쪽 참조.

14) 예컨대 최남선의 『조선민족운동소사』(1946)를 비롯한 우파 민족주의 계열의 역사 서술에 따르면 3·1운동에서 나타난 전 민족적 독립의지는 '상해임시정부'로 결정(結晶)된다. 이에 대해서는 임종명, 「탈식민 남한, 3·1의 표상과 경쟁, 그리고 설립 초기 대한민국」, 『3·1운동 및 5·4운동 90주년 기념 국제학술회의－1919년 : 동아시아 근대의 새로운 전개』, 성균관대학교 동아시아학술원, 2009. 2. 14, 135쪽 참조.

된다. 유관순을 비롯한 숱한 '영웅들'의 이야기는 기리고 받들고자 하는
그 '영웅들'에게 바쳐진 것이라기보다 사실 그 '영웅들'에 의해 지탱되고
있는 현재의 특정 공동체의 자기긍정을 위한 것이다.

이에 반해, 3·1운동에 대한 좌파의 역사적 평가는 '실패'의 교훈을
해방 직후의 '오늘'과 연결시키고자 한다. 즉 해방이 타율적으로 주어질
수밖에 없었던 '오늘'의 문제를 실패한 과거에 되비쳐 주체적으로 자각하
게 하고자 한다. 과거의 실패로부터 교훈을 얻음으로써 동일한 실패를
되풀이하지 않고 앞으로 나아가고자 하는 역사적 입장은 변증법적인
진보적 시간관에 입각해 있다. 진보는 부정운동을 통해 나아가는데,
이 부정운동은 과거의 부채를 주체적으로 짊어질 때 이루어질 수 있다.
따라서 아직 탕감되지 않은 부채를 해결하기 위해, 3·1운동이 지향했으
나 성취하지 못한 목표에 도달하기 위해 '오늘' '여기'에서 실천할 것이
요구된다. 다시 말해 그들에게 3·1운동은 미완의 혁명이며, 해방 조선에
서 3·1운동은 현재화 actualization 되어야 하는 것이다.

앞서 '기미'가 '기미독립선언'을 지시한다고 했다. 그 선언은 일본
제국주의**로부터 독립**하고자 하는 의지에 의해 성립된다. 따라서 부정적
인 방식으로 타자와 연루되어 있는 '기미'는 3·1운동을 **저항−반일**로
주제화한다. 그러나 일본은 패전했고 조선은 해방되었으므로 '저항−반
일'은 더 이상 현재적인 의미를 갖지 못한다. 따라서 3·1운동을 기념하는
행위는 '순국선열'을 애도하고 그들의 이름 위에서 해방 조선의 현재를
긍정하는 작업으로 환원된다. 이 긍정의 작업은 스스로를 민족의 재현자
(대표자)로 구축하고 비판자들을 민족분열분자로 배척함으로써 권력을
획득해 가는 그들의 정치적 행보와 합치한다.15)

---

15) 해방 이후 '대한민국' 성립 과정에서 강력한 이데올로기로 작동했던 민족주의의

이에 반해 '삼일'은 '반일'로 축소되지 않는 **저항-혁명**을 주제화하고 있다. '삼일'은 조선의 전 민중이 주체가 되어 식민지가 남긴 미완의 혁명을 완수해야 할 역사적 사명을 3·1운동으로부터 이끌어온다. 즉 "조선의 자주독립을 방해하는 이 일본 제국주의의 찌꺼기 친일파·민족 반역자와 파쇼 분자와의 힘 있는 투쟁을 통하여, 완전한 독립을 전취"16)할 때까지 3·1운동은 아직 완성된 것이 아니다. 이 혁명적 실천은 주어진 해방을 주체적인 해방으로 전환시킬 수 있으리라 믿어졌다.

3. 사건의 문학적 재현과 기억의 전략

3·1운동을 승리로서 기념하고자 하는 '기미'와 패배로서 기억하고자 하는 '삼일'은 문학적 형상 속에서 어떻게 전유되었는가? 이 절에서는 특히 좌우에서 3·1운동을 연극적으로 재현하고자 했던 시도들을 중심으로 그 문학적 전유와 의미화의 정치학을 검토해 보고자 한다.17) 해방

성격과 그 역사적 모순에 대해서는 임종명, 「여순반란 재현을 통한 대한민국의 형상화」, 『역사비평』 2003 가을호 참조.

16) 박헌영, 「3·1운동 제27주년 기념일을 맞이하여」(1946. 3. 1), 『조선 인민에게 드림』, 범우, 2008, 49쪽.

17) 3·1운동을 기념하는 희곡에 대해서는 이미 곽병창, 「세 편의 3·1절 기념 희곡에 대한 비교 고찰」, 『현대문학이론연구』 5, 1995와 정종현, 앞의 글이 분석한 바 있다. 곽병창은 함세덕의 「기미년 3월 1일」, 김남천의 「삼일운동」, 유치진의 「조국」의 드라마적 특성을 세밀하게 분석하면서, 주로 각 희곡들에서 나타나는 인물들 간의 갈등 양상과 작가의 현실인식에 초점을 맞췄다. 이 글에서도 이 세 작품을 텍스트로 다루겠지만, 극적 특성보다는 3·1운동이라는 과거의 역사적 사건을 '이야기'로 전환하고 정치적으로 전유하는 방식에 초점을 맞추고자 한다. 또한 정종현은 함세덕과 김남천의 희곡 외에 안회남, 박종화의 소설 등을 통해 3·1운동을 둘러싼 좌우의 표상정치를 포착하고자 했다. 그의 연구는 국가건설 기획과 직결된 좌우 양 진영의 심미적 대응방식의 차이에 주목하면서

직후의 격변하는 현실에 대해 서사적 거리를 취하기 어렵다는 역사적·
미학적 조건은 이 시기 시와 희곡을 대표적 장르로 부상하게 만들어
준다.18) 특히 루카치적인 의미에서 '운동의 총체성'의 제시를 장르적
속성으로 지니고 있는 희곡(연극)은 상호 대립하는 본질들의 투쟁이
빚어내는 역사적 의미를 심미적으로 숙고하게 만든다는 점에서 3·1운동
을 해방 직후의 정치적 공간에 기입하는 방식을 고찰하는 데 적합한
텍스트라고 할 수 있겠다.

김남천의 「삼일운동」, 함세덕의 「기미년 3월 1일」, 유치진의 「조국」은
모두 1946년에 씌어졌으며, 또한 모두 3·1운동을 기념하는 취지에서
연극으로 상연된 바 있다.19) 세 작품은 3·1운동의 기념과 기억이 중요한
정치적 의미를 갖고 있던 맥락의 공시성 속에서 산출되었으며, 더욱이
'기념'의 정치가 작동하는 현장에서 소비되었다는 공통점을 지니고 있다.

"새로운 민족국가의 주체가 누가 되어야 하는가라는 국가건설의 문제"(243쪽)를
중심에 두고 해방 직후의 3·1 표상을 선험적 민족주의, 계급주의, 통일전선적
입장으로 분류하고 있다. 그러나 3·1운동의 표상뿐만 아니라 3·1운동에 대한
기억은—선험적으로든 계급적으로든—'민족'을 구성하는 작업으로 모두 환원
될 수 없다. 각 계열의 주관적 기획과 무관한 역사적 규정성들을 보기 위해서는
민족주의적 작위성을 넘어서 텍스트의 내부 구조에 주목할 필요가 있다. 이
절과 다음 절에 이어서 이 부분을 중점적으로 다뤄보고자 한다.

18) 이러한 역사적·미학적 조건이 해방직후에 '공간적 특성'을 강하게 부여해
준다. 해방 직후의 현실 앞에서 시와 희곡이 부각된 사정에 대해서는 김윤식,
『해방공간 한국 작가의 민족문학 글쓰기론』, 서울대학교 출판부, 2006, 62~64쪽
참조.

19) 김남천의 작품은 1946년 2월 26일부터 개최된 조선연극동맹·서울신문사 공동
주최의 3·1기념 연극대회에서 공연되었고, 함세덕의 작품 역시 같은 연극대회
를 위해 준비되었으나 대회에서 상연되지는 못하고 4월 22일부터 26일까지
국제극장에 올려졌다. 또한 유치진의 작품은 조선연극문화협회가 주최하는
1947년의 3·1기념공연의 일환으로 시공관에서 상연되었다. 곽병창, 위의 글,
84쪽 참조.

이들 작품을 텍스트로 삼을 때, 해방 직후 특정한 사건이 문학적으로 재현되고 그를 통해 기억이 공유되는 방식들의 일정한 스펙트럼을 그려 볼 수 있을 것이다.

전체 3막 8장으로 이루어진 「삼일운동」은 작가인 김남천 자신의 고향 성천을 무대로 3·1운동이 전개되기 직전부터 시위, 탄압, 구금, 고문, 더 큰 저항으로 이어지는 일련의 과정을 보여주고 있다. 1막은 3·1운동 직전 기독교 계열 청년들과 천도교 계열 청년들의 갈등과 마찰이 심화되다가 만주에 망명하며 항일운동을 하는 고영구의 등장으로 3·1 거사 계획이 전달되면서 "모든 감정이나 교의와 주지의 차이를 넘어서……민족의 커다란 거사"[20]에 참여할 것이 결의된다. 2막에서는 시위 과정에서 일본 헌병의 발포에 의해 다수가 사망하고 제암리 사건을 연상하게 하는 교회 학살이 일어나며 체포된 이들에 대한 고문과 취조가 이루어진다. 또한 3막에서는 마을 사람들이 다수 죽거나 구금된 후 집에 나타난 고영구가 3·1운동을 민중운동으로 전개할 것을 역설하지만, 일본 헌병과 그 앞잡이에게 발각되어 도주하다 총에 맞아 사망하고, 분노한 군중들은 친일파 밀정 길호일을 처단하고 헌병대를 파괴하러 행진하면서 막이 내린다.

「삼일운동」에는 항일운동가부터 시골의 촌부까지 다양한 계층, 성, 세대가 등장하지만, 매 계기마다 결정적인 역할을 수행하는 주동 인물은 단연 고영구다. 그의 권위와 지도에 따라 세대·교파 간의 갈등과 알력은 봉합되고 민족 독립을 추구하여 일본에 맞선다는 공동전선 속에서 개별적인 지향들은 용해된다. 김남천이 작품 모두冒頭 작가의 말에 "태극기와

---

20) 김남천, 『삼일운동』, 아문각, 1947, 173쪽. 이하 인용은 본문에서 직접 쪽수 표시.

붉은 기"(152쪽)를 병치한 데서도 드러나듯이 「삼일운동」에는 명백히 해방 이후 민족통일전선 구축의 절실함을 일깨우고자 하는 의도가 깔려 있다. 군중시위 장면에서도 농민의 입을 통해 "조선민족통일 만세!"(199 쪽)라는 구호로 그 의도를 표현하고 있다. 3·1운동의 현장을 무대 위에 재현함으로써 민족과 민족의 적을 선명하게 구분하고, 공동체의 운명을 결정하기 위해 모든 개인들이 주체적으로 민족 내부에 들어올 것을 호소한다. 물론 이 민족이란 적 일본에 의해, 그리고 그 적과의 투쟁에 의해 경계가 만들어지는 정체성이라는 점에서 정치적 공동체이다. 여기 서 고영구는 민족적인 적/아를 구별하는 지표로 세워져 있다.

이렇게 고영구라는 항일 운동가를 중심으로 민족적인 적/아의 대립을 명시적으로 제시함으로써 「삼일운동」은 투쟁을 통해 강한 정치적 공동체 가 구성되는 과정을 보여준다. 그 공동체는 "개인의 사정을 종속시켜 야"(175쪽) 할 위기 상태에 처해 있을 뿐만 아니라, 투쟁에 참여하지 못한 이에게 무거운 죄책감을 불러일으키는 윤리적 경계를 가지고 있기 도 하다.[21] 흥미로운 것은 자신을 따라 해외로 떠나고자 하는 창현을 제지하면서 고영구가 다음과 같이 말하는 대목이다.

고영구 ……자네는 하늘이 이 동리 일을 수습하고 다시 장만하기 위해서 남겨 놓으신 거라고 나는 생각한다.……고향을 버리는 것은 첫째 잘못이 었고 고국을 버리고 해외로 가는 것은 둘째 잘못이었다. 우리의 싸움터와 일터는 고향에 있고 국내에 있다. 이것을 잊어서는 아니 된다. (257~258 쪽)

---

21) 예컨대 공교롭게 열병에 걸려 거사에 참여하지 못했던 창현은 "모두 총칼에 쓰러지구 가쳐서 고생허구 그러는데 나만 無爲無策하야 이러구 있"(250쪽)다는 죄책감에 일시적으로 불안하고 왜곡된 감정을 표출하기까지 한다.

극 전체에서 권위와 탁월성을 유지해 오던 고영구가 식민지 바깥에서 항일운동을 해 온 자신의 오류를 자기비판하는 대목이다. 이 발언은 임시정부 등 해외파들의 정통성 주장에 대한 우회적인 비판으로 들릴 뿐만 아니라[22] 3·1운동 이후 한반도 내에서 생활을 지속하고 살아남은 이들이 가지고 있었을 윤리적인 부담을 덜어주는 목소리로도 들린다. 물론 이 진술은 식민지에서의 삶을 긍정하기 위해 발화된 것은 아니다. 오히려 "소위 독립선언문의 서명한 사람들 중에 배신한 위인들이 있어서 거사는 점점 그들의 손을 떠나 민중 자신의 손으로 이루어지고 있는"(254 ~255쪽) 현실과 관련된 진술로 봐야 할 것이다. 즉 자신이 터 잡고 있는 생활의 현장을 쉽게 떠날 수 없는 민중들로부터 해방운동이 전개되어야 한다는 메시지를 던지고 있는 것이다.[23] 「삼일운동」은 이렇듯 민중운동을 통해 정치적 공동체에 대한 민중의 자각이 형성되어 가는 과정으로 3·1운동을 재현함으로써 해방 이후 '민족'의 새로운 통합을 '자주적 독립국가 건설'의 과제를 해결하기 위한 실천과 연결시키고 있다.

「삼일운동」이 민중적 관점에서 3·1운동을 재현하고 있다면, 함세덕의 「기미년 3월 1일」은 이른바 33인의 독립선언 준비와 학생들의 참여를 두 축으로 하여 1919년 3월 1일 만세운동이 벌어지기까지의 구체적인 정황을 재현하고 있다. 「기미년 3월 1일」에는 33인의 주요 인물들이

---

22) 3·1운동 기념 공연이 끝난 후 있었던 한 좌담회에서 김태진이 전달하는 관객의 반응을 보면, 이 장면이 제법 인상적이었던 듯하다. "김남천씨작 삼일운동의 마즈막 장면에 혁명투사가 국내서 싸호다가 해외로 가는 데가 잇다든데 그째 혁명가의 자기비판은 잇다 해도 망명객의 현실도피 갓치 보혓다두군요"(「좌담회 : 삼일기념공연과 연극의 긴급문제」, 『신세대』 1946. 5, 66쪽).
23) 김남천이 자신의 고향 성천을 '삼일운동'의 무대로 삼은 데에도 이와 같은 의식이 작용했을 것으로 보인다. 아울러 해방 후 문학운동의 장에서 김남천이 '대중화'에 역점을 두고 있었음은 주지의 사실이다.

실명으로 등장하고 있는데, 함세덕 자신이 그들 중 생존자를 탐방하고 치밀하게 자료를 조사하는 등 운동이 계획되고 선언서가 씌어지고 낭독되고 시위가 시작되기까지의 상황을 사실적으로 전달하는 데 노력했음을 알 수 있다. 전체 5막으로 구성된 「기미년 3월 1일」은 각 막마다 상대적으로 독립된 사건들이 시간 순서로 병치되다가 마지막에 3월 1일로 수렴되는 형식으로 짜여 있다. 제목에서 알 수 있는 것처럼, 1919년 3월 1일이 어떻게 탄생하게 되었는가를 보여주고자 한다. 1차 세계대전이 끝날 무렵 독일의 카이저에게 조선의 독립을 탄원하는 연판장을 보내려다 적발되어 헌병대로 끌려갔던 성화여학교 학생 정향현 등은 그 후 다른 학교 학생들과 연합하여 본격적으로 독립운동을 도모하는 과정에서 3·1 거사 계획에 참여하게 된다. 한편 최린의 집에서 최남선, 현상윤, 송진우 등이 거사를 준비하기 시작한 이후 학생들과 연대하면서 본격적으로 계획이 추진된다. 3월 1일 명월관에 모인 이른바 민족대표 29명은 선언방법 등을 둘러싸고 갈등을 빚는 등 혼란스런 분위기 속에서 결국 경무총감부 고등경찰과장의 임석 하에 선언문을 낭독하는데, 파고다 공원에서부터 만세소리가 들려오고 정향현 등은 헌병의 총탄을 맞고 숨진다.[24]

　「기미년 3월 1일」에서 '독립선언서 낭독'이라는 사건의 사실적 재현이 한 축을 이룬다면, 다른 한 축은 성화여학교 학생 정향현으로 대표되는 학생들의 저항적 실천이 차지한다. 함세덕은 마치 '정사正史'를 서술하려는 의지라도 있는 듯이 3·1운동 준비 과정을 세세하게 제시하고 있는데, 여기서 실제 역사에 등장하는 인물들과 허구적인 인물들이 뒤섞이며

---

24) 함세덕, 「기미년 3월 1일」, 노제운 엮음, 『함세덕 문학전집 2』, 지식산업사, 1996.

독특한 효과를 발생시킨다.

실존 인물과 허구적 인물, 33인으로 대표되는 지도층 인사들과 학생들의 활동이 서로 뒤얽히면서, 한편으로는 재현되고 있는 상황에 '사실성'의 가상이 짙게 드리우게 되고 다른 한편으로는 '알려진' 사실을 '알려지지 않은' 무수한 사건들이 떠받치고 있는 듯한 관계를 상상하게 된다. 비록 3월 1일 이후 운동이 지역·계층을 넘어 확대되어 가는 모습은 다루고 있지 않지만, 3·1 독립선언과 만세조차 몇몇 민족대표들에 의해 주도되었다기보다는 독립의지를 굽히지 않고 운동의 조직에 참여했다 결국엔 총탄에 스러져 간 수많은 학생들의 힘에 의해 가능했음을 보여준다. 지나치게 방대한 스케일과 파노라마식 사건 전개, 격정적인 연설조의 긴 대사 등이 극적 완성도를 떨어뜨린다고 평가되지만,25) 서로 상대적으로 독립되어 전개되어 온 사건들이 3·1로 귀착되도록 한 구성은 개별적인 저항의 실천과 활동이 전 민족적인 투쟁으로 수렴되리라는 기대를 함축하고 있다.

전달하고자 하는 구체적인 내용과 극 전개의 구성에서 큰 차이를 가지고 있음에도 불구하고, 김남천과 함세덕은 투쟁을 통해 구성되는 공동체적 정체성을 재현하는 방식으로 3·1운동의 기억을 소환하고 있다. 이러한 재현은 3·1운동을 저항─혁명으로 주제화하고자 하는 지향성 속에서 이루어진 것이며, 그 지향성은 제2의 8·15를 위해 새로운 통일전선을 구성해야 한다는 전략에 의해 방향잡힌 것이었다고 말할 수 있을 것이다.

반면에 우파 측의 기념공연을 위해 만들어진 유치진의 「조국」은 전혀 다른 3·1을 재현하고 있다. 「조국」 역시 「기미년 3월 1일」과 마찬가지로

---

25) 곽병창, 앞의 글, 105쪽 참조.

3월 1일을 향해 나아가는 구조로 이루어져 있다. 전문학교 학생 박정도는 구한국 군대가 해산될 때 자결한 시위侍衛 박승환의 외아들이다. 학생들 사이에서는 3·1만세운동을 준비하는 움직임이 있지만, 정도는 홀어머니에 대한 걱정으로 인해 거사 준비에 적극적으로 참여하지 못한다. 그러던 중 어머니를 속이고 만세운동에 참여하기로 결심했으나, 거짓이 탄로나 어머니와 충돌한다. 하지만 아버지의 뒤를 잇겠다는 아들의 말에 결국 어머니는 설득당하고 정도는 죽은 동료의 깃발을 들고 만세의 현장으로 달려간다.

「조국」은 3·1운동이라는 사건을 재현하고 있음에도 불구하고 극 내부의 대립축이 조선민족/일본(헌병)이 아닌 어머니/정도/(혁으로 대표되는)친구들로 이루어져 있다. 일본 헌병은 집안을 감시하고 탐문하는 역할로 잠시 등장한 후로는 극의 결말 부분에서 주인공인 정도에게 제압당해 강제로 만세를 제창하는 희화화된 형상으로만 등장할 뿐이다. 극 전체를 지배하는 대립과 갈등은 만세운동을 만류하는 홀어머니와 만세운동을 조직하고 있는 친구들 사이에서 번민하는 정도를 통해 드러난다. 가족의 만류나 심려가 부차적인 에피소드 정도로밖에 등장하지 않는 「삼일운동」과 「기미년 3월 1일」에 비교해 볼 때, 「조국」을 움직이게 하는 동력은 특이하다. 좌파 계열의 희곡 텍스트가 일본(헌병)이라는 적대적 타자와의 대립을 통해 구성되는 공동체적 정체성을 재현하고 있다면, '가족애'(효)와 '대의大義'(충) 사이의 갈등을 통해 구성되는 정체성은 무엇이 될 것인가.

갈등의 구조를 고려할 때 「조국」의 긴장의 핵심은 정도가 가족애/대의, 효/충 사이에서 '무엇을 선택할 것인가'에 있다. 말을 바꾸자면 「조국」이 재현하는 3·1운동은 근본적으로 '선택 가능성'에 열려 있는 것처럼 보인다. 하지만 긴장을 빚어내는 선택 가능성은 사실상 처음부터 닫혀져 있었다. 정도는 의사義士의 아들, 죽음으로써 구한국에의 '충'을 다한 군인의 아들인 것이다. 그는 처음부터 '충=효'의 세계에 존재하고 있었다. 그러므로 표면적인 어머니와의 갈등이 다음과 같이 비약적으로 해소되는 것도 무리는 아니다.

어머니 (화가 나서) 그래도 그예 가야겠단 말이냐? 굳이 네가 가려거든 그럼 이 에미를 죽여 놓고 가거라!

정도　어머니, 이걸 보세요. (붕대로 싸맨 손가락을 뵌다) 이미 동무들과 같이……

어머니 (어이없는 듯) 그럼 연필 깎다가 비었단 말은……거짓말이었더냐?

정도　저는 이미 동무들과 같이 피로써……

어머니 (자기의 가슴을 치며) 에이!

정도　어머니, 오늘의 싸움에 제가 빠진다면 저는 저승에 가더라도 아버지를 뵐 면목조차 없어지고 맙니다. (흐느낀다)

어머니 (결심한 듯) 그럼 가거라. 네 결심이 그렇다면 사내답게 나아가서 이 태극기를 휘둘러라.

…(중략)…

어머니 사내 대장부로 태어나서 제 나라 제 백성을 위해서 죽는 것밖에 더 떳떳한 일이 어딨더냐? 이건 에미의 자랑이자, 이 나라의 자랑이다. 걱정마라. 내 명이 붙어 있을 때까지 너 죽은 걸 난 노래하며 팔도강산을 돌아다니겠다.[26]

---

26) 유치진, 「조국」, 『동랑유치진전집 1』, 서울예대 출판부, 1993, 274쪽. 이하 인용은 본문에서 직접 쪽수 표시.

충이 곧 효이며, 효가 곧 충인 정도에게 어머니와의 갈등은 거짓 갈등이었다. 「삼일운동」과 「기미년 3월 1일」이 공동의 적 앞에서 세대간, 종교간의 갈등을 봉합하는 방식으로 공동체적 주체의 구성을 보여줬다면, 「조국」은 근본적인 갈등 없이 아버지에서 아들로 이어지는 동일성의 반복을 보여준다. 게다가 그 동일성은 '충'의 이념 속에서 형성되어 '영웅주의적 전위의식'으로 나아간다. 위 인용문에서 어머니의 입을 통해 "제 나라 제 백성을 **위해서** 죽는 것"의 가치가 역설되고 있거니와, 정도 자신 역시 아버지의 죽음을 분통해하며 "불초 소자는 아버지의 이 원수를 갚아, 우리 2천만 민족을 죽음의 길에서 **구원해 내고야** 말겠습니다"(265~266쪽, 강조는 인용자)라고 다짐한다.

이렇게 볼 때, 이미 처음부터 '충=효'의 세계 속에 완결된 인물 정도가 '충/효'의 거짓 갈등을 통해 극 속에서 보여주는 것은 '영웅' 또는 '대표자'로서의 정체성이라고 할 수 있을 것이다. 다양한 성·세대·계층이 투쟁에의 참여를 통해 공동체를 경험하게 되는 좌파 계열의 희곡과는 달리, 「조국」은 완결된 세계 속에만 존재할 수 있는 '영웅' 또는 '대표자'를 제시함으로써 모든 있을 수 있는 갈등과 분열을 사전에 차단하고 있다. 즉 처음부터 민족을 구원하기 위해 스스로를 내던질 운명에 처해 있는 '영웅' 또는 '대표자'는—적어도 '그의 세계'에서는—자신이 구원하고자 하는 대상과 이념적으로 분리되어 있지 않으며 분리되어서도 안 된다. 따라서 이른바 33인의 '민족대표'의 그 누구도 등장하지 않지만 「조국」은 3·1운동을 민족을 위해 희생한 대표자들의 이야기로 기억하고 있다고 할 수 있을 것이다. 갈등과 분열을 모르는 대표자representatives가 주어가 되는 이야기 속에서 3·1운동에 참여했던 다수의 민중들은 오직 대표자를 통해 재현represent되어야 하는 존재로 대상화된다.

4. 기억의 공유와 사건성

앞서 3·1운동에 대한 좌우 양 계열의 역사적 평가가 패배/승리로 구별된다고 언급한 바 있다. 이는 앞 절에서 다룬 세 편의 희곡을 통해서도 우회적으로 확인된다. 「삼일운동」과 「기미년 3월 1일」에서는 극 속에서 주동적인 역할을 해 오던 인물들이 결국 일본 군경의 총탄에 목숨을 잃는다. 이에 반해 「조국」은 주인공 정도가 일본 헌병의 칼날에 희생당한 친구 혁의 기를 대신 들고 선두에서 시위대열을 이끌어가는 장면으로 막을 내린다. 더욱이 「조국」에서는 주인공이 일본 헌병을 힘으로 제압하기까지 하며, 그에게 강제로 만세를 부르게 시켜 모두의 웃음거리로 만든다. 이 차이는 3·1운동의 기억에 서로 다른 깊은 인상을 부가하며, 아울러 연극이 공연되고 있는 해방 직후의 현실 속에서 상이한 효과를 파생시킨다.

무엇보다도 「삼일운동」과 「기미년 3월 1일」은 3·1운동을 폭력과 죽음으로 기억한다. 독립과 해방을 위해 투쟁했지만 압도적인 적의 무력 앞에서 비참하게 죽어간 자들을 제시함으로써 그 장면을 목격하고 있는 해방직후의 관객들을 일종의 '비애와 분노의 공동체'로 결속시킨다. 이 감정적 공동체 속에 진입함으로써, 저마다 직접·간접으로 3·1운동과 관련되었을 관객들의 개인적 기억은 분노와 회한의 감정으로 정서화된다. 구체적으로 말하자면, 조선을 식민지화하고 그에 저항했던 수많은 이들의 목숨을 앗아간 일제와 그 협력자들에 대한 분노, 그리고 그들에 의해 죽임을 당했던 이들에 대한 그리움과 안타까움, 나아가서는 그들의 희생이 있었음에도 불구하고 오랫동안 식민지 상태에 처해 있던 세월에 대한 회한 등의 감정이 수반된다. 여기서 중요한 것은 이 감정들이 연극으로 재현되는 현장에서 환기된다는 점이다. 사건을 과거형으로 언어화하는 소설적 서사가 그 사건을 하나의 '경험'으로 전환시킨다면[27], 연극은 사건을 현재형으로 회귀시키는 데 적합한 장르다. 무대 위에 재현되는 과거의 저항과 폭력과 죽음은 분노와 회한의 감정을 현재적인 것으로 되살아나게 한다. 이를 통해 타율적인 해방 이후 한반도에서 벌어지고 있는 일련의 사태들을 '3·1운동의 시선'으로 바라보도록 촉발할 수 있다.

이에 대해 「조국」은 3·1운동을 영웅적인 결단으로 기억한다. 개인적인 번민을 극복하고—사실 근본적으로는 번민 없이—충과 효, 공적인 것과 사적인 것, 전체와 개인을 통합한 영웅적 주인공이 적을 압도하고 시위를 주도하는 모습이 환기하는 감정은 통쾌함이다. 비록 희생이 있었지만, 영웅적 주인공이 군중을 이끌고 무대 뒤로 사라지는 장면을 통해 관객들은 3·1운동의 어떤 핵심이 해방 직후인 당대까지 이어지고 있다는 암시를 받을 수도 있다. 특히 강요당한 만세를 외치는 일본 헌병을 함께 조롱할 때 통쾌함은 절정에 도달하리라 기대된다. 공연 현장에서 이 감정이 환기하는 공동체가 형성된다고 한다면 그것을 '환희의 공동체'라고 명명할 수 있을 것이다. 일본 헌병을 조롱하며 웃을 수 있는 것은 승리한 자의 여유가 전제되어 있기 때문이다. 동시에 그 웃음에는 식민지 상태로부터 해방된 현재를 긍정하는 태도가 드러나 있기도 하다. 이 웃음은 1919년 3월 1일 이후 수십 년간 이어졌던 고통과 죽음을 일거에 뒤덮어버리기 때문이다. 이런 점에서 「조국」은 일본의 패전과 조선의

---

27) 오카 마리, 『기억·서사』, 김병구 옮김, 소명출판, 2004, 55~56쪽 참조. 오카 마리는 직접 소설의 서사적 특징을 언급하지는 않는다. 그러나 어떤 사건을 '과거의 일'로서, 하나의 '경험'으로서 이야기할 수 있는 자는 그 사건과 서사적 (narrative) 관계를 맺고 있다고 말할 수 있을 것이다.

해방 이후의 시선으로 3·1운동을 바라보게 한다.

3·1운동 기념 공연에 바쳐진 희곡 텍스트들을 통해 볼 때, 좌파 계열이 3·1운동의 시선으로 해방 조선을 응시하고자 한다면, 우파 계열은 해방 조선의 시선으로 3·1운동을 대상화하고 있다고 말할 수 있을 것이다. 물론 좌파 계열이 3·1운동의 시선을 전유하고자 했다 하더라도 그 시도가—과거의 "사건을 특수하게 하며, 종결 불가능하게 하고, 예측 불허의 다양한 가능성에 열어놓는"28)다는 의미에서—'사건성'을 기억하는 탁월한 방법이었다고 볼 수는 없다. 적/아의 선명한 구분을 통해 민족을 새롭게 재구성해야 한다는 해방 직후의 정치적 의제가 이미 작용하고 있었기 때문이다. 따라서 "상실된 대상의 어찌할 수 없는 타자성이 합체의 과정을 통해 중화되어 버리지 않고 보존되어 있는"29) 상태를 기대할 수는 없다. 즉 미래의 공동체를 지향하는 진보적 시간 속에서 좌절된 혁명을 좌절된 혁명 그 자체로 반성하기를 바랄 수는 없다. 그러나 과거의 혁명운동이 좌절된 장소에서 그 좌절의 의미를 되묻도록 하는 방식, 그 의미를 현재와의 관계 속에서 묻도록 하는 방식은 적어도 과거로부터 현재를 비판할 수 있는 역사적 잠재력의 일부를 구출해낼 수 있다. 나아가 분노와 회한의 감정이 현재화됨과 더불어 3·1운동의 트라우마적 기억traumatic memory이 환기될 가능성도 존재한다. 그것은 해방투쟁의 의지를 고양시킬 수도 있지만 신체에 각인된 폭력의 공포를 일깨울 수도 있다는 점에서 작품의 이데올로기적 지향이나 당대의 정치적 의제로 완전히 수렴될 수 없는 것이다.

---

28) 게리 솔 모슨·캐릴 에머슨, 『바흐친의 산문학』, 오문석·차승기·이진형 옮김, 책세상, 2006, 413쪽.

29) Martin Jay, "Walter Benjamin, Remembrance and the First World War," *Benjamin Studies 1: Perception and Experience in Modernity*, New York, Rodopi B.V., 2002, p.199.

이에 반해 해방 조선의 시선으로 3·1운동을 대상화하고 있는 「조국」은 해방의 '환희'를 과거의 사건에 투사한다. 따라서 3·1운동은 미래의 승리를 앞서 보여주거나 필연적인 해방을 예언하는 사건으로서 자리매김된다. 그러나 그럼으로써 3·1운동이 전국적인 규모로 치열하게 전개되었음에도 불구하고 독립은커녕 만주사변, 중일전쟁 등을 거쳐 식민지 전시총동원체제가 강화되는 길로 나아갔던 과거는 완전히 망각되고 만다.[30] 3·1운동 과정에서 죽어간 자들은 해방 조선을 알지 못한다. 그리고 그렇게 알지 못하는 채로 영원히 불면한다. 그런데 「조국」은 그들을 '해방조국'의 일원으로 끌어들이고 있는 것이다. 이렇듯 과거의 죽은 자의 얼굴facies hippocratica을 현재의 시점에서 현재에 친숙한 모습으로 되살리는 방식은 남겨진 자들의 트라우마를 방어기제 내부로 봉인시킴으로써 공동체의 특정한 동일성을 존속시키려는 시도에 해당될 것이다.

그리고 이러한 봉인 작업은 3·1운동을 촉발시켰던 두 외인外因, 즉 러시아 혁명과 민족 자결주의 중 하나를 지우는 작업이기도 했다. 즉 우파계열에 의해 3·1운동이 저항—반일로 주제화되면서 저항—혁명의 측면은 부정되거나 억압되어야 했던 것이다. 1948년 단독정부가 수립되고 남북분단이 고착된 이후, 나아가서 1949년의 중국 공산화와 1950년의 한국전쟁을 거친 이후, 이러한 봉인 작업은 기억과 기념 속에 폭력의 구조로서의 냉전이 내면화되도록 하는 과정이었다.

---

30) 이곳에서 3·1운동에 대한 특정한 기념과 기억이 해방 이후의 현재를 긍정할 뿐만 아니라 식민지 말기의 '협력'의 기억을 중화시키는 역할을 수행하기도 했던 맥락을 이해할 수 있을 것이다.

참고문헌

■ 기초 자료

『조선일보』, 『동아일보』, 『해방일보』, 『신천지』, 『대조』, 『신세대』

김남천, 『삼일운동』, 아문각, 1947.

박헌영, 『조선 인민에게 드림』, 범우, 2008.

오기영, 『자유조국을 위하여』, 성각사, 1948.

유치진, 「조국」, 『동랑유치진전집 1』, 서울예대출판부, 1993.

함세덕, 「기미년 3월 1일」, 노제운 엮음, 『함세덕 문학전집 2』, 지식산업사, 1996.

■ 연구논문 및 단행본

곽병창, 「세 편의 3·1절 기념 희곡에 대한 비교 고찰」, 『현대문학이론연구』 5,
    1995.

권명아, 「냉전의 신체 조형술과 191931」, 『1919. 3. 1 : 주체·문화·기억－3·1운
    동 90주년 기념 국내전문가 집중토론회』, 성균관대학교 동아시아학술원 인문
    한국사업단, 2009. 3. 21.

김민환, 「한국의 국가기념일 성립에 관한 연구」, 『한국학보』 99, 2000.

김윤식, 『해방공간 한국 작가의 민족문학 글쓰기론』, 서울대학교출판부, 2006.

박용재, 「해방기 자기서사와 주체성 복원의 기획」, 동국대학교 석사학위논문, 2009.

신형기, 『해방직후의 문학운동론』, 화다, 1988.

이혜령, 「'해방기' 식민기억의 한 양상과 젠더」, 『여성문학연구』 19, 2008.

임종명, 「여순반란 재현을 통한 대한민국의 형상화」, 『역사비평』 2003 가을호.

임종명, 「탈식민 남한, 3·1의 표상과 경쟁, 그리고 설립 초기 대한민국」, 『3·1운동
    및 5·4운동 90주년 기념 국제학술회의－1919년 : 동아시아 근대의 새로운
    전개』, 성균관대학교 동아시아학술원, 2009. 2. 14.

정종현, 「3·1운동 표상의 문화정치학」, 『한민족문화연구』 23, 2007.

지수걸, 「3·1운동의 역사적 의의와 오늘의 교훈」, 한국역사연구회·역사문제연구
    소 편, 『3·1민족해방운동연구』, 청년사, 1989.

최선웅, 「좌와 우, 그들이 기념한 3·1운동」, 역사문제연구소 외, 『3·1운동 90주년
    기념 학술심포지움 : 3·1운동, 기억과 기념』 2009. 2. 26.

Martin Jay, "Walter Benjamin, Remembrance and the First World War," *Benjamin Studies 1: Perception and Experience in Modernity*, New York, Rodopi B.V., 2002.

게리 솔 모슨·캐릴 에머슨,『바흐친의 산문학』, 오문석·차승기·이진형 옮김, 책세상, 2006.

오카 마리, 김병구 옮김,『기억·서사』, 소명출판, 2004.

전후 문단에서 전통과 현대성의 대립

오 문 석

1. 머리말

이 글의 목적은 전후 문학 비평에 나타난 전통과 현대성에 대한 인식을 통해 양자의 관계를 규명하는 것이다. 흔히 근대 문학을 정리하는 지배적인 관점으로 '전통 지향성'과 '모더니티 지향성'의 양극을 설정하는 경우가 있다. 이는 식민지 시대로부터 해방 이후까지 널리 통용되는 관점이기도 하다. 이러한 관점에 따르면 한국의 근대(현대) 문학은 '전통'과 '모더니티'(근대성/현대성)라는 두 가지 상반된 충동의 교차적 지배 혹은 적대적 공존 속에서 형성된 것이다. 그러므로 매 시기마다 용어는 달랐지만 '전통'과 '모더니티'라는 이항 대립적 개념이 생산되고 그것이 그 시기의 문학적 쟁점이 되는 경우가 많다.

특히 한국전쟁 직후에 이르러 그러한 갈등은 전면전의 양상을 보이고 있으며, 그것은 문학사에서도 매우 드문 현상으로 기록된다. 전통과 모더니티 담론의 심화와 분화가 활발하게 이루어졌다는 것은 그 시대가 그만큼 격변기이자 이행기였다는 것을 간접적으로 말해준다. 겉으로 보기에 전후의 '전통' 담론은 해방 직후부터 문학 담론에서 압도적인 우세를 점하던 '모더니티' 지지자들(=신세대들)에 대한 구세대들의 대응 방식인 것처럼 보인다. 전통 담론이 1955년에 이르러서 갑작스럽게 확산되기 시작하여 그 후 2~3년간 순식간에 지배적인 담론으로 정착하는 과정은 그러한 의혹을 불러일으킬 만하다. 한국전쟁을 전후로 해서 모더니티 지지자들이 다시 등장했다는 사실은 해방 이후 문단의 주도권을 장악한 김동리와 서정주를 중심으로 하는 보수적 민족주의자들에게는 모처럼 찾아온 도전적 현상이었을 것이다. 특히 '후반기'를 중심으로 하는 모더니티 지지자들의 '전통' 비판은 당시 문단의 '정통성'마저도 흔드는 급진적인 데가 있었다. 이러한 전제 하에 비록 명백히 표면화되지는 않았지만 전통과 모더니티의 관계를 둘러싼 담론 전체의 테두리를 가리켜서 여기서는 '전통 담론'이라 칭하고, 그 담론의 구도를 확인하고자 한다.

우선 이 글에서는 전후 비평에서의 전통과 모더니티의 관계를 입체적으로 조명하기 위해서 다음과 같은 접근법을 취하려 한다. 첫째 전통과 모더니티의 관계를 재구성할 수 있는 담론장을 설정한다. 전통과 모더니티는 특별한 담론장을 배경으로 하여 매번 다른 방식으로 관계를 맺는다. 그것을 여기서는 각각 ① 고전문학과 현대문학, ② 민족문학과 세계문학, ③ 근대문학과 현대문학으로 표기하려 한다. 그 각각의 담론장을 배경으로 하여 전통과 모더니티가 서로 다르게 관계맺는 방식에 대한 해명이 이 글의 초점을 이룬다. 둘째, 전후의 전통 담론에 내재하는 식민지적 무의식을 조망하고자 한다. 전통과 모더니티의 대립이 근대 이후 지속되었다는 사정을 감안한다면, 전통 담론은 사실상 식민지 시대의 지배적 담론과 연결될 수밖에 없다. 따라서 식민지 시대에 전통 담론의 발원지였던 민족주의 혹은 동양주의 담론과의 관련성을 살필 필요가 있다. 식민지 시대의 담론과 해방 이후 담론의 연속성을 고려할 것이다. 셋째, 전후에 전통과 모더니티의 대립적 관계를 중재하는 부류의 입장에 주목하고자 한다. 전통 담론이 근대문학의 정통성에 연결된다는 점을 주목하고, 근대문학의 정통성에서 현대성 혹은 세계성의 발판을 마련하고자 하는 입장의 미묘한 차이를 정리하고자 한다. 이 과정에서 전후 민족문학의 보수적 분위기를 벗어나는 진보적 경향이 드러날 것인데, 이들은 이후 진보적 민족문학 및 진보적 모더니즘의 단초로 기능하게 될 것이다. 이를 통해서 1950년대와 1960년대로 이어지는 문학사적 연속성의 흔적을 발견할 수 있을 것이다.

2. 전통과 모더니티의 담론장

앞서 말했듯이 전후의 전통과 모더니티 담론은 그것이 작동하는 담론장의 상황에 따라서 다른 방식으로 관계를 맺는다. 예컨대 '전통(문학)'이라는 용어는 각각 '고전문학', '민족문학', '근대문학'과 유사한 개념으로 사용된다는 것이다. 그러므로 전통이라는 용어의 의미는 각각의 유사 개념들이 상대하는 상관 개념들(차례로 '현대문학', '세계문학', '현대문학')과의 관계 속에서 재규정된다고 하겠다. 지금까지는 이와 같은 담론장을 설정하지 않은 채로, 단지 그 용어가 사용되었다는 것만으로 '전통'을 일률적으로 이해하려 했으며, 그것이 수많은 오해의 원인이 되었다. 예컨대 '고전문학과 현대문학'에서 사용되는 전통과 '근대문학과 현대문학'에서 등장하는 전통은 확연히 다르다. 전자의 경우 '전통'은 '전근대적 성격'이 크게 강조된다면, 후자의 경우 '전통'에서는 '근대적 성격'이 두드러진다. 전자에서 전통주의는 근대(문학)에 대한 비판의 성격이 있지만, 후자의 전통주의는 근대(문학)에 대한 옹호를 뜻하는 것이 된다. 이처럼 맥락에 따라서 전혀 이질적이고 때로는 정반대되는 의미로 쓰일 수 있기 때문에 각각의 용어가 배경으로 하고 있는 담론장을 중시할 필요가 있다.

1) 고전문학과 현대문학

전후의 전통 담론에서는 '전통' 못지않게 '고전'이라는 용어가 자주 등장한다. 일반적으로 그것은 '낭만적'에 대립하는 의미에서 '고전적'이라는 뜻으로 사용되지만, 전후 비평에서는 '현대문학'에 대립되는 '고전문학' 일반을 가리키는 용어로 자주 사용되었다. 다시 말해서 현대문학에 대립되는 고전문학 일반을 가리키는 '문학사적인 의미'에서 사용된 개념이다. 전후의 전통 담론에서는 이태극, 정병욱, 조윤제, 이희승 등 대학에서 고전문학을 연구하는 국문학자들의 개입이 잦았다. 식민지 시대부터 현대문학 연구가 현장비평가에게 맡겨진 당시의 국문학계 풍토를 고려한다면 '고전문학'이란 표현은 그 자체만으로도 '국문학'을 상징하는 것이다. 그러므로 '고전문학'을 크게 강조하는 국문학자들의 발성은 해방 이후 크게 주목받게 된 '국문학'의 위상을 대변하는 것이기도 하다. 이들국문학자들에 의한 '전통 옹호'는 사실상 국문학이라는 분과학문의 위상에 대한 재확인이면서, 고전에서 현대까지 이어지는 일국문학사의 연속성을 확인함으로써 한국문학의 '정체성'을 강조하려는 뜻을 포함한다. 서구문학의 모방이라는 비난 속에서 '정체성' 상실에 직면한 전후 문단을 향해 그들은 '전통' 담론의 틈바구니에서 '국문학'의 '정체성'을 옹호했던 것이다.

이들에게 있어서 전통이란 비교적 '객관적' 실체로서 실존한다는 인식이 강하다. 우선 고전문학이라는 물리적 대상으로 존재할 뿐만 아니라 그것들을 관통하는 정신적 실체로서 존재한다는 믿음이 있다.

> 우리 문학의 전통의 줄거리는 주체성의 견지에 있었고 그 표현형태는 '멋'에 있었다. 그런데 이 주체성의 견지란 곧 외래문화를 신속하고 다각적으로 받아들이기는 하였으되 언제나 우리의 생리와 체질에 맞도록 그 원형을 '데포름'하여 받아들였다는 우리의 태도를 말함이었다. ……그러기 때문에 논자에 의하여는 우리 문학을 중국 문학의 식민문학으로 보지 않을 수 없다는 비관적인 결론을 내리는 사람까지도 있게 마련이다.……덮어놓고 외국문학을 '수박겉핥기'로 추종할 것이 아니라 우리의 필요에 응하는 냉철한 비판과 반성을 거쳐서 단순한 '모방'이나 '번안'의 경지를 넘어서 새로운 것을 창조해내는 훈련을 또한 쌓지 않으면 안 된다.[1]

이 글에서도 드러나는 것처럼 고전문학은 언제나 '중국문학의 식민문학'이라는 의심에서 자유로울 수 없었다. 식민지 시기에도 중국문학으로부터의 해방을 진정한 근대문학의 조건으로 생각한 사람들이 많았던

---

1) 정병욱, 「우리 문학의 전통과 인습」, 『사상계』 58. 10.

것처럼, 중국문학은 한국(고전)문학의 정체성 형성에 있어서 커다란 장애 요인이었다. 해방 이후에는 중국문학에서 한국문학을 구제할 사명은 대부분 '국문학자'에게 넘겨졌다. 그러므로 고전문학의 진정한 상대는 '중국문학'이었던 것이다. 중국문학과 고전문학의 지배/종속 관계를 이론적으로 탈피하기 위해서는 먼저 한국의 고전문학이 중국문학의 '주체적 모방'(=데포름)이었음을 증명할 필요가 있었다. '전통'이란 바로 '주체적 모방'이라는 방법 속에 이미 내재하는 것이다. 그런데 그들의 눈에는 중국문학과 한국(고전)문학의 관계가 서구문학과 한국(현대)문학 사이에서 반복되는 것처럼 보였다. 서구문학의 수용은 이미 어쩔 수 없는 필연성에 속해 있었다. 그러므로 '주체적, 창조적 모방'이라는 정신적 전통의 강조는 한국(현대)문학을 구제하여 일국문학사의 연속성을 보존하려는 '국문학계'라는 제도권의 최소한의 개입이었던 것이다.

2) 민족문학과 세계문학

전후에는 '전통' 못지않게 '세계'라는 단어가 크게 유행하였다. 두 번에 걸친 '세계대전'을 통해서 유명해진 '세계'라는 단어는 한국전쟁을 계기로 해서 한국인들의 가슴에 새겨졌다. 심지어 조용만은, "6·25 동란은 우리에게 헤아릴 수 없는 재난과 불행을 가져왔지만", "'코리어' 라는 이름을 널리 세계에 선전하여 준 것"[2]만은 틀림없다고 말한다. 전후에 이르러 사람들은 마치 서구문학의 수용을 당연하게 받아들이는 것처럼, 한국문학이 세계에 알려지고 널리 인정받아야 한다는 사실을 크게 중시했다. 여기에서 '전통'은 과거적 성격을 갖는다기보다는 세계라

---

2) 조용만, 「한국문학의 세계성」, 『현대문학』 1956. 11.

는 평면에서 공간적 차이를 표시하는 ‘지방색’에 가깝게 된다. 앞서서 국문학계의 전통이 연속성과 동일성(정체성)을 강조하는 것이라면, 여기서는 전통은 ‘차이’의 의미로 받아들여졌다. 국문학계의 전통은 그 자체만으로도 차이를 표시하는 기호였지만, 여기서는 차이를 통해서 사후적으로 획득되는 동일성의 다른 이름이 전통이다.

> 한국문화가 자기를 지킨다고 해서 지나치게 자리를 둘러싸거나 또는 부질없이 바깥을 두려워하거나 해서는 안 됩니다. 자기를 지킨다는 것은 본래 남을 만나고 남 속에서 남과 어울리면서 자기를 이지러지지 않은 둥근 자기로 짜나아가는 것으로서 처음부터 남을 만나지 않는다고 하면 자기를 지키는 일조차 있을 수 없고 또 지켰댔자 그것은 전연 아무런 의미도 가져오지 못하고 맙니다.……그런데 남을 만나지 않고 남에 매개되지 않고 자기를 새로 일으킬 일이 가능하겠습니까.3)

이 글에서처럼 자기의 정체성은 이미 내재되어 있는 것이 아니라 외부와의 부단한 만남을 통해서 비로소 정립되는 것이다. 즉 민족문학(혹은 민족문화)의 전통이란 세계문학과의 부단한 접촉을 통해서 형성되는 어떤 것이다. 이때 세계문학과 민족문학의 불가분성을 해명하기 위해서 사람들은 ‘가장 민족적인 것이 가장 세계적인 것’이라는 괴테의 진술을 반복해서 인용하고 있다. 그런 뜻에서 괴테의 ‘세계문학’ 개념은 엘리엇의 ‘전통’ 개념과 더불어 전후 비평에서 가장 많이 언급된 전거로 기억될 수 있다.

그러나 한국문학이 세계문학과의 부단한 접촉을 통해 비로소 민족문학으로 성장할 수 있다는 생각에는 세계문학과 한국문학의 격차에 대한

---

3) 김기석, 「민족문화와 그 이상」, 『협동』 1953. 4.

인식이 깔려 있다. 이때의 세계문학이란 곧바로 '서구문학'을 가리키는 것이기 때문에 세계문학과 민족문학의 관계에는 서양에 대한 동양인의 오리엔탈리즘이 깔려 있다. 여기에서는 명시적으로든 암시적으로든 아시아적 정체停滯 의식이 빈번히 등장하게 된다. 이때 전통은 숙명적인 자기부정의 과정을 통해 주어진다.

> 서구에서는 근대를 어떻게 넘어서느냐가 역사의 과제가 된데 반하여 아세아는 어떻게 해서 근대화로 들어가느냐 하는 것이 과제가 된 것이다.……그런고로 민족적 시력의 초점을 전 세계의 정신적 시력과 국제적 시점으로 높일 수 있는 가능성도 성립할 수 있는 것이다. 서장에서도 말했거니와 오늘의 전세계의 정신적 시력의 초점은 민족과 민족과의 연립체를 구성하는 데 있으며 이는 전 세계적인 정신적 시력과 국제적인 시점을 지향하는 데 있는 것이다.4)

아세아가 근대의 단계에 진입한 순간 서구는 이미 탈근대의 입구에 들어섰다는 것은 아세아와 서구의 시간적 격차를 상징적으로 말해준다. 아세아는 서구의 과거이고 서구는 아세아의 미래이다. 과거와 미래의 동시적 공존으로 존재하는 세계 속에서, 위의 필자는 그 시간적인 격차를 최소화하는 방법으로 정신에 있어서 '국제적 시력'을 강조한다. 끊임없는 자기부정을 통해서 세계문학의 대열에, 일개 민족문학으로 참여하는 것이 민족문학의 확립이요 과제인 것이다. 그러므로,

> 세계문학의 일환이 될 수 있는 '민족의 문학'이라야 진정한 민족문학이라는 것이다. 모든 민족은 문학을 가졌다고 할 수 있다. 그러나 그 모든

---

4) 김양수, 「민족문학 확립의 과제」, 『현대문학』 1957. 12.

민족의 문학이 그대로 모두 세계문학이 될 수는 없는 것이다. 그러나 모든 세계문학은 그것을 산출한 모든 민족의 민족문학인 것이다. 그러므로 어느 한 민족이 그들의 민족문학을 수립시켰느냐 못했느냐 하는 문제는 그 민족이 그 민족 고유의 문학을 가졌느냐 못가졌느냐 하는데 있지 않고 그 민족이 진실로 자기의 것으로써 세계문학이라고 세계가 (세계의 교양있는 인류가) 인정할 수 있는 문학을 가졌느냐 가지지 못했느냐 하는 데 있는 것이다.[5]

다시 말해서 진정한 '민족의 문학'이란 곧 '세계적 문학'을 가리킨다. 모든 민족문학이 세계문학인 것은 아니지만, 모든 세계문학은 민족문학이다. 세계문학이야말로 민족문학 여부를 측정하는 높이와 척도이다. 이와 관련하여 혹자는 세계적 문학의 가능성이란 "세계사적인 사건들을 짊어지고 해결해야 할 운명을 지고 있는 민족이나 집단"에게 주어지는 것으로, 특히 "강대국보다도 오히려 약소민족"에게 더 절실하게 체험된다고 말한다[6]. 6·25와 같은 세계사적 사건을 통해 주어진 과제를 주체적으로 해결하는 작품에 세계문학의 가능성이 주어지는 것이다. 이러한 논의의 틀에서 배타적 민족문학은 세계문학과의 격차를 좁힐 수 없게 하는 퇴행적 문학에 불과하게 된다.

세계문학으로서의 민족문학이라는 발상은 "현대와 같이 세계의 각 민족이 거의 일상적으로 서로 교섭되어 있는 시대"[7]에 적합한 형식이다. 이렇게 하여 세계문학의 궁극적 도달점이 민족문학이 되고 민족문학의 궁극적 도달점이 세계문학이 되는 독특한 순환고리가 형성된다. 민족문학의 중심에 세계문학이 들어서고, 세계문학의 중심에 민족문학이 들어

---

5) 김동리, 「민족문학의 이상과 현실」, 『문화춘추』 1954. 9.
6) 정태용, 「민족문학론」, 『현대문학』 1956. 11.
7) 조연현, 「민족적 특성과 인류적 보편성」, 『문학예술』 1957. 8.

서는 방식을 통해 총체적 동일성의 세계를 구축하게 된다. 민족문학(=세계문학)이라는 환상의 제국주의적 성격이 드러나는 대목이다.

3) 근대문학과 현대문학

전후에는 '근대'와 '현대'의 구별이 보편적으로 행해졌다. 그 구분 방식은 다양했지만 대략 19세기를 근대라고 하고 20세기를 현대라고 하는 명명법이 널리 유통되었다. 이처럼 19세기와 20세기의 구별을 확정적으로 증명해준 두 번의 사건은 '세계대전'이다. 즉, 1차 세계대전 이전을 '근대'에 배치하고 2차 세계대전 이후를 '현대'로 규정한다. 근대와 현대를 세계대전을 통해 구별한다는 것 자체가 '서구식' 시대구분이기 때문에 이러한 구분법에 의지하는 한 서구사회를 기준으로 사고할 수밖에 없다. 이때 사용되는 '전통'이라는 말조차도 서구사회의 전통을 가리킨다. 근대와 현대의 구별법에서 '전통'은 19세기적, 근대적 문학을 가리킨다. 소설에서는 19세기의 리얼리즘이, 시에서는 19세기 낭만주의가 대표적인 '전통'으로 지목된다. 앞에서의 '전통' 담론이 전통과 모더니티의 연속성을 강조하는 것이었다면, 여기에서는 둘 사이의 단절이 크게 강조된다는 데 차이가 있다. 현대문학은 근대문학의 전통에서 벗어나는 다양한 방법을 통해 성립하는 개념인 것이다. 이들의 시간은 미래지향적이다.

혹자는 민족문화에서 우리의 전통을 발견할 수 있다고 주장할 것이다. 그러나 그것은 한갓 허세에 불과한 것이다. 왜냐하면 진실한 의미에서의 전통이란 과거에서 현재에 통하는 가치가 아니라 오히려 미래에서 현재에, 현재로부터 과거에 통하는 영속적인 가치이기 때문이다. 토속적인 취미, 풍토적인 미감각 이러한 것이 결코 전통이 될 수 없다는 것은 여기서 새삼스레 말할 필요조차 없을 것이다.……여기서 다시 T. S. 엘리오트의 말을 인용한다면 "어떤 후진 사회에 있어서의 전통은 천재의 출현으로써 기대할 수 있다"고 하였는데 이렇게 생각한다면 우리 문학의 전통도 앞으로 출현할 천재의 힘에 의하여 실현될 수 있는 것인지도 모른다.8)

19세기적 근대를 '전반기'로 규정짓고 스스로 20세기적 현대인 '후반기'를 살아간다고 주장한 사람들은 '전통'이란 것이 '모더니티'의 움직임 속에 포함되어 있다고 믿었다. '현대'의 속성인 '현대성' 속에서 전통이 창조되고 또 다시 파괴되는 영속적인 혁신을 강조한 것이다. 이들은 전통 담론을 주도하는 구세대(특히 청록파와 서정주를 위시한 전통 서정 시인들)들의 전통과는 다른 전통을 모색하고 있다. 19세기의 문학의 전통은 결코 20세기의 문학으로 계승되지 않는다. 20세기에는 20세기의 전통이 있기 때문이다. 그 전통의 이름은 '전통을 만들어내는 전통', 즉 '현대성'이다. 그들에게 근대에서 현대로 이행하는 것은 '진보'하는 것이며 반대는 '퇴행'일 뿐이다.

이렇게 놀라운 속도로 발달하는 문명의 세계에 있어서 어쩌면 시인의 머리만이 홀로 19세기의 상태에 오래 머물러 있어야만 옳단 말인가? 19세기 이전의 시인들의 예술은 단순하고 알기 쉬웠는데 현대에 사는 시인들의 예술은 복잡하고 난해하다. 즉, 전자는 지적 차원이 훨씬 낮았는데 비하여 후자는 비약적이라고 해도 좋을 만큼 그것이 높아졌다. 19세기 인간의 감정을 오늘 이해 못하는 사람은 드물 것이나 현대인의 높은 감정을 지적 훈련 없이 이해하기는 어려운 일일 게 분명하다.9)

---

8) 이봉래, 「전통의 정체」, 『문학예술』 1956. 8.
9) 김규동, 『새로운 시론』, 산호장, 1956, 42쪽.

위의 글에서 19세기는 여러모로 '열등'하고 20세기는 '우월'하다. 이들에게는 사람이 나이를 먹는 것처럼 역사는 '열등'한 것에서 '우월'한 것으로 흐른다. 과거를 돌아본다는 것은 있을 수 없다. 과거에서 새로운 것을 발견하는 것도 미래와 현재의 몫이다. 19세기와 20세기 사이에 있는 장벽처럼 과거와 현재, 미래 사이에는 '상대성'이 존재하며, '시대착오'는 가장 경계해야 할 관념이다. 앞서 민족문학과 세계문학에서는 '공간적 차이'가 중요했으며 그 격차를 해소하는 과제가 주어졌다면, 여기에서 공간적 차이는 아무런 의미도 지니지 않는다. 오히려 '시간적 차이'를 줄여서 '동시대성'에 살고 있다는 의식을 획득하는 것이 중요하다.

19세기와 20세기는 문학사의 발전에도 연결된다. 문학사에도 후진과 선진이 있다. 전통적인 서정시는 새로운 현대적 서정시에 길을 내주어야만 한다. 그 방법에 있어서도 자연적 영감을 받아 정서에 호소하는 운율에 의존하는 시작법은 19세기의 유산이기 때문이다. 새로운 시대에는 산문을 통해 의도적으로 새로운 의미를 생산하는 지적 작업이 요청된다. 여기에는 우리는 한국전쟁 과정에서 사라진 진보의 목소리가 조심스럽게 살아나는 장면을 보게 된다. 역설적이지만 전통을 부정하고 오직 전진만을 강조하는 '현대성'의 시인을 통해서 '진보적 민족문학'의 서막이 열리게 된다. 이는 세계문학과 민족문학의 틈새에서 '보수적 민족문학'의 가능성을 타진했던 사람들과 구별된다.

3. 전통 담론의 무의식과 양가성

서구적 근대성의 도입 이후 전통과 모더니티의 대립은 다른 모습으로 항상 존재했다. 전후의 대립적 구도 또한 그 연장선상에 있는 것이다. 그런 의미에서 전통의 의미는 항상 모더니티와의 관계를 통해서 그 의미가 결정되었다고 할 수 있다. 전통 그 자체의 의미보다는 모더니티와의 관계를 통해 구성된 의미가 중심을 차지한다. 그렇다면 전통은 그 의미를 구성하기 위해서 항상 외부적 타자로서 모더니티를 요청하였다고 할 수 있다. 전통 담론은 당대의 모더니티를 호명하는 방식이었던 것이다.

이때 전통 담론이 모더니티를 적극적으로 호명하고 규정짓는 방식에서 가장 으뜸은 일제 말기 '조선주의'였다고 할 수 있다. 물론 그 사상적 배경으로는 일본 제국주의의 담론인 '동양주의'가 있다. 일본의 동양주의란 것이, 서양의 근대성을 극복한다는 이유에서 동양의 탈근대적 성격을 크게 강조하고, 동양 전체가 연대하여 서양의 근대적 사유를 격파할 것을 다짐하는 전쟁 이데올로기였음은 주지의 사실이다. 그것은 동아신질서, 대동아신질서, 대동아공영권 등의 이름으로 변형되어 일본 제국주의가 중심이 되는 아시아 연대의 비전을 제시한 바 있다. 서구적 근대성의 관점에서 '전통'이 후진적 상태를 가리키고 있다면, 일본 제국주의 동양주의 담론에서 '전통'은 동양의 본질이 보존되는 탈근대의 거점으로 부상하게 된다. 『문장』(1939)지를 중심으로 하는 전통주의 혹은 조선주의 정신의 확산은 직접적이든 간접적이든 일본 제국주의의 동양주의 담론에 연루되어 있는 것이다.

식민지를 관류하던 동양주의의 담론은 해방 이후에도 사라진 것이 아니다. 김동리와 서정주를 비롯한 보수적 민족주의자들에 의해서 '민족문학'이라는 이름으로 계승된 것이다. 따라서 전후의 전통 담론에 대한 검토는 해방과 전쟁을 통해서 계승되는 일본 제국주의 담론, 즉 동양주의의 행방을 추적하는 데 있어서 중요한 역할을 하게 된다.

1) 동양주의와 아시아적 후진성의 복합심리

전후의 전통 담론에서 자주 등장하는 대립쌍이 '동양과 서양'의 관계이다. 설사 세계문학이라는 명칭이 통용된다 할지라도 세계문학의 모델은 당연히 서구문학이었다. 우리의 민족문학이 세계문학이 되려 할 경우 가장 큰 고민 중의 하나가 "우리나라 문학을 서구사람에게 이해시키는"[10] 것일 정도이다. 고전문학과 현대문학, 세계문학과 민족문학, 근대문학과 현대문학이라는 전통의 담론장 전반에 걸쳐서 '동양과 서양'의 관계는 항상 무의식의 층위에 잔존했던 것이다.

이때 '동양과 서양의 관계'를 중심에 두고 사유한 가장 중대한 '전통'은 바로 식민지를 정당화하고 서양과의 전쟁을 합리화했던 '동양주의'에서 발견된다. 중요한 사실은 전통 혹은 민족이라는 이름이 그 자체만으로 보았을 때에는 배타성을 띠는 것처럼 보이지만, 사실상 그 안에는 이미 일본이라는 외래적 요인이 잠적해 있다는 것이다. 특히 식민지 말기의 민족 담론이 항상 동양이라는 대전제를 수용한 상태에서 성립되었음을 주목해야 한다. 민족 혹은 민족문화는 그 자체로서는 아무런 의미가 없으며 항상 동양 속에 위치했을 때만 그 존재를 인정받았던 것이다. 조선의 민족과 조선적 전통이 유의미해지기 위해서는 그것이 일본 중심의 아시아 연대를 수용한다는 조건이 필요했다. 일제 말기의 민족 담론은 반민족적 담론을 수용했을 때에만 성립되는 역설을 감수했던 것이다.

문제는 그것을 적극적으로 수용했던 일제 말기의 조선주의, 민족주의가 해방 이후, 그리고 전쟁 직후에도 민족 혹은 전통의 이름으로 전승되었다는 데 있다. 그들은 민족과 전통을 강조할 때마다 동시에 동양과 서양의 대립을 전제한다. 이들은 서구적 근대성에 대한 비판적 진술에서 장점을

---

10) 조용범, 「한국문학의 세계성」, 『현대문학』 1956. 10.

발휘한다.

> 근대의 문명은 그러한 자연을 지배하려는 무한한 가능성의 약속에 의해
> 서 실현되지 않았을까. 완전무결한 신, 아니 인간은 따라서 자연이나
> 신 앞에 배알할 필요가 없었다. 그것들은 정복할 수 있는 객체에 불과했으
> 니까. 한데 주체의 완전무결을 확립하기 위해서 객체를 정복해야만 한다.
> 이원 대립이다. 그러한 대립에 의해서 진보는 가능했던 것이다. 문명은
> 아무래도 좋다. 계승의 방법 또한 그 예외일 순 없었던 것이다. 현실주의의
> 방법이 그것이다. 자연을 지배하려는 인간의 욕망은 당연히 인간 그
> 자체까지를 객체로서 대상화해야 했다. 주체를 확립하기 위해선 객체를
> 이용해야 했던 것이다.[11]

이 글에서 자연을 객체로서 지배하는 근대적 자연관은 서구적 근대성
의 핵심에 해당한다. 고대와 중세, 그리고 르네상스 및 근대를 거치면서
신, 자연, 인간의 관계가 재정립되는 과정에 대한 진술은 전후의 잡지
곳곳에서 발견된다. 이때 문명, 진보, 주체, 객체 등의 관념은 한결같이
'휴머니즘' 혹은 '인간주의'의 발전으로 연결되고 있다. 근대에 대한
비판은 따라서 인간주의에 대한 반성, 혹은 휴머니즘에 대한 반성에
연결되곤 한다. 윗글의 필자에게 있어서 그 자리를 비집고 들어서는
것은 "조상들의 자연관"이며, 그것은 "자연과의 혼연일치"를 그 특징으
로 한다. 조상들의 경우 "자연은 결코 인간과 별개의 존재가 아니었고,
인간은 자연의 일부분이었던 것이다. 따라서 그것을 정복할 순 없었다.
자연은 인간과 대적적 존재가 아니었기 때문이다." 이처럼 인간이 중심이
되어 자연을 지배하는 서구적 자연관은 인간과 자연이 상생하는 동양적

---

11) 김상일, 「고전의 전통과 현대」, 『현대문학』 1959. 2.

자연관과 대조를 이루고 있다.

이때 "조상들의 자연관"이 동양적 자연관의 전통을 그대로 계승한다는 것은 말할 것도 없다. 민족 혹은 전통이 동양이라는 상위 개념의 지배력을 자연스럽게 수용하고 있음을 알 수 있다. 이처럼 민족과 동양, 전통과 동양의 긴밀한 관계를 거듭 상기하는 경우로 김동리를 제외할 순 없을 것이다. 일제 말기부터 김동리는 동양과 서양의 대립, 그리고 동양 정신의 조선적 실현에서 문학적 근원을 발견하였기 때문이다. 전후에도 그는 자연과 인간의 새로운 관계를 여전히 '동양'에서 찾고 있다.

> 여기서 우리는 '근대 휴머니즘'의 원동력이 된 '헬레니즘'의 '자연' 이외의 다른 성격의 '자연'을 생각할 수 있는 것이다. 새로운 '자연'을 거점으로 하는 새로운 '휴머니즘'의 새로운 인간상과 동시에 어디까지나 초자연적 원칙에서만 존재하는 '헤브라이즘'의 신이 아닌, 새로운 성격의 새로운 신과의 공존과 악수는 반드시 불가능한 것이나 절망적인 것만은 아니리라 믿는다. 여기서 동양의 신과 자연을 그대로 옮겨 본다거나 절충할 수 있는 것은 아니라 하더라도 5천년간의 동양에 있어서의 신과 자연은 얼마나 우호적이며 공존적이며 동일한 호흡으로 맺어져 있었는가를 생각할 때 세계는 아직 끝난 것이 아님을 믿어도 좋을 것이다.[12]

여기에서 동양적 자연관은 서구문명의 양쪽 기둥인 헬레니즘과 헤브라이즘을 '종합'하는 새로운 자연관, 동시에 새로운 인간관(이른바 제3기 휴머니즘)의 모범적 경우로 강조되고 있다. 여기에서 자연은 '새로운 신'으로 등장하고 있지만, 잘 알다시피 그것은 애니미즘의 현대적 복원이거나 크게 보아 샤머니즘에 해당한다. 동양적 자연관에서 신, 자연, 인간은

---

12) 김동리, 「'휴머니즘'의 본질과 과제」, 『현대공론』 1954. 9.

행복한 화해에 도달하게 되는 것이다. 이어서 그는 이렇게 말한다. “사람은 근본적으로 진정한 의미에서의 신을 ‘살해’하거나 ‘추방’하고 살 수는 없다. 그것은 우리의 머리 위에 펼쳐진 저 하늘과 같이 ‘무한’과 ‘영원’을 상징하는 이름이기 때문에 ‘무한’과 ‘영원’을 표준으로 해야 하는 인간 생명의 본질과 통해 있는 것”이라고 말이다. 여기에서처럼 ‘무한’과 ‘영원’에 기초하는 동양적 자연관에 의존함으로써 그들은 ‘진보’나 ‘역사’를 다시 ‘서구적 자연관’으로 몰아넣고 있는 것이다. 모든 것이 서구적 근대성에 비롯된 것처럼 보인다.

> 우리와 더불어 같이 울어주고 우리를 포근히 안아주던 그러한 자연은 아무데도 없다. 우리는 이제 친밀하였던 전통적 세계를 상실하였고, 우리들은 고독하고 불안하게 되었다. 우리 뒤에 다가서는 산악이나, 우리 앞에 막아서는 저 바다는 우리와 아무런 인연이 없고 인간과는 상통할 수 없는 비정적 물체로 타락하고 말았다. 저 들꽃과 흐르는 냇물과 지저귀는 산새들과는 이제 대화의 상통도 바랄 수 없고, 과거의 선인들처럼 현실을 버리고 표표히 나서서 의지하였던 은둔처도 없다.13)

이것은 급격한 산업화의 끝에서 들려오는 목소리가 아니다. 전쟁의 폐허에서 재건설의 기운이 생동하는 현장에서 ‘근대적 자연관’이 비판의 대상으로 지목되고 있다. 그것이 진정한 의미에서 반근대의 목소리가 아니라 오히려 동양과 전통을 이어주는 자연관의 환영에 사로잡혀 있다는 느낌을 줄 정도이다. 이에 따라서 전후에 “우리는 지금 구라파의 황혼을 바라보고 있다”14)는 고백은 일상적으로 들을 수 있는 상식에

---

13) 문덕수, 「전통과 현실」, 『현대문학』 1959. 4.
14) 이어령, 「동양의 하늘-현대문학의 위기와 그 출구」, 『한국일보』 1956. 1. 19.

속한다. 그렇기 때문에 이렇게 말하기도 쉽다. "서양의 하늘에서 이 현대의 위기를 극복할 수 있는 출구를 발견하는 것은 하나의 도로에 불과하다. 우리는 다시 한 번 '동양의 하늘'을 향해 피로한 시선을 돌려야 한다. 현대의 위기는 서양적인 사고형식과 생활양상에 기인된 것이기 때문에 이제 그와는 다른 동양적인 요소에서 그 출구를 발견할 가능성을 지녀야 할 것이다." 이처럼 서구적 근대성의 실패를 기정사실로 가정하고, 새로운 탈출구로 동양을 주목하는 사고의 단순성은 오히려 '동양과 서양'이라는 이원적 관계가 확고하게 뿌리내리고 있음을 증명한다.

하지만 동양에서 무언가 새로운 출구를 찾아보려 한다는 데에는 동양에서 아직 한 번도 출구를 찾아보지 못했던 사람들의 자괴감이 깔려 있다. 이른바 아시아적 정체성 혹은 그 후진성에 대한 인식 때문에 오히려 동양적 출구에 대한 집착이 더욱 강해지는 것이다. 출구에 대한 집착이 강하면 강할수록 동양적 후진성에 대한 인식은 더욱 무의식으로 가라앉게 마련이다. 동양적 후진성의 핵심이 그 자체로 선진성의 발판으로 변장하는 지점이다.

2) 근대성(=근대문학)에 대한 상반된 평가

서구적 근대성에 대한 반성은 곧바로 서구적 근대성에 뿌리를 내렸던 '근대문학'에 대한 비판으로 이어진다. 동양과 전통을 억압하는 대가로 성취된 서구적 근대성이 그 자체만으로도 문제적인데, 그것을 모방한 동양의 근대성에 대한 전면적 반성과 비판이 일게 되는 것은 자연스럽다.

……서구에 있어서의 근대가 붕괴하는 단계에 있어 아세아가 근대화에 직면했다고 하는 사태의 복잡함에 원인이 있는 것이다. 서구에서는 근대

를 어떻게 넘어서느냐가 역사의 과제가 된데 반하여 아세아는 어떻게 해서 근대화로 들어가느냐 하는 것이 과제가 된 것이다. 조연현씨는 그의『한국현대문학사』가운데서 "우리 한국에 있어서는 엄격한 의미에 있어서의 '근대'가 없었을 뿐만 아니라 한국의 근대적인 과정도 따지고 보면 구라파의 근대적인 과정을 벗어난 것이 아니었음을 알 수 있게 된다. 그러므로 한국의 근대사적인 과정은 그 출발과 함께 구라파의 현대적인 과정과 교통되었기 때문에 한국의 근대사적인 과정은 그것이 한국의 현대사적인 과정이기도 했으며 한국의 현대사적인 과정은 그것이 한국의 근대사적인 과정이기도 했던 것이다.[15]

서구적 근대성을 넘어서는 지점에 '현대'가 시작된다는 발상이 당시에 보편적이었음은 앞서 말한 바 있다. 중요한 것은 동양에서 근대성이 실현될 무렵 서양에서는 현대성이 부상하고 있었다는 시간적 격차이다. 이것이 아시아적 후진성에 대한 두려움의 골자에 해당한다. 서구적 근대를 비판하고 대안적 시대를 구상하는 전후의 담론적 상황 자체도 이미 서구에서 종료되었을지 모르는 현대성 논의의 모방 혹은 재탕에 불과할 수 있다는 생각이다. 서구적 근대에 대한 비판이 일반화된다 하더라도 비판의 대상과 방법까지도 비판 당사자에게 빌려오는 불합리한 상황이 문제된 것이다.

이것은 근대문학의 '정통성' 자체에 대한 비판으로 이어지기 쉽다. 식민지 시대를 배경으로 탄생한 근대문학이 서구문학에 대한 잘못된 모방, 후진적 왜곡에 불과했다고 본다면 식민지의 근대문학과 전후의 현대문학 사이에 반드시 연속성을 상상할 필요는 없게 된다. 오히려 전후의 세계문학과 문제의식을 공유함으로써 빠른 속도로 현대문학으로

---

15) 김양수, 「민족문학 확립의 과제」,『현대문학』1957. 12.

진입할 필요성이 더 커지는 것이다. 식민지 근대문학이 '전통'을 형성하지 못하였다면, '정통성' 또한 인정받지 못하는 것은 필연적이다. 특히 근대문학의 전통(정통성)을 부정하고 현대성의 확보를 크게 강조하는 '후반기'를 비롯한 모더니스트들의 경우가 그러하다. 이에 대해서 정통성의 확보에 주력할 수밖에 없는 보수적 민족문학론자 김동리는 "오늘날에 오히려 모더니즘이란 표어로써 현대문학이나 20세기 문학이란 뜻으로 사용하는 문학인들은 세계에서 한국을 제외하고는 아마 어떠한 사회에서도 찾아볼 수 없을 것"16)이라며 모더니즘의 반근대성에 맞서고 있다. 하지만 김동리의 경우에도 근대문학의 극복을 지향하는 현대문학은 세계문학과 동의어이지만, 이때 세계문학은 "세계의 교양 있는 인류", 즉 서구인들에게 인정받을 수 있는 문학으로 귀결한다. 서구적 근대성을 극복한 현대문학의 성패 또한 서구인들의 인정을 통해서 결정된다는 것은 모순적이다. 하지만 모순을 느끼지 못하는 것은 민족문학의 불가피성에 대한 확신에서 기인한다. 근대문학의 성립 이래로 모든 문학은 민족문학의 한계에서는 벗어날 수 없지만, 민족문학의 한계 그 자체에서부터 어떤 가능성을 발견하는 순간이 있는데 이때 세계문학으로서의 현대문학이 확보된다는 생각이다. 근대문학은 현대문학의 필수적 조건인 셈이다. 김동리는 오로지 "자신의 것으로써" 현대문학으로 진입할 수밖에 없다고 믿기 때문에, 전통과 민족 등의 용어를 거부하는 신인들, 특히 식민지 이래 근대문학의 유산을 거부하는 '모더니즘'이 현대문학을 대표할 수 없다고 주장한다.

이처럼 소극적으로 근대문학을 구제하고자 하는 김동리에 비해서 적극적으로 근대문학과 현대문학의 계승적 관계를 확보하는 경우가

---

16) 김동리, 「민족문학의 이상과 현실」, 『문화춘추』 1954. 2.

있다. 이들은 비록 근대 이후의 문학이 민족문학의 한계를 벗어날 수 없다고 하더라도 그 한계 안에서도 세계문학으로 성장하기 위한 기반을 발견하는 데 몰두하고 있다.

> 어떠한 시대 어느 지역 혹은 나라의 작가들이 의식적이고 아니고 간에 그 시간적 공간적 위치가 그 시대의 세계사적인 사건들을 짊어지고 해결해야 할 운명을 지고 있는 민족이나 집단에 소속해 있으며 그 작가 또한 의식, 무의식임을 막론하고 그 문제를 문학적 정신으로서 실천했다면 그러한 작품들은 가장 민족적인 동시에 세계문학의 대표작으로서 능히 그 자리를 확보할 수 있을 것이다.17)

이 글에서 정태용은 "'민족'이란 말은 근대 시민사회와 더불어 형성되어진 '민족국가'와 함께 등장된 개념"임을 지적하고 있다. 민족 혹은 민족문학은 이미 민족국가의 등장과 더불어 비로소 형성된 불가피성이 있는 것이다. 아무리 세계화가 대세를 이룬다 할지라도 민족국가의 테두리가 유지되는 한 민족 혹은 민족문학의 테두리를 벗어날 수는 없는 것이다. 세계문학이 민족문학의 테두리를 인정하면서도 그것을 벗어날 것을 요구하는 것이라면, 자국에서 발생한 "세계사적 사건"에 주목할 것을 권하고 있다. 그에 따르면 "세계사적 사건이란 강대국보다도 오히려 약소민족이 더 절실히 체험"하는 것으로, "8·15 해방 후의 남북의 분단과 그 후의 혼란을 거쳐서 6·25 사변에 이른 제 경과는 그것이 바로 민족사적인 것인 동시에 세계사적인 것"임을 강조한다. 민족사적인 것과 세계사적인 것이 일치하는 사건에 집중함으로써 민족문학과 세계문학의 갈등을 봉합하고 현대문학으로 진입할 가능성을 타진하고 있는 것이다.

---

17) 정태용, 「민족문학론」, 『현대문학』 1956. 11.

　　이처럼 민족문학의 한계 속에서 세계문학으로의 진출을 타진하는 경우, 특히 "근대문학의 전통주의"[18]와 현대문학의 세계주의를 연결하고자 노력한 인물 중에서는 최일수가 단연 돋보인다. 1950년대 중반부터 장문의 비평으로 유명한 최일수는 당대의 문학적 경향을 크게 두 부류로 나누고 있는데, ① "현대사조의 첨단에 서서 민족보다는 세계적 입장을 반영하는" "세계주의", ② "주로 민족적인 작품을 쓰고 있는 선배들의 작품을 그대로 이어 받"는 "전통주의"가 그것인데, 그 다음으로 이 양자를 종합하는 의미에서 "민족과 세계의 합일 속에서 현대라는 특수한 역사적 단계를 사조사적으로 의식하고 이를 어떻게 하면 근대적인 민족문학을 현대화시킬 수 있는가"를 고민하는 그룹을 제안하고 있다. "서구 문학의 모방"에 그치는 부류와 "선배작가들의 기계적인 답습"의 부류 사이에서 제3의 길을 제시하려 한 것이다. 최일수가 제시하는 제3의 길은 "역사적 전통의 계승과 현대성의 섭취라는 2대 명제"[19]를 달성하는 것인데, 이때 그는 "교류"의 중요성을 설파하고 있다.

> 아무리 그 나라의 문학이 오래인 역사적 기반을 가졌다 하더라도 그것은 중국이나 인도나 '페르샤'의 문학처럼 그 교류가 중단된다면 오늘날처럼 세계적인 성격을 띠울 수 없을 뿐만 아니라 세계적인 발전을 할 수도 없는 것이다.……참으로 근대적인 문명의 발달은 문학을 한 종족이나 민족에 한정된 비좁은 공동성으로부터 세계적인 범위로 확대시켰을 뿐만 아니라 현대의 고속도 문명은 근대에서 지반을 개척해 놓은 세계화의 길을 철저하게 실행하면서 아직 불완전했던 민족적 기초를 보다 굳건하게 세워주는 그러한 합일성을 가지고 있는 것이다.[20]

---

18) 최일수, 「신인의 배출과 문학적 상황」, 『자유세계』 1958. 4.
19) 최일수, 「현대문학과 민족의식」, 『조선일보』 1955. 1. 12.
20) 최일수, 「문학의 세계성과 민족성」, 『현대문학』 1957. 12~1958. 2.

이 글에서처럼 그는 "비행기와 기선이나 기차" 등의 "문명의 이기"들이 세계화의 속도를 가속화시키고 있으며, 활발한 교류를 통해서 오히려 민족적 기초가 더욱 튼튼해질 것이라는 확신을 가지고 있다. 그에 따르면 "서구 문학의 모방"은 불가능하다. 왜냐하면 어느 민족문학이든지 "서구 문학의 '코스'를 그대로만 고스라니 따를 수 없는 또 하나의 새로운 시대적 환경 속에 살고 있"기 때문이다. 따라서 세계화에 의해서 전통이 사라질 가능성은 없는 것이다. 오히려 세계화의 길을 철저히 수행하였을 때 민족적 기반에 더욱 굳세게 뿌리내릴 가능성이 많다. 민족문학의 초월적 영원성의 동양적 자질을 통해서 세계문학으로 진출하려는 김동리의 전략에 반해서, 최일수는 세계문학으로 진출하려는 부단한 노력이 민족문학의 한계점을 세계화의 발판으로 만들어준다고 믿고 있다.

이때 최일수가 주목하는 현대성의 정신은 "근대적인 불합리에 대한 저항"[21]으로 모아진다. 이른바 탈근대성의 정신인 것이다. 만약 그렇다면 최일수는 우리의 근대문학이 "근대의 불합리에 저항"한 대표적인 사례에 해당한다고 본다. 따라서 "우리 문학이 후진 상태에 놓여 있으면서도 문학사적으로는 선진적인 요소"를 가지고 있음을 크게 강조하고, "우리 문학에 전통이 없다는 가정 밑에서 서구문학에서 현대성을 받아들이자 하는 것은 우리 문학을 좀더 깊이 있게 통찰하지 않은" 것이라고 지적한다. 아무리 후진적인 문학이라도 "서구문학의 경로를 그대로 좇아가는 것은 결코 아"니다. 근대문학은 그 자체로 민족문학인 까닭이다. 그럼에도 불구하고 한국의 근대문학에서 탈근대를 지향하는 현대성의 정신이 발현되었다는 점에서는 현대성의 전통을 찾아볼 수 있다는 것이다. 근대 문학의 전통에서 탈근대의 현대적 전통이 발견됨에도 불구하고 "왕왕히

---

21) 최일수, 「현대문학의 근본 특질」, 『현대문학』 1956. 12~1957. 1.

문학적 색맹들은 흥분과 자기 도취에 빠진 나머지, 분별없이 이어 받아야 할 유산에 대해서까지도 총을 겨누고 있는 것"[22]이다. 그러므로 세계화를 지향하면서 가장 경계해야 할 것은 "자기가 모든 역사의 새로운 기점이며 선배들의 유업을 아무런 분석도 없이 그리고 이것을 정성하고 비판함이 없이 그대로 동댕이쳐 버린 채 자기만이 새롭다고 광신하는 것"이다.

최일수의 중재에도 불구하고 "전통이 없는데 그 없는 전통을 타파한다고 덤비는 것도 우스운 일이지만 없는 전통을 덮어 놓고 육성하자고 부르짖는 것도 또한 '넌센스' "[23]라고 하며 근대문학의 전통 혹은 정통성을 부인하는 세계주의자의 등장도 무시할 수 없는 위치를 차지하고 있다.

> '현대'라는 말을 쓸 적마다 어쩔 수 없는 부끄러움을 느끼게 되는 것은 우리가 살고 있는 이 '현대'가 과연 '근대의 계승자로서의 현대'인가 의문이 앞서기 때문이다. 그러한 의문은 과연 우리가 '근대'를 가졌던가 하는 점에 대해서도 동일한 것이 있다.……'모더니스트'들은 항상 전통의 타파를 주장하였다. 허나 그것은 한갓 '넌센스'에 불과하였다. 왜냐하면 우리 한국에 진정한 의미에서의 '근대'가 존재하지 않았던 것과 마찬가지로 진정한 의미에서의 전통이 수립되어 있지 못하였기 때문이다.[24]

이처럼 전후의 급진적 모더니스트들의 특징은 근대문학을 부정한다는 데 있는 것이 아니라 아예 근대문학의 존재 자체를 부정한다는 데에 있다. 식민지 시대를 관류하면서 형성된 근대문학의 유산을 유산으로 인정할 수 없다는 것이다. 한국 근대문학의 정통성을 부정한 상태에서

---

22) 최일수, 「문학상의 세대의식」, 『지성』 1958. 가을.
23) 이봉래, 「전통의 정체」, 『문학예술』 1956. 8.
24) 이봉래, 「한국의 모더니즘」, 『현대문학』 1956. 4~5.

그들이 부정해야 할 전통은 오히려 서구적 근대성에 있는 것이다. 그들에게는 존재하지도 않는 근대문학의 전통에 관여하면서 부정하고 계승할 것을 가늠하는 것보다 차라리 세계문학과 교류하면서 현대성의 정신을 실현하는 것이 우선한다. 이들의 경우 서구적 근대성을 부정한다고 해서 동양에서 출구를 찾을 가능성은 없다. 동양은 근대에서 현대로 이행하는 근현대문학의 흐름에서 배제되어 있기 때문이다. 서구적 근대성의 부정은 서구적 현대성의 정신으로 실현될 수 있을 뿐이다.

4. 맺음말

　전후는 전통과 모더니티의 담론이 광범위하게 논의된 시기로 기억된다. 그것은 우선적으로 전쟁을 통해 단절되었던 역사를 봉합하고 다시 정체성을 구축하고자 하는 구세대들을 한편으로 하면서 단절을 더욱 강조하고 정체성의 부재를 증명하는 신세대가 다른 한편을 형성하는 세대간의 갈등에 바탕을 둔다. 그러나 전통과 모더니티 담론에는 세대간의 격차 문제를 뛰어넘는 여러 복합적인 문제가 내포되어 있다. 전통은 한 번은 '국문학과'와 '국문학사'라는 제도의 구축을 위한 필수 요청사항으로 강조되었으며, 또 한 번은 '세계문학'의 시대에 적응하기 위해 세계와의 공간적 격차를 해소하려는 과정에서 형성된 차별의식으로 이해되었으며, 마지막으로는 20세기의 문학이 청산해야 할 19세기적 문학 유산으로 호명되고, 세계사의 대열에 동시적으로 합류하려는 열정 그 자체에서 '현대성'과 대립되는 방식으로 나타나기도 했다. 이 과정에서 전통과 모더니티는 서로 대립적 관계를 맺기도 하고 상대방의 핵심에 자리잡기도 하는 등 다양한 관계 방식을 보여주었다.

　　다른 한편으로 전통과 모더니티의 대결 관계는 비단 전후에 한정되지 않는 근대문학사 일반의 특성임을 알 수 있다. 특히 전후의 전통 담론을 주도한 '보수적 민족문학' 옹호자들이 일제 말기에 형성된 일본 제국주의의 동양 담론의 영향권에서 크게 벗어나지 않는다는 점에서 그러하다. 전후의 전통 담론을 주도하는 이들 중에는 서구적 근대성을 비판하면서도, 그 대안으로 동양적 사고방식을 주목하여, 일제 말기의 동서대립의 관점을 반복하는 사람들이 있다. 또한 민족적 전통을 동양주의의 하위 단위로 설정하는 것도 있어서 식민지 담론과 유사성을 보이고 있다. 이들이 비록 표나게 세계문학으로의 진출을 강조한다 할지라도, 앞서 말했듯이 민족문학의 특성을 보존해야만 세계문학에 등재될 수 있다는 입장을 보존하여 보수적 민족주의의 태도를 유지하고 있다. 그 연장선상에서 근대문학과 현대문학으로 이어지는 과정에서 근대문학의 정통성 자체를 전통의 문제로 파악하는 경향이 있었다. 그러므로 과연 그들이 근대문학을 비판하거나 극복하고자 할 때 한국 근대문학의 지위를 비판과 극복의 대상으로 삼을 수 있는지 여부가 관건이 된다.

　　이처럼 근대문학의 정통성을 인정하는 경우에 전통과 반전통의 대립성을 해소하려는 입장을 쉽게 발견하게 된다. 그 과정에서 민족문학의 폐쇄성도 부정하지만 세계문학으로의 초민족적 이탈도 부정하고 있어서 전통과 현대성 양자에 대해 비판적 거리를 유지하려는 입장이 배태되었다. 이들은 당시 문단의 양분된 입장을 비판적으로 극복하고 역사적 민족성과 세계사적 과제를 연결하는 진보적 문학의 길을 새롭게 열게 된다.

참고문헌

■ 자료집

남원진 엮음, 『1950년대 비평의 이해』 1~2, 역락, 2004.

최예열 엮음, 『1950년대 전후 문학비평 자료』 1~2, 월인, 2005.

김기철 편, 『한국문학 비평자료집』 1~17권, 토지, 1989.

『1950년대 한국문예비평자료집』 1~24권, 한일문화사, 1990.

■ 자료

김규동, 『새로운 시론』, 산호장, 1956.

김기석, 「민족문화와 그 이상」, 『협동』 1953. 4.

김동리, 「'휴머니즘'의 본질과 과제」, 『현대공론』 1954. 9.

김동리, 「민족문학의 이상과 현실」, 『문화춘추』 1954. 2.

김상일, 「고전의 전통과 현대」, 『현대문학』 1959. 2.

김양수, 「민족문학 확립의 과제」, 『현대문학』 1957. 12.

문덕수, 「전통과 현실」, 『현대문학』 1959. 4.

이봉래, 「전통의 정체」, 『문학예술』 1956. 8.

이봉래, 「한국의 모더니즘」, 『현대문학』 1956. 4~5.

이어령, 「동양의 하늘―현대문학의 위기와 그 출구」, 『한국일보』 1956. 1. 19.

정병욱, 「우리 문학의 전통과 인습」, 『사상계』 58. 10.

정태용, 「민족문학론」, 『현대문학』 1956. 11.

조연현, 「민족적 특성과 인류적 보편성」, 『문학예술』 1957. 8.

조용만, 「한국문학의 세계성」, 『현대문학』 1956. 11.

최일수, 「문학상의 세대의식」, 『지성』 1958. 가을.

최일수, 「문학의 세계성과 민족성」, 『현대문학』 1957. 12~1958. 2.

최일수, 「신인의 배출과 문학적 상황」, 『자유세계』 1958. 4.

최일수, 「현대문학의 근본 특질」, 『현대문학』 1956. 12~1957. 1.

■ 논문 및 저서

Moulton, R. G., *World Literature and its place in general culture*, New York, 1921.

강경화, 「1950년대 비평의 근대성과 특수성」, 『반교어문연구』, 2001.

김준현, 「전후 문학 장의 형성과 문예지」, 고려대학교 박사학위논문, 2009.

남원진, 「1950년대 비평 연구 1」, 『겨레어문학』, 2002.

문혜원, 「1950년대 전통 논의의 특징과 시적인 형상화 연구」, 『한국현대문학연구』, 2002.

박필현, 「최일수 비평의 '현대성'과 새로운 '공통성'」, 『한국문예비평연구』, 2007.

박헌호, 「50년대 비평의 성격과 민족문학론으로의 도정」, 구인환 외, 『한국전후문학 연구』, 삼지원, 1995.

배개화, 「1930년대 후반 전통담론의 탈식민성 연구」, 서울대학교 박사학위논문, 2004.

백현미, 「1950, 60년대 한국연극사의 전통 담론 연구」, 『한국연극학』, 2000.

서영채, 「민족, 주체, 전통 : 1950~60년대 전통논의의 의미」, 『민족문학사연구』, 2007.

아다치 겐(足立元), 박소현 역, 「1950년대 전위예술에서의 전통 논쟁」, 『미술사논 단』, 2005.

에커만, 장의창 역, 『괴테와의 대화』, 민음사, 2008.

엘리오트, T. S., 최종수 역, 『문예비평론』, 박영사, 1974.

오문석, 「1950년대 모더니즘 시론 연구」, 『현대문학의 연구』, 1996.

오문석, 「전후 시론에서 현대성 담론 연구」, 『현대문학의 연구』, 2005.

유철상, 「1950년대 비평에서의 전통과 모더니티 인식」, 『현대문학이론연구』, 2002.

이봉범, 「1950년대 문화 재편과 검열」, 『한국문학연구』, 2008.

이은주, 「1950년대 문학비평의 세계주의와 미국적 가치 지향의 상관성」, 『상허학 보』, 2006.

전기철, 『한국전후문예비평연구』, 국학자료원, 1994.

전승주, 「1950년대 한국 문학비평 연구」, 『민족문학사연구』, 2003.

주영중, 「1950~60년대 신비평의 수용과 새로운 비평의 모색」, 『한국근대문학연 구』, 2004.

진순애, 「1950년대 두 개의 모더니즘 비교 연구」, 『한국문예비평연구』, 2006.

채호석, 「1950년대 북한 문학에 나타난 전통과 모더니티」, 『한국현대문학연구』, 2002.

하상일, 「1950~60년대 최일수 문학비평 연구」, 『한국문학논총』, 2005.

한수영, 「1950년대 한국 문예비평론 연구」, 연세대학교 박사학위논문, 1996.

홍성식, 「1950~60년대 전통 논의 연구」, 『한국문예비평연구』, 2000.

황종연, 「한국문학의 근대와 반근대 : 1930년대 후반기 문학의 전통주의 연구」, 동국대학교 박사학위논문, 1992.

전통의 시적 전유
서정주의 '신라정신'을 중심으로

이 인 영

1. 전통과 근대

전통 혹은 그것의 발생을 둘러싼 논의의 정점에 놓여 있는 것은 전통과 근대와의 상관관계이다. 전통은 근본적으로 근대의 사유틀을 벗어나서는 존재하기 어렵다. 전통에 대한 사유를 견인해내는 것은 과거 시간과의 분리 및 단절 의식이기 때문이다. 즉 과거 전근대적 사회에서는 계승하거나 기억하여야 할 것들이 이미 삶의 양식과 내용, 태도 등과 일체화되어 있었으므로 전승해야 할 가치를 지닌 전통을 상정한다는 것은 사실상 쉽지 않았을 터이다.

또한 전통은 동일화와 타자화의 원리를 내적 기제로 삼는다. 과거와의 연속성을 긍정하면서 고유의 지표를 마련하려는 의도로 제기되는 전통은 이데올로기적 범주화 작업을 수반하며, 무엇을 전통이라는 이름으로 기억하고자 하는가라는 물음은 응당 대상의 선택 관계에 대한 문제를 함축한다. 전통이 민족/국민/국가의 기원과 정체성을 정초하는 작업에 동원되는 이유는 이 때문이다. 전통의 '생산'이 근대 국민국가 형성기에 집중되어 있었으며, 민족/국민/국가의 상징물을 고안해내고 특정한 신념이나 가치체계, 행위 규범 등을 주입함으로써 일체감을 조성하려 했다는 점[1]은 전통 소환의 목적이 어디에 있는가를 시사하는 대목이다.

전통이 근대나 민족 등과 연동되어 있다는 점은 우리 현대문학사에 등장하는 전통론에서도 확인된다. 1950~60년대는 한국문학사에서 유례가 없을 정도로 전통에 대한 논의가 활발히 진행되었던 시기로, 당시 논의는 논쟁적 성격이 강했다기보다 개별 논의가 산발적으로 개진되는 형국이었지만 10여 년 동안 지속되면서 이후 문학담론의 근간 역할을 하였다. 당시 전통론의 핵심은 한국전쟁 이후 최대 과제로 부상한 한국문학의 정체성 수립에 있었다. 한국문학의 좌표와 지향을 어디에 둘 것인가는 이른바 전통계승론자나 전통부정론자 모두에게 있어 공통된 문제의식이었고, 따라서 당시 논의는 민족문학과 근대/현대문학의 보편성과 특수성을 지지하거나 부정하는 가운데 전개되었다. 이때 중심 논제로 부각되었던 고전문학과 근대/현대문학의 연속성 확인, 세계문학으로서의 민족문학의 위상 정립, 한국문학의 현대성 구축 등은 전통을 문제 삼는 방식 안에는 민족과 근대가 착종되어 있을 수밖에 없다는 사실을 잘 보여준다.

이 글은 서정주의 '신라정신'을 중심으로 하여 전통 창조 배면에 놓인

---

1) 박지향·장문석 옮김, 『만들어진 전통』, 휴머니스트, 2004 (Hobsbawm, E. J., [*The*] *Invention of tradition*), 33쪽 참조.

이데올로기적 측면과 서정주의 전통 인식의 일단을 밝히는 것을 주된 목표로 삼는다. 우리 근현대 시문학사에서 미당 서정주만큼 극단의 시선 하에 놓인 시인은 드물 것이다. '언어의 연금술사'라거나 '부족 방언의 요술사'라는 상찬에 가까운 평가에서도 알 수 있듯이 미당에게 부여되어 온 그간의 평가의 한 부류는 주로 미학적 관점에서 그의 시를 한국 근현대시사의 수장 반열에 올려놓고자 한다.

하지만 상당히 오랜 기간 동안 일관된 정치편향을 보여준 시인의 행적을 토대로 하여 그가 외면적으로'만' 추구해 왔던 순수시 세계의 권력지향적, 반민중적, 극우적 속성을 비판하는 평자들의 목소리 또한 만만치 않은데, 최근 들어서는 그의 초월 미학에서 파시즘적 불순성을 지적해내려는 논의들이 주목되고 있다. 그리고 그 불순성의 혐의를 보여 주는 것으로 지목되는 것이 '신라정신'이다.

서정주의 '신라정신'은 '영통靈通' 혹은 '혼교魂交', 즉 산 자와 죽은 자의 교통과 융합이 물활적으로 존재하던 고대 유기체적 사회에의 탐구를 가리키는 말로 미당 중기시가 다다른 초월적 세계, 우주적 무한과 시간적 영원을 근거로 하는 '영원성'의 세계를 표상하는데, 미당 비판론 자들이 '신라정신'에서 파시즘적 파열성을 읽어내는 이유는 크게 두 가지로 나누어진다.

하나는 '신라정신'이 식민지 시대 근대 초극 방안의 하나로 제기되었던 '동양정신', '동양담론'과 상동적 관계를 형성하고 있다는 점이다.2) 신라 는 일본 제국주의 지식인들에 의해 동양문화의 원형의 하나로 '발견'된 것인바, 이는 궁극적으로 타자로부터 자아를 구성해 가는 서구 오리엔탈

---

2) 대표적으로 김재용의 「전도된 오리엔탈리즘으로서의 친일문학」(『실천문학』, 2002년 여름)과 김진석의 「초월적 서정주의에 스민 파시즘적 탐미주의」(『소외에 서 소내로』, 개마고원, 2004)를 들 수 있다.

리즘의 전도 과정을 보여줄 뿐만 아니라 일제 식민주의적 이데올로기를 내면화함으로써 허구적인 대동아공영론과 내선일체사상에 자발적으로 복무해 간 시인의 반민족적 행위의 연장으로 직시될 수 있다는 것이다.

다른 하나는 '신라정신'이, 해방 이후 '화랑도'를 새로운 국가 건설에 필요한 정신 및 행위의 모델로 삼고 이를 민족 정체성의 결정체로 절대화시켰던 국가주의적 파시즘과 결부되어 있으며 이로써 배타적인 민족 전통 구축을 국민 규율 및 통치의 원리로 이용한 1960년대 정권의 전체주의적 이념과 근거리에 놓여 있다는 주장이다.3)

위의 두 비판은 근소한 차이는 있지만 모두 '신라정신'을 초월적 심미성의 탐구를 외장으로 하면서도 고도의 정치적 함의에 의해 작동되는 역사의 심미화 과정으로 간주한다는 점에서 등질적이다. 현재 서정주 비판을 대표하는 위의 두 견해는 과거 친일작품 발굴과 시인의 행적 추적에만 집중되어 있었던 비판론에 비해 미학적, 인식론적 측면에서 미당과 식민주의적 혹은 파시즘적 이데올로기의 공모관계를 고찰하고 미당 순수시의 허상을 폭로한다는 점에서 의의가 크다.

그럼에도 불구하고 이들의 논의는 본질적으로 시인의 행적을 문제의 출발점으로 삼음으로써 시정신의 기원을 소홀히 하거나 생략하는 한계를 갖는다. 또한 미당이 해방 전 아시아주의적 이데올로기에 깊이 침윤되어 있었고 이를 자신의 친일행위를 정당화하기 위한 방편으로 삼았다는 점은 인정한다 하더라도, '신라정신'의 근대적 통제와 통합 원리에의 기여문제는 좀더 세심한 접근을 필요로 한다.

'신라정신'은 영원성이 절대화되는 『신라초』(1960)와 『동천』(1968),

---

3) 이명원의 「문학의 심미성과 문인의 정치적 올바름」(『파문』, 새움, 2003)이 이에 해당한다.

『질마재신화』(1975)의 시기에 한정될 수도 있지만, 범주를 확대할 경우 후기 시세계까지가 이에 해당한다. 따라서 '신라정신'은 서정주 시세계의 정점에 위치하면서도 그의 중기 이후 시문학 전체를 총괄하는 문제의식이라 할 수 있는바, 그 기원을 밝히는 작업이 무엇보다 선행되어야 한다.

한편, '신라정신'이 통제와 규율을 목적으로 하는 국민도덕과 국가이념의 형성 과정과 무관하지 않다는 지적은 그것이 국가 주도로 진행된 '화랑도/화랑정신 계승사업'과 동시대적 관계에 놓여 있기 때문이다. 하지만 민족 혹은 민족정신의 원류로서 신라가 주목되었던 것은 비단 1960년대만이 아니다. 신라의 소환은 시대마다 다양한 의미와 목적의 층위 아래 진행되었다. 그러므로 이미 1900년대 초부터 진행되었던 '신라의 발견' 및 해방 이후 신라 재조명 사업의 정치적 목적과 이데올로기의 내용을 살피는 일은 '신라정신'을 해명하는 데 있어서도 간과될 수 없다.

2. 신라의 지형도

미당이 '신라정신'을 탐구하기 시작한 시기는 대략 한국전쟁기인 것으로 알려져 왔다. 시인 스스로가 개시 시점을 1951/1952년으로 확정지어 온데다가 탐구 원인을 근대성의 극단적 폭력상인 한국전쟁 경험과 그로부터 야기된 정신 질환 등으로 밝혀 왔기 때문이다. 하지만 미당이 1950년 6월 『혜성』지에 시 「선덕여왕찬善德女王讚」을 발표하고, 그보다 한 달 앞서 「모윤숙毛允淑 선생에게」라는 글에서 "요즘은 어떤 소학생小學生도 신라를 모두 좋다고 한다"고 말한 후, 자신도 "매우 중대한 생각"의 하나로 이를 "우리 현대現代에 재현再顯해 보고시푼 지향志向"을 "벌서 상당相當히 오래 전前부터" 지녀 왔음을 토로하면서 "이지러지지 않은 우리의 모습"인 신라를 "우리가 늘 근거根據할 한 전통傳統"으로 재구성해 내야 한다고 주장하고 있는 것으로 보아 그 시기는 좀더 소급되어야 할 것으로 보인다.

그런데 이 글이 흥미로운 것은 미당의 발언 내용 외에도 당시 신라가 미당만의 관심사는 아니었다는 데 있다. 『혜성』은 서정주의 글에 대한 모윤숙의 답변도 함께 싣고 있는데, 이 글에서 모윤숙은 미당의 의지에 적극적인 옹호를 표명하면서 자신의 신라에 대한 관심 역시 간단치 않음을 드러낸다.4) 이처럼 두 문인의 진술과 "소학생들도 모두 신라를 좋아한다"는 언급은 1950년대 초에 이미 신라가 범박한 의미에서 범대중적인 향수의 대상이었음을 암시해주는데, 위기에 처한 민족/국민이 참조할 수 있는 역사의 견본으로서 신라가 소환된 것은 식민지 시대로 거슬러 올라갈 수 있다.

고대 과거에 대한 향수는 근대가 개발한 대표적인 품목 중 하나이거니와 신라의 경우도 예외는 아니었다. 역사적인 고대로서 신라에 이목이 집중되기 시작한 것은 일본 관변학자들에 의해 고대사 연구 및 고적 답사, 유물 발굴들이 본격화되었던 1910년을 전후로 한 시점이었다. 이미 19세기 말부터 고대 조선에 주목해 왔던 일본은 고대 신라와 일본의 관계 및 고대 일본의 조선반도 경영설을 입증해냄으로써 일본의 조선침략을 자국의 고토회복이라는 명분으로 정당화하고자 하였다. 무엇보다

---

4) "廷柱氏의 詩가 살아야 할時代는 역시 李朝末葉 그보다도 더퇴폐한 왜정 四十年末葉이 아니라 신라 벚꽃時代에 풍성한 화랑의 옷자락 밑이여야 할것입니다. 그러기에 나는 언제나 내理想을 신라에두고 살지요, 무슨 조화를 피여서라도 이 대한민국을 신라라고 하고 싶어요, 거기 生이 있읍니다. 우슴과 理解가 있읍니다"(모윤숙, 「詩人徐廷柱氏에게」, 『혜성』 1-3, 1950. 5 / 최현식, 「부록 : 1935-1950년 서정주의 전집 미수록 산문」, 『서정주시의 근대와 반근대』, 소명출판, 2003, 408쪽에서 재인용).

일본은 신라가 백제 및 고구려와의 전쟁 승리 후 당의 세력을 축출해낸 사실을 중시하여 신라를 중국과의 대립국면 속에 위치 짓고 경주를 중심으로 한 고적과 유물들의 가치를 선양함으로써 착실하게 동양주체론의 토대를 닦아 나갔다.[5]

  문제는 일본 학자들에 의해 표상된 신라가 식민지 시대 지식인들에게 여과 없이 수용되었다는 점이다. 식민기 지식인들은 일본이 구축한 신라의 표상을 내면화하거나 그것과 길항하고 나아가 자신의 상상을 덧보태면서 자기 정체성을 확립하고 민족사를 정립해갔다.[6] 신라는 식민지 상황에 처한 지식인들에게 문화민족으로서의 자주성과 자긍심을 확보할 수 있게 하는 기제로서 굳건한 지위를 확보해갔지만, 이것이 진행되면 될수록 식민주의의 덫에 단단히 포획당할 수밖에 없는 모순적 상황마저 제공했던 것이다.

  한편, 민족의식의 강화와 식민 이데올로기에의 복무라는 중층적 맥락을 지닌 이 '상상적인 국가이야기'는 해방 직후 나라 세우기의 일환으로

---

5) 신라사 연구의 물꼬를 튼 것은 하야시 다이스케(林泰輔)가 1892년에 펴낸 『조선사(朝鮮史)』다. 이 책에서 하야시는 '신라의 통일'이라는 항목을 별도로 설정하고 통일신라의 역사를 나·당의 대립이라는 새로운 구도를 통해 기술하였는바, 이는 이후 식민지 지식인들에게도 대부분 무비판적으로 수용되었다. 이상 일본 학자들에 의해 진행된 신라사 연구 및 이후 수용 관계에 대해서는 윤선태의 「'통일신라'의 발명과 근대 역사학의 성립」(『신라문화』 29, 2007)을 참조하였다. 한편, 최근 식민지 시대에 구축된 '신라' 표상에 대한 연구가 활발히 진행되고 있는바 그 성과로, 제국의 시선 아래 상실과 폐허의 표상으로 전유되는 탐승지 경주에 대한 연구(허병식, 「식민지 조선과 '신라'의 심상지리」, 『비교문학』 41, 2007)와 일본 역사학과 고고학이 '발견'한 신라를 내면화함으로써 조선인의 제국신민화 이데올로기를 유포한 문학적 형상화 작업에 대한 고구(황종연, 「한국 근대 소설에 나타난 '신라'—현진건의 『무영탑』과 이광수의 『원효대사』를 중심으로」, 『동방학지』 137, 2007) 등이 학계에 보고되었다.
6) 윤선태, 위의 글, 139쪽 참조.

진척된 민족정신의 기원 회복 과정에서도 지속되었다. 해방 직후 지배엘리트 및 지식인들에게 가장 많은 조명을 받은 것은 신라 혹은 화랑도였고, 특히 화랑도는 '국민도덕과 그 대상으로서의 민족정신' 구축을 위한 지고의 대상으로 숭앙되었다. 물론 해방 직후 신라 담론은 다양한 지류의 형태를 지니고 있었고, 고대 문헌자료에 대한 정치한 분석을 통해 화랑의 원류를 밝히려는 목적이나[7] 일본 학자들에 의해 왜곡되거나 그릇되게 해석된 부분을 문헌학적으로 바로잡으려는 노력,[8] 순혈주의 이데올로기의 함정을 경계하려는 움직임[9] 등이 포함되어 있었지만, 이들 논의들은 이미 과거에 형성된 논의의 틀을 크게 벗어나지 않는 선상에서 민족/국민정신의 전거 마련을 위한 기능 하에 수렴되어 갔다. 즉 오랜 식민지배의 종식은 새로운 국가이념을 수립하고 이에 부합하는 국가 구성원을 조직해내는 일을 시급한 당면 과제로서 제기하였는바 이때 요구되었던 것이 고유하고 독자적인 민족/국민정신의 구축이었다. 그리고 신라 혹은 화랑도는 이순신, 을지문덕, 세종대왕 등 민족 영웅과 더불어 민족의 자주성을

---

7) 박노철, 「花郎道 再認識－震檀皂衣國仙花郎道의 理念과 그 批判」, 『웅변』1946. 9 ; 김진해, 「花郎의 源流考」, 『교육』1-1, 서울시교육회, 1948. 2 ; 遠志山人, 「花郎 制度의 小考」 1·2, 『民主朝鮮』3-4, 1948. 1-3 등.

8) 박노철은 과거 피식민의 한계로 말미암아 화랑도에 대한 재음미가 어려웠다는 점을 강조하면서 "花郎道라면 武士道의 舫肩具로만 아는가. 國仙學이라면 儒佛學의 遺風으로만 아는가. 슬프다. 저 倭蝦夷의 臆志로 濫造誕纂 송두리채 償撰佇述한 武士道의 伉儷之物로만 알어왔고 甚至於 하여는 倭神道의 儔侶之品으로만 알어왔으므로 花郎이라면 倭武士의 兄弟나 진배없는 줄만 알고 國仙이라면 倭神道의 娣妹格이나 다름없는 줄만 알어왔으니 어이 可惜지 안으며 自愧치 안으랴"고 말하면서 국선도의 원류를 고구려의 조의선인교(皂衣仙人敎)에서 찾고 있다(위의 글, 22쪽).

9) 김철재는 "민족정신을 '화랑도'나 단일민족의 '피'로 내세우는 경우 이는 일본의 大和魂의 아류가 될 수 있다"면서 화랑도의 이념적 도구화의 가능성을 암시한다 (「民族精神의 所在」, 『새한민보』3-22, 1949. 12 참조).

실현하고 국난의 위기로부터 나라를 수호하며 세계 인류와 어깨를 나란히 하기 위한 민족/국민정신의 원리 및 이념의 역사적 본보기로서 거론되었다.10)

하지만 해방 직후 집중되었던 신라나 화랑도에 대한 관심의 향방은 통일된 국가이념 혹은 국민도덕으로서의 성격을 확립하거나 국민규율과 통제의 원리로까지 나아가지는 못했던 것으로 여겨진다. 당시 논의들은 소환 주체의 입맛에 맞게 선택되면서11) 완전한 자주 독립 국가를 수립해야 한다는 당위에 근거해 신라가 이룩한 삼국통일의 위업을 계승해야 할 전범으로 삼거나, 유수한 전통을 가진 문화민족만이 국난을 극복해왔다는 신념 아래 신라의 찬란한 문화유산 창조의 정신을 이어받자는 식의 반복적 명제를 확인하는 수준에 머물러 있었다.

해방 직후의 논의 수준에 비한다면, 1950년대에 진행된 신라담론에는 보다 구체적이며 확실한 목표점이 설정되어 있었다. 1950년대에 이르러 화랑도/화랑정신은 세속오계의 내용이 구체적이면서도 집중적으로 부각됨으로 하여 국민윤리 및 국민규율의 기초로서 굳건한 지위를 부여받게 된다. 당시 국민도덕이나 국가이념을 다루고 있는 책들에서는 화랑도/화랑정신이 예외 없이 독립된 항목으로 다루어지며, 이때 화랑은 '무사도武士道 정신精神 하에 국가와 사회에 봉공奉公하는 정신이 강렬하였고 전쟁 시에는 초개草芥와 같이 목숨을 바칠 만큼 의義를 중시하는 고결한 기상을 갖춘 자'12)로 칭송되거나, 화랑정신은 고래로부터 내려온 '국민정신'을

---

10) 대담, 「民族精神理念과 그 昻揚方法論」, 『민족문화』 1-1, 1949. 10 참조.

11) 일 예로 우리나라 군인의 시초를 화랑에서 찾고 있는 『花郞道系統 朝鮮軍事寶鑑』(김진성·이규원, 대한병서출판사, 1948)이나, 화랑정신을 무사적·기사적·순국적 정신으로 규정하고 화랑제도의 궁극적 목적을 국가 위기 상황에 충렬과 용력을 신조로 하는 인재를 등용하기 위한 것이라고 보는 정희택의 논의(「花郞과 民主警察」, 『민주경찰』 2-1, 1948. 1)를 들 수 있다.

대표하는 것으로 " '화랑도'에 이르러 민족정신은 국민정신으로 발전하였고 명실공히 국민도덕을 규율하는 준승準繩이 되었다"[13]고 평가됨으로써 국민적 단결과 충성에의 표상으로 재현되었다.

민족/국민의 '참된' 기원으로 소환됨으로써 민족 이데올로기에 자발적으로 복속케 하는 국민정신의 본류로 재생산된 화랑도/화랑정신은 '창조된' 혹은 '날조된' 전통의 표본이라 할 수 있을 것이다. 그것이 신생 독립국이 지녀야 할 집단적 가치와 대의로 고안되어 가는 과정은 막연한 고대 과거였던 신라가 화랑도/화랑정신이라는 뚜렷한 표상으로 교체되어 가는 과정에서 잘 드러난다.

그렇다면 신라는 왜 해방 이후에도 참조할 만한 역사적 준거로서 주목될 수 있었던 것일까. 근대 전통의 '생산' 혹은 '발명'을 주장하는 홉스봄의 견해는 그 과정에 개입하는 정치적 목적과 이데올로기적 작용성 파악에 혜안을 제공을 한다는 점에서는 유용하지만, 그것만으로는 전통 소환의 심리적 메커니즘을 충분히 해명하기 어렵다. 식민통치와 해방, 그리고 전쟁을 동시대에 경험한 1950년대 한국민들에게 의미 있는 과거의 공인작업은 반드시 타율적이거나 강요된 형식으로만 작용하지는 않았을 터이다. 그것은 오히려 대중의 잠재된 욕구와 욕망을 바깥으로 끌어내 공식화 하는 과정을 수반하는 '쌍방향적 흐름'[14]이었을 가능성이

---

12) 김운주, 『國民道德』, 원각사, 1957, 55쪽 참조.

13) 최재희, 『新國民道德論』, 문교부 국민사상연구원, 1955, 43~44쪽 참조.

14) 전통이 근대에 이르러 발명된 것이라는 홉스봄의 견해와 달리 기이츠(Geetz)는 오히려 의례가 국가의 한 부분이라는 입장을 견지한다. 홉스봄과 기이츠는 권력과 의례의 관계를 이해하는 양 극단에 서 있다고 할 수 있는데 한석정과 임성모는 이들의 문제는 국가와 문화 간의 쌍방향적 흐름을 간과하는 데 있다고 주장한다. 즉 '지배자와 피지배자의 문화 가치에 대한 공유'와 '권력의 이미 존재하는 전통의 이용'이 국가와 문화 간에 발생할 수 있다는 것이다. 이들의 주장은 우리와 같은 특수한 역사적 상황 하에서 호명되는 전통의 의미를 이해하

높다. 근대의 전통 소환이 새로운 기득권 세력의 부상과 함께 이루어진 측면이 강하다는 점은 이에 대한 좋은 이해가 될 수 있다. 새로운 기득권 집단이나 지배 엘리트들은 이념 및 체제의 정당성을 확보하고 국민적 신망을 얻기 위해 이미 '대중의 심리 안에 내재해 있는 생각을 수행, 현실화'[15]함으로써 전통을 '이용'한 것으로 판단될 여지가 많기 때문이다.

국가권력이 주도한 1960년대의 '화랑 재현사업' 및 '화랑정신 계승사업'은 이 같은 대중의 열망에 부응하기 위한 '전통 이용'의 예가 될 수 있다. 1961년 군사 쿠데타로 실권을 장악한 청년장교집단은 적어도 1963년 총선 실시 이전까지는 국민 대중의 호응을 얻기 위해 부심하였고, 국민 대중과 주류 지식인들 역시 새로이 등장한 군부엘리트들에게 혁신과 변혁에 대한 기대를 걸고 있었다. 당시 군부세력이 표방했던 '민족적 민주주의'가 '효과적인 선거구호가 되리만큼 국민이 원하고 있었다'란 지적[16]이나 쿠데타의 주도 세력이었던 청년장교집단의 민족주의 성향이 제3세계 민족주의 요소와 극우 파시즘적 요소가 혼재된 다기한 성격을 띠고 있었으며 군부엘리트들의 근대화론이 일정정도 주류 지식인들과 의식적 공유관계를 형성하고 있었다는 점[17]은 이를 반증한다.

이미 식민지 시대부터 상상적 국가 만들기 과정을 통해 한국민들의 자기 정체성 확립과 민족사 정립에 기여해온 신라를 적극적으로 옹립하는 작업은 정권의 정당성과 국민적 신망을 얻으면서 민중을 동원하고

는 데 좋은 근거가 될 수 있다(「쌍방향으로서의 국가와 문화 : 만주국판 전통의 창조 1932~1938」, 『한국사회학』 35-3, 2001, 2~8쪽 참조).

15) 한석정·임성모, 위의 글, 7쪽 참조.

16) 차기벽, 「오용된 민족주의」, 『사상계』 1965. 5 참조.

17) 홍석률, 「1960년대 한국 민족주의의 분화」, 『1960년대 한국의 근대화와 지식인』, 선인, 2004 참조.

규율하기 위한 방법 중 하나였을 것이다. 따라서 '거룩한 문화적 유산의 재현과 민족적 주체의식에 입각한 생생한 민족문화를 재건'할 수 있는 일꾼임을 자임하면서 화랑도 정신과 '5·16의 혁명정신'을 자의적으로 동일시하거나,[18] 베트남 파병 군인들을 '화랑의 후예'로 호명하며[19] 신라의 회복이나 화랑도의 후예임을 암시하는 수사학을 구사함으로써, 군부엘리트들은 쿠데타의 반역사성을 희석시키고 민족정신의 계승 및 발전이라는 명분에 쉽게 편승할 수 있었을 것이다. 결국 1960년대에 소환된 화랑은 '민족적 자부심과 우수성을 강조함으로써 열등감을 극복하고 자신 있게 경제개발에 매진해 나갈 수 있도록'[20] 국민정신을 조직해 내기 위한 전략 차원에서 '지배자와 피지배자의 문화 가치에 대한 공유'[21]를 이용한 대표적인 사례가 될 수 있을 것이다.

이와 같이 식민지 시대부터 해방 이후까지 계속되어 온 신라를 둘러싼 담론은 매우 다층적인 지형도를 형성하고 있다. 신라는 때로는 훼손되지 않은 민족적 원형성이나 민족적 자부심의 지표로, 때로는 국민적 단결과 충성에의 구호로, 때로는 민중 동원의 수사학 안에서 전유되었고, 소환 주체의 의도에 따라 식민주의적, 혹은 극우적 파시즘적 이데올로기를 내장한 민족 기원의 표상으로 재현되었다. 이 지형도의 한복판에 서정주의 '신라정신'이 놓여 있다. '신라정신'은 해석 주체의 관점에 따라 얼마든지 반식민주의적 혹은 반파시즘적 공격의 대상이 될 수 있는 것이다. 따라서 '신라정신'의 이데올로기적 효용성 여부는 또 다른 세밀한 논의를

---

18) 박정희, 「第2回 新羅文化祭 致辭」, 『박정희대통령 연설문집 1』, 대한공론사, 1973, 419~420쪽 참조.
19) 박정희, 「猛虎部隊 歡送式 諭示」와 「白馬部隊 歡送式 諭示」, 『박정희대통령 연설문집 2』, 대한공론사, 1973 참조.
20) 홍석률, 앞의 글, 214쪽 참조.
21) 한석정·임성모, 앞의 글 참조.

필요로 한다.

3. 범부의 화랑론과 서정주의 영통주의

'신라정신'에 국가주의적 파시즘의 혐의를 둘 때 가장 먼저 짚어보아야 할 부분은 서정주와 범부 김정설의 관계이다. 범부는 김동리의 맏형으로 그의 사상은 김동리 문학세계의 근간이 되었을 뿐만 아니라 해방 후 국가이념과 국민윤리의 형성 과정에도 상당한 영향력을 끼친 것으로 알려져 있다.[22] 또한 『화랑외사』가 해방 이전에 씌어졌을 가능성을 배제할 수 없고[23] 김동리와 서정주의 관계를 고려한다면 그의 사상에 대한 검토는 필수적이다.

범부는 『화랑외사』, 『정치철학특강』, 『풍류정신』 등 총 3권의 저서를 남겼는데, 이들 저서에 간헐적으로 나타나는 화랑에 대한 논의들을 종합해 본다면, 저자의 궁극적인 관심은 화랑의 '샤먼'적 성격을 규명하려는 데 있다. 범부에 따르면, 신라 화랑은 당대의 '샤먼' 곧 '무당'으로 이는 화랑을 이르는 말인 '국선國仙'의 '선仙'자에서 잘 드러나는바, 이때 화랑정

---

22) 해방 후 국민윤리 형성 과정에 미친 범부 사상에 대한 논의는 이제까지 다양한 측면에서 상당한 성과를 거두어 왔다. 이에 대해서는 진교훈(「범부 김정설의 생애와 사상」, 『철학과 현실』 64, 2005)과 김철(「김동리와 파시즘―'황토기'를 중심으로」, 『현역중진작가연구 Ⅳ』, 한국문학연구회, 국학자료원, 1999), 전상기 (「소설의 현실 구성력, 그 불일치의 의미―김범부의 「화랑외사」와 김동리의 「무녀도」를 대비하여」, 『겨레어문학』 40, 겨레어문학회, 2008. 6) 등을 참조할 수 있다.

23) 『화랑외사』는 총 열 명의 화랑에 관한 열전을 엮은 것으로 1954년 해군본부정훈감 실에서 발간되었다. 하지만 이 책 「서(序)」에 따르면 『화랑외사』는 이미 1939년 겨울에 범부의 구술과 그의 제자 조진흠의 필기로 탈고가 이루어졌다 한다.

신은 "산에 사는 사람", "인간 세상에 천거遷去한 사람"이란 진술에서도 짐작할 수 있듯이 '신선사상'으로 그 내포가 확장될 수 있다.[24] 결국 범부 화랑론의 요체는 신과 인간을 매개하는 고대 종교의 영도자로서의 화랑의 지위를 확인해내려는 데 있으며 이는 다음에서도 잘 드러난다.

> 그런데 시방 花郎의 風流가 어땠던가 하는 것을 想像해 볼려면 어렵지 않습니다. 왜 그러냐 하면 花郎이라는 말이……花郎의 故鄉 지금의 慶州에 가면 巫堂이 있는데 女子巫堂은 巫堂이라고 하지만 男子巫堂은 花郎이라고 합니다.……여기에 問題는 굿하는 巫堂과 이 花郎과 사이에 무슨 關聯이 있느냐 하는 그것이 재미있는 問題인데 其實 알고 보면 最古代에 있어서 花郎의 一面이라는 것은 亦是 巫俗과 直接 關聯이 있습니다. 巫堂이 하는 일 大部分이 古代의 花郎이 하는 일입니다. 그러면 이것이 무엇이냐 하면 곧 '샤머니즘'이라는 것인데 이것은 西伯利亞 一帶 滿洲 蒙古一帶 그리고 우리 韓國, 日本 等地에 예전에 퍼져 있었던 原始宗敎의 한 形態입니다.[25]

---

24) "仙은 人邊에 山자 또는 僊자로 쓰는데, 산에 사는 사람 또는 인간 세상에서 遷去한 사람이라는 뜻의 회의문자이다. 곧 山人이다. 仙의 음이 '센'이니, '새이'는 무당을 말하고 경상도에서 '산이'가 무당이다.……이 '산이'니 '센'이니 하는 어원은 근본 '샤만'에서 온 것이다. 몽고계에서 전한 샤만은 곧 무당이라는 뜻이다. 이것은 몽고계의 고대문화와 공통성을 가진 神道思想에서 온 것인데, 무당 중에서 강신이 잘 되는 이를 '샤안'이라고 하며 신 집히는 사람도 '사얀'이라고 한다. 센, 새이, 산이 이 모두 샤만에서 파생된 것이다. 그러므로 花郎을 國仙이라고 하고 花郎史를 仙史라고 하며 花郎道는 風流道라고 하였다. 화랑은 神官으로서 그 지위는 사회적으로 최고위였으며, 風流道는 국교였다. 화랑도는 그 당시 하나의 종교로서 그 영도자가 '도령'이며 그 단체를 '낭도'라고 하였고 평시에 종교적 수련과 음악, 무당, 무술 등을 수련하였는데, 음악, 무용은 신과 교제하는 의식으로 사용된 것이다"(『풍류정신』, 정음사, 1986, 145~146쪽).
25) 김정설, 「국민윤리 특강」, 『국민윤리 연구』, 한국국민윤리학회, 1978, 229쪽.

이와 관련하여 당시의 화랑에 대한 밀도 높은 관심을 간접적으로 비판하며 범부가 제기하는 것은 제도로서의 화랑이 아닌 정신으로서의 화랑이다. 즉 "일반적一般的으로 화랑花郎에 대對한 상식常識은 대개" "군사면軍事面으로 주主로 치중置重"되어 있지만, 종교적 요소와 예술적 요소를 제외하고는 화랑정신의 본질 그 진수를 제대로 파악할 수 없으며, 특히 "(종교적) 인용자 주 요소要素를 빼버리고는 도저到底히" 화랑정신을 알 수 없다는 것이다.26)

이처럼 범부가 화랑론에서 강조하고 있는 것은 화랑의 샤머니즘적 특성이라 할 수 있는데, 이 같은 범부 사상의 일단은 서정주에게서도 더러 드러나지만, '신라정신'은 범부와는 다른 지류에 입각해 있다. 서정주는 한국적 전통의 근원을 논하는 글에서 현재 우리의 전통정신이란 단일한 것이기보다 외국의 사상을 종합하고 선택, 경험함으로써 형성되어온 복잡한 것이므로 외국 사상 도입 이전의 "민족民族의 본질本質엔 가장 중요한 것이요", "완전完全 사멸死滅하는 일도 없"는 고유의 신앙이나 사상을 생각해 보아야 한다고 지적하면서 다음과 같은 내용을 진술하고 있다.

> 샤만 '薩滿'이란……관계있는 靈과 교섭하는 고대 이래의 靈通의 한 방법임에 불과하다. 그러므로 샤머니즘을 찬성하거나 반대하는 일은 고대 이래의 영통의 한 방법의 流風에 찬성하거나 반대하는 일이지 결코 고대의 영통 그 자신의 본질이나 현대에 있어서의 그 가치적 타당성을 논의하는 일은 되지 않는다. 샤머니즘도 무형의 靈과 통하는 것을 특징으로 했던 우리 고대 정신의 한 표현이기도 하다. 그러나……이런 말만으로 어느 민족의 고대 정신의 특질도 설명되어지는 것은 아니다.

---

26) 김정설, 위의 글, 227~229쪽 참조.

……내 생각 같아서는, 신선교의 우리나라 이입이라는 것은……아마 신라의 수립 이전이 아니었는가 한다. 왜냐 하면 최치원이 말한……현묘지도니 선사니 하는 것은 분명히 풍류의 초기의 그 선교풍을 말하는 것이요,……이렇게 우리 고대의 영통주의 정신은 선교의 보급과 아울러 거기 배가 맞아 합류되고 뒤에 유교 불교의 보급과 아울러 또 그 속으로도 흡수되어 그 뒤를 이어 온 것이라고 보여진다.27)

인용 부분에서 두드러지는 것은 '영통주의'와 샤머니즘의 구분이다. 서정주는 '영통주의'와 샤머니즘이 혼교의 방식이라는 점에서는 동일하게 파악될 수 있지만, 우리의 '영통주의'는 단지 "무형의 영과 통하는 것"에 그치는 것이 아니라 "혼의 실존을 의식하는 역사의식"이라는 측면에서 뚜렷한 경계를 형성한다고 본다. 나아가 구체적인 역사적 전거를 통해 '영통주의'를 '신선사상'의 기원적 위상으로 옹립하고자 한다. 결국 서정주는 '영통주의'를 고대 인류의 보편적인 신앙 형태이면서도 민족적 개별성을 지닌 정신적 기원으로 확정지음으로써 동북아시아 일대의 보편적 원시종교인 샤머니즘에 토대한 범부의 화랑론과는 분명한 차이를 설정하고 있는바, 미당이 이같이 범부 사상과의 구별을 시도했던 근본 이유는 그의 '신라정신'이 이미 패퇴해버린 무속의 잔재가 아닌 그야말로 "혼의 실존을 의식하는 역사의식"이어야 했기 때문일 것이다.

물론 범부나 미당에게서 옥시덴탈리즘적 요소가 전혀 발견되지 않는 것은 아니다. 범부나 미당의 견해 모두 민족 원형성을 정립해내려는 배타적 기제에 의해 발동되고 있음은 마찬가지이다. 게다가 종교 자체가 의식과 정서를 통해 수행되는 하나의 이데올로기라는 점을 상기할 때 이들의 견해가 과연 이로부터 자유로운가 여부는 쉽게 단정내리기 어렵

---

27) 서정주, 「한국적 전통성의 근원」, 『서정주문학전집 2』, 일지사, 1972, 299~303쪽.

다. 그럼에도 불구하고 이들의 논의는 지향점을 달리한다. 범부의 논의가 화랑이라는 특수한 집단에 국한되어 있었던 데 비해 서정주의 그것은 전체 신라인의 삶과 정신의 영역으로 범주를 확대해 가고 있다는 점에서 주목할 만하다. 범부의 화랑론이 궁극적으로 도달하는 지점은 "신관神官", "영도자領導者"로서의 지위론과 지도자론이었지만, 서정주의 '신라정신'은 우주의 "전 공간全空間과 전 시간全時間의 세대주世帶主"임을 자각한 신라인들의 "순정신적純精神的 세계"가 가꾸어낸 "민족혼民族魂의 영원永遠"이었다.28) 따라서 범부가 "국민의 정신 훈련은 더 말할 나위도 없고 청년 일반의 교양, 나아가서는 국민 일반의 교양을 위해서 화랑정신의 이식과 체득은 실로 짝 없는 진결이며 시급한 대책"29)임을 강조하면서 화랑정신을 국민윤리의 실천 방안으로 실체화하려 한 것에 비해 서정주는 "우주무대宇宙舞臺를 생활무대生活舞臺"로 하여 "선선악악善善惡惡과 시시비비是是非非"의 도덕관념으로는 판단할 수 없는 태도를 견지했던30) 신라인들의 삶과 정신에 시선을 고정시켜 간다.31)

'신라정신'의 이데올로기적 실상을 범부 사상에 한정하여 검토한다는 것은 한계가 있을 수밖에 없다. 게다가 이제까지 알려진 범부 사상의 내용이 그 실체에 비해 빈약하고 부실하다는 주장을 수용한다면 그 한계는 더욱 자명해질 것이다. 그럼에도 '신라정신'과 신라담론의 입각점은 서로 달랐던 것으로 보인다. 문제는 신라를 대하는 서정주의 태도를

---

28) 서정주, 「신라의 피리소리」, 『전집 4』, 68~69쪽.
29) 김정설, 「서」, 『花郞外史』, 1967, 9쪽.
30) 서정주, 「신라문화의 근본정신」, 앞의 책, 304쪽.
31) 물론 서정주도 같은 글의 말미에 민족 경영방식으로서의 신라 풍류도의 의의를 언급하고는 있으나 이는 글의 말미에 으레 따라붙기 마련인 수사학에 불과하다. 오히려 주목할 수 있는 것은 '시지프 팔자의 원상 회복'을 위해서도 그것이 소용됨을 강조하고 있는 부분이다.

살펴봄에 따라 보다 분명해질 것이다.

4. '신라정신'과 '직정언어直情言語'의 미학

『신라초』와 『동천』 시기 시편들에 대한 비판의 초점은 대략 신라라는 실제 역사를 시적 대상으로 삼고 있음에도 불구하고 "역사적인 신라 그것이라기보다도, 인간과 자연이 완전히 하나가 된, 어떤 정신적"[32] 등가물로서의 세계를 빚어내는 데 '신라정신'이 기여하고 있다는 점이다. '사소시편娑蘇詩篇'이 『신라초』의 대표작으로 간주되는 이유는 이와 무관하지 않다. 사소는 박혁거세의 어머니라는 점에서 이미 신화와 역사의 경계지점에 위치해 있는 인물인바, 이 '사소시편'이 인간적 요소를 탈각시킨 어떤 성스러움의 경지를 형상화하는 데 할애되고 있음은 두말할 나위가 없다.

> 꽃아. 아침마다 開闢하는 꽃아. / 네가 좋기는 제일 좋아도, / 물낯바닥에 얼굴이나 비취는 / 헤엄도 모르는 아이와 같이 / 나는 네 닫힌 門에 기대 섰을 뿐이다. / 門 열어라 꽃아, 門 열어라 꽃아. / 벼락과 海溢만이 길일지라도 / 門 열어라 꽃아, 門 열어라 꽃아.
>
> 「꽃밭의 獨白 – 娑蘇 斷章」 부분[33]

---

32) 김우창, 「한국시와 형이상」, 『미당연구』, 민음사 1994, 32쪽.

33) 이 글에서 작품 인용은 1994년 민음사에서 발간한 『미당시전집』을 이용하였다. 한편, 이제까지 사소 모티프를 다루고 있는 '사소시편'은 모두 3편으로 여겨져 왔으나 최근 박현수에 의해 '사소시편'은 「朴赫居世王의 慈堂 娑蘇仙女의 自己紹介」(1980)를 포함한 총 4편이라는 주장이 제기되었다. 또한 박현수는 '사소시편'의 '사소' 표기가 발표 당시와 『신라초』, 그리고 『전집』 수록 시마다 달라지고 있다는 점에 주목하여 흥미로운 논의를 펼치고 있다. 박현수에 따르면, 미당은

피가 잉잉거리던 病은 이제는 다 낳았습니다. // 올 봄에 / 매[鷹]는, / 진갈매의 香水의 강물과 같은 / 한섬지기 남직한 이내[嵐]의 밭을 찾아내서 // 대여섯 달 가꾸어 지낸 오늘엔, / 홍싸리의 수풀마냥, 피는 서걱이다가 / 翡翠의 별빛 불들을 켜고, / 요즈막엔 다시 生金의 鑛脈을 하늘에 폅니다.
「娑蘇 두 번째의 편지 斷片」 부분

첫 번째 인용한 작품은 처녀 잉태 후 집에서 내쫓겨 산으로 신선수행神仙修行을 가기 직전의 사소의 독백이며, 다음 것은 사소가 신선 수행 도중 육친에게 쓴 편지의 일부분이다. 신선 수행을 떠나기 전 사소는 '꽃' 앞에서 '닫힌 문門을 열라'고 말한다. 이때 '개벽開闢'과 '벼락과 해일海溢'이 환기하는 것은 사소의 세속적 인간으로부터 신성한 존재로의 거듭남이다. 따라서 '꽃'은 인간적 한계에 속박되어 있던(처녀 잉태와 내쫓김) 사소가 거쳐야 할 어떤 정화나 승화의 관문을 상징하며, 사소가 꽃 앞에서 '문을 열라'고 다그치면서 "벼락과 해일만이 길일지라도" 기꺼이 감내하겠다고 말하는 것은 존재의 거듭남에 대한 사소의 열망을 반영한다.

두 번째 작품에서 "피가 잉잉거리던 병病"이 다 나았다고 선언했을

『신라초』 발간 시 원 발표작의 제목뿐만 아니라 '娑蘇'를 '婆蘇'로 수정 발표하고 있는데, 이는 시인이 『삼국유사』와 『삼국사기』에서 '사소시편'의 주요 화소인 처녀 잉태만 선택적으로 받아들이고 중국 제실설은 수용하지 않았으며 오히려 『신단실기』의 기록 내용을 채택함으로써 당시 범부와 최남선 등에 의해 형성된 자민족중심주의적 지적 계보를 따르고 있었다는 것이다. 또 이후 전집 발간 시 다시 '婆蘇'를 '娑蘇'로 재수정하고 있는 것은 자민족중심주의 사관과 비판적 거리를 둔 채 신라정신을 미학적으로 보편화시키고자 하는 의도였다는 것이다 (「서정주와 미학적 기획으로서의 신라정신-'사소 모티프'를 중심으로」 참조). 박현수의 논의는 이제까지 오기로 처리되어 온 문제를 치밀하게 논구하여 밝히고 있다는 점에서는 의의를 지니지만 이를 미당의 신라정신 기획 의도로까지 확대 해석하는 데에는 무리가 있다고 생각된다. '신라정신' 자체가 자민족중심주의와 분리될 수 없기 때문이다.

때 사소娑蘇는 이미 신성의 존재이다. 사소의 "서걱"대던 "피"는 "비취翡翠의 별빛"으로 승화되어 "생금生金의 광맥鑛脈"으로 전환되어 있다. 이를 위해 지상에서의 모든 일상적 행위들은 포기되거나 거부되고(「꽃밭의 독백獨白―사소단장娑蘇斷章」) 인간적 업보는 극복된다. 오염된 육체의 실존성과 그것이 야기하는 숙명에의 의식이었던 "피"는 "아버지"와 "내 어린 것 불거내弗居內" 그리고 "숨은 불거내의 애비"와 "먼 먼 즈믄해 뒤에 올 젊은 여인들"에게조차 신성의 세계를 허여하는 우주적 무한을 실현한다.

이처럼 『신라초』와 『동천』의 세계를 가로지르는 것은 우주적 무한과 영원의 시간을 추구하는 초월에의 비전이다. 신과 인간, 자아와 타자, 현실과 초현실, 삶과 죽음의 경계는 우주적 무한의 세계 안에서 와해되고 통합되며 이 완전 조화의 세계가 제공하는 질서 속에 음전히 포용된다. 그러므로 우주적 무한과 영원의 시간에는 모든 가치의 정점에 선 보편타당한 가치체계로서의 의미가 부여되어 있다.

하지만 미당이 구축해낸 영원성의 세계는 여러 논자들이 지적하고 있듯이 현실적 타당성이 결여된, 시간적 좌표와 무관한 보편 세계 창현에 기여할 따름이어서 궁극적으로 미당의 '신라는 굳이 신라가 아니어도 되는 사태'를 면하기 어렵다. 미당은 민족 고유의 신앙과 정신을 궁구하는 과정에서 신라로부터 민족정신의 기원을 발견해내지만, 기원적 절대성만을 강조하면서 이를 신비화할 뿐 그것과 현실과의 연관성 모색을 소홀히 함으로써 역사적 맥락이 소거된 서사시적 절대 질서를 현재에 편재화하려는 기도에 머물고 마는 것이다.

한편, 이 초월에의 비전은 두 시집이 발간된 1960년대에 돌출된 것이 아니라 이미 초기시작 과정에서 발아되었고 후기시에까지도 강력한 후광으로서 지속되는, 엄밀히 말해 서정주 시력 전체에 걸친 화두이자 과제였다고 보는 것이 옳다. 인간 생명에의 천착을 보여주는 초기 대표작 「화사」와 「문둥이」, 「자화상」 등을 관류하는 것은 '피'에의 갈등과 숙명의식이다. '뱀'의 관능적 육체 이미지와 '문둥이'의 유아살해 이미지 그리고 저주받은 시인 의식을 자각하는 "시의 이슬" 등에는 인간 존재의 갈등과 분열, 거절과 숙명의 의식이 지배적이며 이는 완전하고 충일한 내적 존재를 구현하려는 강한 의지의 추동으로 이어진다. 그러므로 '잉잉거리는 피의 아픔'으로 '문 열어라'라고 재촉하는 사소는 초기시의 시적 자아의 변주라 해도 과언이 아닌데, 이 영원성의 비전을 뒷받침하는 것은 미당의 언어미학이다.

> 直情言語―수식 없이 바로 사람의 심장을 건드릴 수 있는 그러한 말들을 추구하는 것이 당시의 내 理想이었던 것이다. 그 결과로서 形容詞 대신에 좋든 언짢든 행동을 표시하는 動詞의 集團이 내 시에 등장하게 되었음은 물론이다.34)

'직정언어'는 미당이 자신의 초기시의 표현 층위를 설명하는 데 사용한 용어로 습작기에 몰두했던 "정지용류鄭芝溶流의 형용수식적形容修飾的 언어조직言語組織에 의한 심미가치審美價値 형성"을 지양하고35) 일상어 추구로 나아가기 전의 표현 미학 단계를 가리킨다. 따라서 이제까지 이 말은 흔히 미당의 표현 형식의 층위 변화를 나타내는 개념으로 여겨져 왔다. 하지만 '직정언어'는 단지 형식적 층위 변화만을 지시하지는 않는다. 미당이 일체의 형용 수식을 배제한 언어 구사를 시도하게 된 근원에는

---

34) 서정주, 「나의 詩人生活 略傳」, 『전집 4』, 200쪽.
35) 서정주, 「고대 그리스적 육체성―나의 처녀작을 말한다」, 『전집 5』, 267쪽.

"인생의 진수眞髓"를 "내심 밑바닥에서" '실감' 있게 표현해내기 위한 의도,36) 삶의 본질을 포착하고 드러낼 수 있는 자신만의 어법을 개발하려는 의도가 자리잡고 있다. 다시 말해 습작기의 형용 수식의 표현을 지양하면서 생의 참모습 탐구와 함께 추구된 '직정언어'에는 생동하는 시적 감정의 꾸밈없는 표현법으로서의 의미보다 실감 있는 시적 감정의 효과적인 전달과 더불어 본질의 언어적 확인을 향한 시인의 방법적 고투가 내포되어 있는 것이다.

서정주가 시의 표현의 발전적 세 단계로 설명하는 '감각의 단계'와 '정서의 단계' 그리고 '입법立法' 혹은 '묘법妙法의 단계'는 이를 이해하는 데 도움을 준다. 미당에 의하면, 위의 세 단계 중 앞의 둘은 입법 혹은 묘법의 단계에 비해 가치적 측면에서 미달하는데, 감각의 단계와 정서의 단계가 각각 '말초적 기교화의 위험성'과 "비교적 항구한 정태情態"를 표현함에도 불구하고 "생활"에 함몰하여 '비애와 회고의 재생산'에 머문다면, 묘법의 단계는 "시로서 모든 것을 통달할 수 있는 각자覺者의 의미"를 표출해냄으로써 "인류의 정서를 삿삿치 통달한 연후의 길"에 이름을 뜻한다.37) 즉 입법 혹은 묘법 단계의 시는 순간의 감각이나 현상적인 삶의 질서에서 이탈하여 항구적이며 근원적인 것으로 고양된 정서와 생의 본질을 꿰뚫는 통찰의 시인 것이다. 이어 미당은 묘법의 단계에 이른 시인을 조선에서는 본 적이 없다고 말하면서 현재 시인들에게 필요한 것은 "우리가 가지고 잇는 모든 정서를 통솔할 수 있는 '모랄'의 재건"이라고 말하고 있거니와,38) 결국, 미당이 지향한 것은 삶의 본질에

---

36) 서정주, 위의 글, 같은 쪽.
37) 서정주, 「시의 표현과 그 기술―감각과 정서와 표현의 세 단계」, 『조선일보』 1946, 1. 20~24.
38) 서정주, 위의 글, 『조선일보』 1946. 1. 22.

육박해갈 수 있는, 생의 참모습을 자각한 자의 언어인 묘법의 단계로서의 '직정언어'였던 것이다.

순수시 원론에 가까운 미당의 관점에 따른다면, '직정언어'는 표현 형식의 맥락에서만이 아니라 본원성 탐구를 위한 미당 고유의 문법어로 제기된 것이라 할 수 있다. 남는 것은 시인만의 고유한 언어가 어떠한 사유방식을 동반하며, 어떻게 가능해지는가이다. 언어가 세계를 사유하는 방식 및 인식 태도를 보여주는 지표라는 것은 두말할 나위가 없으며, 사물의 의미화 또는 의미화된 사물을 포착하여 이를 질서화 하는 시인에게 시의 언어는 이미 가치로서의 의식이다.

내 너를 찾어왔다.……臾娜. 너참 내앞에 많이있구나 내가 혼자서 鐘路를 거러가면 사방에서 네가 웃고오는구나. 새벽닭이 울때마닥 보고싶었다.……내 부르는소리 귓가에 들리드냐. 臾娜, 이것이 멫萬時間만이냐. 그날 꽃喪阜 山넘어서 간다음 내눈동자속에는 빈하눌만 남드니, 매만저 볼 머리카락 하나 머리카락 하나 없드니, 비만 자꾸오고……燭불밖에 부흥이 우는 돌門을열고가면 江물은 또 멫천린지, 한번가선 소식없든 그 어려운 住所에서 너무슨 무지개로 네려왔느냐. 鐘路네거리에 뿌우여니 흐터져서, 뭐라고 조잘대며 햇볓에 오는애들. 그중에도 열아홉살쯤 스무살쯤 되는애들. 그들의눈망울속에, 핏대에, 가슴속에 드러앉어 臾娜! 臾娜! 臾娜! 너 인제 모두다 내앞에 오는구나.

「復活」 전문

'직정언어'를 본격적으로 실험하고 있는, 『화사집』 마지막에 실린 「부활復活」은 미당의 방법적 고투의 실험무대였다.39) 죽은 여인의 환영과

---

39) 「부활」은 직정언어가 본격적으로 실험된 작품으로 이 작품이 『화사집』의 맨 마지막에 수록되었다는 점은 직정언어가 미당의 초기시와 중기시의 경계 지점

시적 자아의 조우를 다루고 있는 이 작품은 잦은 동사와 휴지, 단문의 사용으로 작품 전반에 걸쳐 산 자와 죽은 자의 재회가 갖는 절박하고도 신비한 분위기를 강화하며, "돌門"과 "江물", "멫萬時間"과 "멫천리"가 함축하는 산 자와 죽은 자 사이의 심연은 "그 어려운 住所에서" "무지개" 처럼 다가온 죽은 자의 환영으로 인해 일시에 해소되어 버린다.

 이처럼 이 작품에서 특별히 주목되는 것은 급격한 전환을 가져오는 "너 인제 모두다 내앞에 오는구나"이다. 여기서 '내가 너를 찾아가는' 전반부와 '네가 내게 오는' 후반부는 타자를 중심에 두는 행위와 자아를 중심에 두는 행위로 구분되며,[40] 산 자와 죽은 자의 재회가 궁극적으로 주체 중심에 의해 성취된다는 점은 시인의 사유방식이 타자와의 길항관계를 생략한 채 세계의 질서를 주관적으로 재조정하는 주체 중심의 인식 원리로 급격히 이동하고 있음을 짐작하게 한다. 문제는 이 주체 중심의 인식 원리를 통해 시인은 '유나臾娜가 존재하지 않는 현재'를 '유나가 내 앞에 오는 순간'으로 환치시킨다는 점이다. 즉 시인은 세계를 주체 중심적으로 사유함으로써 '유나'로 환기되는 삶과 죽음의 분열성을 봉합하고 나아가 현실을 수직적으로 초월할 수 있는 계기를 마련하고 있는 것이다.

 「부활」에서 생의 본질을 꿰뚫는 통찰의 언어 미학인 '직정언어'와 주체 중심적 인식 원리에 의해 견인된 현실 초월의 순간이 결합되고 있다는 점은 시사하는 바가 크다. 미당이 '직정언어'를 통해 모든 것을 통달한 각자覺者의 의미를 발현하고 모든 정서를 통솔함으로써 삶의 본질에 육박해가고자 했을 때, 이를 가능하게 하는 것은 세계를 주관적으

에서 발화되고 있음을 암시한다.
40) 최현식, 앞의 책, 108쪽 참조.

로 질서화 하는 주체 중심의 사유원리이며, 현실 안에 편재하는 초월적 질서에 대한 믿음이었던 것이다. 결국 '직정언어'는 시인의 주관 안에서만 존재하는 보이지 않지만 실재하는 것, '경험과 존재의 모순과 분열'을 통합하는 영혼을 드러내기 위한 '내적 명령'의 수단이 된다. 따라서 서정주가 '직정언어'라 했을 때 이는 "사람과 자연自然과 유계幽界의 길—이 세 개의 영지領地의 어느 하나를 순례하거나 또는 이 세 개의 영역에 동시병립同時並存하는 데에서 그 정신을 경영"하려는[41] 임무를 수행하게 된다. 그리함으로써 '직정언어'는 '인생의 진미眞味와 함축력含蓄力을 상실케 한 자연과 유계幽界의 상실'을 회복하고, 영혼의 세계를 환기하여 현재의 위치에 있는 인간에게 유기체의 완전한 전체의 느낌을 부여할 수 있는 것이다. 이 '직정언어'의 미학이 현실을 무로 하고 비계秘界의 초월성 추구로 나아가게 되는 것은 당연하다. 이것이 미당이 반역사적인 감각 하에 아시아주의적 근대초극론에 경도되고 만 근본 원인일 것이며 논리를 배제하는 과도한 은유의 신비 속에 침잠하면서 새로운 미적 질서를 설정하게 된 이유일 것이다.

한편, 미당이 주창하는 '민족생활어'의 의의 역시 이와의 연관선상에서 논의될 수 있다. 서정주는 해방 이후 "넓고 뿌리 깊고 전통적인 민족생활어民族生活語의 속으로 들어가서 시인 각자의 시적詩的 체험에 맞추어 선택하고 조직"하는 일의 중요성을 여러 차례 강조하는데,[42] 일견 '민족생활어'는 글말이 아닌 입말을 문학어로 채택한다는 점에서 근대에 확립된 문학어로서의 글말에 대한 부정적 인식을 내포하는 것으로 해석될 수 있다. 하지만 생동하는 삶의 진정성을 발현해내지 못할 때 민족생활어는

---

41) 서정주, 「시의 대상」, 『전집 2』, 99쪽.
42) 서정주, 「시의 언어 1」, 『전집 2』, 40쪽.

생활감정의 포섭이라는 기층언어의 기능과는 거리가 먼 냉동화된 언어로 남게 될 공산이 크다.

그러므로 서정주의 '민족생활어'는 그의 초기시에 등장하는 "안해야 너잇는 전라도全羅道로 향向하는 것은 언제나 나의背面이리라. 나는 내 등뒤에다 너를 버리리라. / 그러나 / 오늘도 북향北向하는 동공瞳孔을 달고 내 피곤疲困한 육체肉體가 풀밭에 누엇슬때, 내 등짝에 내 척추신경脊椎神經에, 담배불처럼 뜨겁게 와닷는것은 그 늘근어머니의 파뿌리 같은 머리털과 누런잇발과 안해야 네 껌정손톱과 흰옷을입은무리조선말. 조선말 // ─이저버리자"(「풀밭에 누어서」)[43]에서의 '조선말'과는 구별된다. 「풀밭에 누어서」의 시적 자아는 세속적인 성공과 출세를 바라는 가족과의 갈등에 직면하면서 자기방기식으로 이를 "이저버리"고자 한다. 여기서 "조선말"은 가난에 찌든 가족의 면면과 함께 연호됨으로 하여 가족들의 연민어린 부면들과 등질적인 의미를 갖는다. "조선말"은 속물적이지만 그럼에도 불구하고 원천적 애정의 대상일 수밖에 없는 가족과 등가의 것이면서 본질적으로 "이저버"릴 수 없는 가족들을 상기하는 매개이기도 하다.

하지만 『질마재신화』 등에 시적 언어로서 채용되는 이른바 민족생활어, 사투리들은 삶에 드리운 질곡과 고통을 웅숭깊게 환기하기보다는 시적 흥취나 가독성을 높여주는 구실에 머무르면서 하늘의 질서와 원리를 실제화하려는 데 봉사할 따름이다. 서정주가 우주적 무한과 시간의 영원을 자각하는 것이 '역사에 참가하는 사승자史乘者의 의식'임을 천명했을 때, 그리고 '역사의 전 시간全時間인 영원'을 그려내고자 했을 때 필요했던 것이 바로 "고대 이래 지켜온 생활의 이중성 없는 경영에서 온,"[44]

---

43) 최현식, 앞의 책, 361쪽.

‘직정언어’로서의 ‘민족생활어’인 것이다.

5. 맺음말

간혹 낡은 평설로 간주되곤 하지만, 서정주에게 드리워진 보들레르의 그늘은 그의 시세계를 이해하는 데 있어 여전히 유효하다. 『화사집』을 지배하는 것은 정신과 육체, 도덕과 타락, 고통과 관능적 쾌감의 철저히 이원화된 세계 안에 내동댕이쳐진 자아의 실존의식으로 이 분열과 갈등의 국면에 처한 시인이 현실의 대립물인 ‘공허한 이상성’[45])에 함몰하고 마는 것은 어찌 보면 끈덕진 보들레르의 권역 아래 그의 시세계가 부조되고 있는 것은 아닐까 싶어지기도 한다. 하지만 보들레르가 시대의 운명에 부응하는 시는 어둠과 비규범에 천착함으로써 획득될 수 있다는 사실을 간파하고[46]) 역설적 시의 긴장을 유지해 나갔던 데 비해 서정주는, 일찍이 김우창이 지적했듯이, 직시적 구제의 약속으로 현실 감각을 마비시킴으로써 일원적 감정주의, 자위적인 자기만족의 시로 후퇴해버렸다.[47]) 그리고 이 자기만족의 시는 초월적 비전을 통해 황홀한 신성의 세계로 만개한다.

서정주의 ‘신라정신’은 이 같은 자기만족적 신성의 세계를 축조해가는 과정 중에 선택된 하나의 표상이다. 영원성으로서의 ‘신라정신’은 미당의

---

44) 서정주, 「팔도 사투리의 묘미」, 『전집 4』, 120쪽.
45) 이는 후고 프리드리히가 『악의 꽃』의 구조를 분석하면서 현실 이탈 욕구가 가져온 죽음의 환희를 설명하기 위해 사용한 개념이다(장희창 옮김, 『현대시의 구조』, 한길사, 1996, 67~69쪽 참조).
46) 장희창 옮김, 위의 책, 60쪽.
47) 김우창, 앞의 글 참조.

초기시부터 이미 노정되어 있던 것으로 단절과 분리를 인간의 존재 조건으로 인식하면서 보다 충일한 자아를 구성해내고자 한 의지의 산물이면서, 순수시학을 본령으로 하는 '직정언어'의 미학 및 입법 혹은 묘법의 시론이 주체 중심의 사유 원리와 결합함으로써 발견된 것이다.

따라서 '신라정신'에 쏟아진 극우적 파시즘적 이데올로기에 복무하였다는 비난은 좀더 섬세한 고찰을 필요로 한다. 물론 '신라정신'에 타자화와 배제의 원리가 전혀 작동하지 않는 것은 아니다. 근대의 파탄을 보상할 원리로서 민족을 구상하고 민족을 구심점으로 문화적 통합을 의도한 점 역시 무시될 수 없다. 게다가 식민주의적 담론과의 연관관계를 고려한다면 문제는 자못 심각해진다.

하지만 미당이 신라 풍류도로부터 민족정신의 원류를 발견하고 이를 현재화 하고자 했을 때 시인의 궁극적인 시선은 '민족'이 아니라 '정신'에 놓여 있었다. 서정주에게 있어 민족과 역사는 전일적으로 시인의 자기동일성 혹은 충일성 회복의 문제로써만 관여한다. 그의 시학이 논란과 충돌의 정점에 서게 되는 이유는 그가 구체적인 역사로서의 신라를 표지로 삼았기 때문이다. 오히려 '신라정신'에서 지적되어야 할 것은 우주적 무한이나 영원성이 필연적으로 환기할 수밖에 없는 초월과 신성 그리고 조화와 화해, 관용 등을 편재하는 세계의 질서로 사유함으로써 갈등하고 투쟁하는 인간 삶을 '비극의 조무래기'들로 격하시킨 점이다.

이와 관련지어, 이제까지 서정주 시세계에 자연스럽게 부가되어 온 반근대성의 문제 역시 보다 조심스런 접근을 필요로 한다. 신라 및 전통에 대한 사유가 근대의 원근체계 안에서 이루어진 것이라는 점은 차치해 두고라도, 미당의 '신라정신'이 근본적으로 실존의 조건을 극복하고자 하는 욕망에서 채택되었다는 점은 근대의 폐색성에 대한 부정의식 혹은 대응논리와는 일정 정도 거리가 있다. 서정주 시문학에서 반근대의 논리를 발견해내려는 것조차 근대의 논리를 반복하는 것이라 할 때, 서정주의 시세계를 반근대성의 논리로 사유하게 만드는 것 또한 또 다른 근대적 욕망은 아닌지 고려해 보는 것이 필요하다.

참고문헌

김우창, 「한국시와 형이상」, 『미당연구』, 민음사, 1994.

김운주, 『國民道德』, 원각사, 1957.

김재용, 「전도된 오리엔탈리즘으로서의 친일문학」, 『실천문학』 2002년 여름.

김정설, 『花郎外史』, 1967.

김정설, 「국민윤리 특강」, 『국민윤리 연구』, 한국국민윤리학회, 1978.

김정설, 『풍류정신』, 정음사, 1986.

김진석, 「초월적 서정주의에 스민 파시즘적 탐미주의」, 『소외에서 소내로』, 개마고원, 2004.

김진성·이규원, 『花郎道系統 朝鮮軍事寶鑑』, 『대한병서출판사, 1948.

김진해, 「花郎의 源流考」, 『교육』 제 1권 1호, 서울시교육회, 1948. 2.

김철, 「김동리와 파시즘-'황토기'를 중심으로」, 『현역중진작가연구 Ⅳ』, 한국문학연구회, 국학자료원, 1999.

김철재, 「民族精神의 所在」, 『새한민보』 3-22, 1949. 12.

박노철, 「花郎道 再認識-震檀皁衣國仙花郎道의 理念과 그 批判」, 『웅변』 1946. 9.

박정희, 「第2回 新羅文化祭 致辭」, 『박정희대통령 연설문집 1』, 대한공론사, 1973.

박정희, 「猛虎部隊 歡送式 諭示」, 『박정희대통령 연설문집 2』, 대한공론사, 1973.

박정희, 「白馬部隊 歡送式 諭示」, 『박정희대통령 연설문집 2』, 대한공론사, 1973.

박지향·장문석 옮김, 『만들어진 전통』, 휴머니스트, 2004 (Hobsbawm, E. J., [The] Invention of tradition).

박현수, 「서정주와 미학적 기획으로서의 신라정신-'사소 모티프'를 중심으로」, 『한국근대문학연구』 14, 2006.

서정주, 「시의 표현과 그 기술-감각과 정서와 표현의 세 단계」, 『조선일보』 1946. 1. 20~24.

서정주, 『서정주문학전집』 2·4·5, 일지사, 1972.

서정주, 『미당시전집』, 민음사, 1994.

遠志山人, 「花郎制度의 小考」(1·2), 『民主朝鮮』 3-4, 1948. 1-3.

윤선태, 「'통일신라'의 발명과 근대 역사학의 성립」, 『신라문화』 29, 2007.

이명원, 「문학의 심미성과 문인의 정치적 올바름」, 『파문』, 새움, 2003.

장희창 옮김, 『현대시의 구조』, 한길사, 1996 (Friedrich, Hugo, *Die Struktur der modernen Lyrik*).

전상기, 「소설의 현실 구성력, 그 불일치의 의미-김범부의 『화랑외사』와 김동리의 『무녀도』를 대비하여」, 『겨레어문학』 40, 겨레어문학회, 2008. 6.

정희택, 「花郎과 民主警察」, 『민주경찰』 2-1, 1948. 1.

진교훈, 「범부 김정설의 생애와 사상」, 『철학과 현실』 64, 2005.

차기벽, 「오용된 민족주의」, 『사상계』 1965. 5.

최재희, 『新國民道德論』, 문교부 국민사상연구원, 1955.

최현식, 「부록 : 1935-1950년 서정주의 전집 미수록 산문」, 『서정주시의 근대와 반근대』, 소명출판, 2003.

한석정·임성모, 「쌍방향으로서의 국가와 문화 : 만주국판 전통의 창조 1932~ 1938」, 『한국사회학』 35-3, 2001.

허병식, 「식민지 조선과 '신라'의 심상지리」, 『비교문학』 41, 2007.

홍석률, 「1960년대 한국 민족주의의 분화」, 『1960년대 한국의 근대화와 지식인』, 선인, 2004.

황종연, 「한국 근대 소설에 나타난 '신라'-현진건의 『무영탑』과 이광수의 『원효대사』를 중심으로」, 『동방학지』 137, 2007.

여성의복의 변천을 통해 본
전통과 근대의 젠더정치

김 수 진

1. 의복과 젠더, 식민지/근대화

비서구 사회에서 복식의 변화 과정은 대개 '전통복식에서 서양복식으로의 대체'와 '전통복식의 예복화'로 요약된다. 일본과 조선, 중국, 필리핀 등과 같은 사회에서 이러한 경향은 공통적이다. 비서구 사회의 근대적 변동 과정에서 복식은 전통과 근대, 민족 정체성과 외래문화의 수용을 둘러싼 상징 투쟁의 차원에 위치하고 있는 것이다.

제도와 일상의 곳곳에 의식주의 서구화가 편만한 오늘날의 관점에서 보면 양복/양장 착용은 당연하고도 자연스러운 것으로 보인다. 나아가

양(복)장화 과정은 과거 의복생활[1]의 후진성을 벗어나 '문명' 상태로 옮아가는 필연적인 진화의 과정이라고 생각할 수도 있다. 사실 '의복 개량' 문제는 문명화와 근대화가 거론되는 대표적인 사안 중의 하나였다. 하지만 우리가 결과론적 역사 해석의 단순함과 위험함을 피하고자 한다면, 역사적 변화 과정에서 작용했던 여러 힘들, 그것이 비록 사라지고 약화되었다 하더라도 당시에 존재했던 여러 발화들을 놓치지 않고 검토하는 것은 매우 중요하다. 이러한 견지에서 보면 양(복)장화는 반세기에 걸친 의복 변화 과정의 필연적인 귀결점이었다고 볼 수는 없다. 그것은 남북한의 엘리트층과 국가관료, 그리고 인민들이 벌인 상호작용의 결과였다.

이런 관점에서 이 글은 식민지체제와 식민주의적 담론이 의복을 매개로 전통과 근대의 정체성 정치에 어떠한 영향을 미쳤는가라는 문제의식에서 출발한다. 우리 사회에서 갑오경장 이후 대한제국기와 일제시대 동안 조선지식층이 가진 의복에 대한 견해와 조선총독부의 통제정책의 상호작용도 이러한 지형 위에 있었으며, 이 구도 자체는 해방 이후 1960년대 초까지 지속되었다고 할 수 있다. 해방 직후부터 1960년대 초까지 이르는 시기는 흔히 정치경제사의 측면에서 혼란의 시대로 그려지지만,

---

1) 의생활과 관련된 용어는 매우 혼란스러운 양상이다. 옷을 지칭하는 용어만 해도 의복, 의상, 복장, 복식, 패션처럼 여러 가지다. '패션'이 20세기 자본주의적 유행 시스템과 그 권력을 지칭하는 용어라면, '복식'은 자본주의 이전의 계급 의복문화와 체제를 지칭하는 단어로 사용하는 것이 적절하다. '복장'은 영어의 attire(옷차림새)를, '의상'은 물리적인 의복으로서 'costume'을 우아하게 지칭하는 표현이다(이정우, 2001, 70쪽). 일상적 용어법으로 볼 때 남성에 대해서는 양복이라는 용어가, 여성에 대해서는 양장이라는 용어가 정착되어 있다. 이는 양복점과 양장점이라는 용어를 통해 사회적으로 자리잡은 어법이라고 할 것이다. 이 글에서는 옷에 대한 일반적 지칭으로서 '의복'이라는 용어를 사용하고 남성에 대해서는 양복, 여성에 대해서는 양장이라는 용어를 사용한다.

문화적 측면에서 보자면 그것은 민족과 근대를 둘러싼 정체성을 구성하는 여러 가지 시도가 각축을 벌이는 역동적 시대로 볼 수도 있다. 그 역동성의 끝자락에 앞서 말한 생활복의 양장화와 전통 복식의 예복화가 존재한다.

나아가 이 글은 의복을 둘러싸고 일어난 전통과 근대, 민족과 외래라는 정체성의 정치가 여성을 대상으로 일어났고, 또 여성들 사이에서 활발히 일어났다는 점에 주목한다. 주지하다시피 조선의 남성엘리트층의 의복은 일찍이 서구식으로 전환하였다. 갑오경장 이후 남성의 양복이 근대 교육과 지식을 가진 '문명화'의 지표이자, 사회적 지배층의 지표로 간주되는 데에는 오랜 시간이 걸리지 않았다. 반면 여성의 양장은 식민지 시대 내내 찬반양론의 대상이었다. 사치와 퇴폐, 외래문화의 무분별한 수용이라는 비판이 주도적이었다. 이는 해방 이후에도 마찬가지였다. 해방 직후, 그리고 전쟁 직후 1950년대 '자유'의 사회적 분위기 속에서 미국적 문화는 한편으로는 대중적 유행을 만들어냈지만, 다른 한편으로는 강한 사회적 비판의 대상이 되었다.

따라서 양장화 과정의 양상도 성별에 따라 달라진다. 일상복의 경우 남성들은 한복에서 양장으로의 전환이 이미 해방 직후 상당히 일어나 일반 대중에게 파급되어 있었다. 반면 여성의 경우는 1960년대까지 매우 점진적으로 일상화되었다. 또한 복식의 양식도 달랐다. 남성의 경우 개량의 시도가 거의 없는 채로 한복에서 양장으로 단절적으로 전환된 데 비해 여성의 경우에는 양장의 기능을 가미한 개량한복이나 양장의 요소와 한복 요소를 혼용하는 형태가 일반인들의 일상생활에서 흔히 볼 수 있었다. 그리고 이러한 개량과 혼용은 식민지 시대부터 1960년대까지 지속되었다. 모든 계층의 남녀 일상복이 거의 완전히 양복, 양장으로 바뀌게 된 것은 1970년대 이후라고 할 수 있을 것이다.

이런 관점에서 이 글은 여성의복 개량 문제를 통해 문화/젠더정치의 복합적 층위를 드러내고자 한다. 남녀에 따라 의복의 문명화/근대화 관념이 다르게 작용하였을 뿐 아니라 지속적인 사회적 논란의 대상이 된 것이 유독 여성의 의복이었던 만큼, 여성 의복 개량 문제는 문명화/식민화를 둘러싼 젠더 정치의 복합적 층위를 잘 보여주는 장이다.

특히 일제 시대 신여성들의 자생적인 문화 혼종의 시도였던 통치마의 역사적 삭제와 변형은 많은 것을 생각하게 한다. 오늘날 남한에서 '통치마-저고리'는 사라진 옷이다. 하지만 잊혀진 근대사를 되살려보건대 그것은 1920년대 색깔을 입히고 어깨허리를 달음으로써 구조선舊朝鮮을 개혁하는 행위이자, 문명화와 서구화를 조선인의 입장에서 능동적으로 소화하고 접목시키는 행위로서, 여학생과 신여성을 상징하는 물건으로 탄생하였다. 그리고 한때 옷감의 종류와 길이의 변화로 유행을 선도했다. 일제 말기 조선옷에 대한 당국의 통제에도 불구하고 통치마-저고리는 젊은 여성의 의복으로 그 계층적 경계를 확장하였고, 1960년대 초 무렵이면 결혼 전의 처자는 누구나 입게 된 옷으로까지 '민주화'됨으로써 생활복으로서의 가능성을 넘보았다. 그런데 오늘의 현실에서 통치마-저고리는 상당히 다른 맥락 속에서 그 의미가 이해되고 있다. 그 형태와 색깔은 오히려 그 최초 형태인 검은 통치마와 흰 저고리로 고착되었다. 우리는 1970년대 성경책을 옆에 낀 전도부인을 기억하고 있고, 요즘도 검은 통치마-흰 저고리를 모티프로 한 옷을 입고 걸어가는 원불교의 정녀를 마주친다. 그리고 이 옷을 입은 여성들을 한꺼번에 볼 수 있는 곳은 북한의 길거리와 일본 조총련계 학교이다. 그것은 북한의 젊은 여성들이 즐겨입는 옷이자 여대생이 입는 교복이며, 조총련계 중고등학교 여학생들이 입는 교복이다. 남한에서 이 복장은 사명감을 가지고 종교활동을 하는 독신여성을 의미한(했)다면, 일본에서 그것은 일본에 동화되지 않는 조선민족의 고유성이자 북한의 이념을 고수하는 총련계를 상징한다. 이제 그것은 왠지 고립된 채로 고수되고 있는 '조선민족'을 체현하는 것으로 여겨진다.[2]

이 글은 일제 시대 여성의복 개량 문제를 계기로 일어났던 전통과 근대, 문명화와 식민화의 사회적 논란이 해방 이후 어떠한 방식으로 새롭게 제기되었고 전개되었는지에 관심을 기울인다. 1960년대 초까지 사회적 논란을 불러일으킨 주요 사안은 의복사치, 한복개량, 간소복 문제이다. 이 계기를 통해 우리는 근대화의 양가성과 모순, 전통의 창안과 고착이라는 문제를 살펴보고자 한다. 앞서 논한 대로 의복과 관련한 사회적 담론의 지형은 식민지 시대와 해방 이후 시기 근본적으로 달라졌다고 하기 힘들다. 하지만 의복 개량 또는 변화를 주도하는 주요한 주체로서 식민당국이 아닌 탈식민 국가가 등장했다는 점, 그리고 새로운 국가 건설을 위한 동원의 담론이 시작되었다는 점은 주요한 변화이다.[3]

---

2) 이 글은 분단 이전의 시대와 분단 이후의 시대를 함께 다루면서도 남한의 궤적만을 살펴보았기에 반쪽짜리라고 할 수 있다. 해방 이후 북한에서의 여성 의복에 대한 연구가 함께 이뤄짐으로써 식민지와 분단을 아울러서 여성 의복에 부여된 상징적 의미의 양상이 종합적으로 조망될 수 있을 것이다.

3) 이 글에서는 식민지 말기 전시동원체제의 의복은 다루지 않는다. 몸뻬와 교복으로 대표되는 의복통제와 유니폼이 해방 후 의복생활과 제도에 미친 영향은 많은 연구가 필요한 영역이다. 이러한 일제 말기의 의복통제와 유니폼은 해방 직후 의복에 대한 대중의 태도에 주요한 영향을 미쳤던 사안이고, 해방 후에 제도적으로나 인적으로 연속되기도 했다. 특히 1940년대 후반부터 일제가 추진한 생활개선운동이 해방 후 신생활운동, 재건국민운동, 그리고 새마을운동으로 어떻게 이어지고 또 어떻게 같고 달랐는지에 대한 관점 속에서 의복 문제를 이해할 필요가 있다. 또한 교복과 제복이 양장에 대한 인식과 그 산업적 기반에 미친 영향도 적지 않다. 이 두 가지 모두 식민지의 제도와 동원체제와 관련되어

이 글에서 사용한 자료는 신문과 잡지 및 의류업계의 사사社史와 협회사, 그리고 디자이너의 회고록이다. 그러나 다음에 기술하겠지만 이 자료만 가지고 사람들의 실제 의복생활과 사회심리적 동학을 섬세하게 설명하는 데에는 한계가 있다. 나이, 지역, 학력, 계층을 고려한 인터뷰를 통해 새로운 자료를 만드는 것이 필요하다. 차후 심화된 연구를 기약하고 이 글에서는 일단 여성 의복 변화의 계기와 쟁점을 그려본다.

2. 서구사회에서 의복 사회학 연구와 한국의 의복생활 연구

영국, 프랑스, 미국을 교차 비교하여 서구사회에서 패션과 의상선택을 연구한 다이애너 크레인Diana Craine은 19세기와 20세기에 걸쳐 전 세계적 차원에서 일어난 급속하고도 근본적인 의복 생활의 변동이 몇 가지 일반적인 특징을 공유한다고 지적한다. 첫째, 신분에 따라 의복의 형태나 색깔, 옷감의 종류가 제한되었던 관습-법적 체제에서 개인적 선택 행위의 체제로 바뀌었다. 서구사회에서 의복에 대한 개인적 선택의 원리는 계급 문화에서 세분화된 문화로 이동하였다. 특히 일과 여가의 영역을 구분하고, 여가의 영역에서 연령이나, 인종, 민족, 성별 같은 사회 부분들로 세분화되었다. 둘째, 이른바 의복의 민주화와 대중화라고 일컬을 수 있는 현상이다. 의복이 문화적이고 정치적인 차원이 투영된 상징적 재화

있으며, 따라서 의복 및 여성의복을 둘러싼 상징정치를 식민주의 문제틀 속에서 접근하는 주요한 영역이다. 하지만 특히 생활개선운동의 연속성과 변이의 문제에 대한 연구는 이제 시작단계에 있다. 본격적인 분석은 별도의 연구과제로 남겨둔다.

로 작용하는 데에는 섬유 및 직물산업의 대량생산체제, 그리고 대중매체나 기성복 산업, 디자이너 집단의 존재 같은 디자인 전파와 확산의 체계가 중요한 조건으로 작용한다(Craine, 2000).

계급적 소속감과 동일시로부터 여러 범주가 중첩된 정체성 작업의 대상으로 변화한 19세기 의복 역사에서 여성의복은 매우 극적인 양상을 보여준다. 19세기에 의상은 남성의 지배적인 가치를 나타내는 것으로, 여성이 입는 의상은 단지 남편의 지위를 표현할 뿐이었다. 19세기 상류층과 중류층의 기혼여성들이 따라가고자 했던 패션은 그들에게 기대된 '비실용적이고 장식적인' 성역할을 표현하였다. 그리하여 그들은 의상 구입에 남편보다 더 많은 돈을 지출했다. 반면, 노동계급의 기혼여성들은 다른 가족 구성원보다 의상에 훨씬 적은 돈을 썼고 이는 그들이 가족 경제 내에서 차지하는 열악한 경제적 지위를 반영한다. 이에 반해 도시에 사는 미혼의 노동자계급 여성들은 가처분 소득을 화려한 의상에 지출할 수 있었는데, 이는 당시에 많은 비난의 대상이 되었음에도 사실상 20세기 대중 소비문화의 등장을 예고하는 것이었다(Craine, 2000).

다른 한편 19세기 말 일어난 급진적인 여성 복식의 변화는 일련의 여성운동과 신여성 New Woman 집단의 등장과 함께 시작되었다. 직업을 가지고 정치활동에 참여하는 여성들의 등장은 새로운 라이프스타일에 부합하는 대안적인 스타일을 요구했다.4) 수십 년 동안 복식을 둘러싼

---

4) 미국과 영국에서 먼저 출현한 대안적 여성 의상은 주로 남성의 의상 품목을 혼합하는 것으로 특히 바지는 매우 도전적인 것으로 받아들여졌다. 1851년 미국의 아멜리아 블루머가 제안한 복장개혁안은 터키풍의 헐렁하고 풍성한 바지와 그 위에 입는 짧은 스커트로 구성되었고, 1890년대 영국에서는 풍성한 무릎 길이의 바지인 치마바지(divided skirt, 일명 rational dress)를 입고 자전거를 타는 여성이 신여성의 상징이 되어 급속히 퍼졌다(김수진, 2009, 7장 참조). 여성의 바지 착용은 금지되거나 제한되었고 그 금기는 20세기가 되어서야 풀렸

사회적 힘겨루기를 거쳐 여성 복식은 과도한 장식과 몸의 속박 장치를 걷어내고 남성 복식의 요소를 차용하고 활동성을 겸비한 형태로 변하게 되었다. 그리하여 1차 세계대전이 끝난 후 19세기 주류의 스타일과 대안적인 스타일이 결합된 형태가 유행의상으로 등장한다(Craine, 2000).

19세기에서 1차 세계대전 때까지 서구사회에서 일어난 의복체계의 변동 양상은 19세기 말부터 20세기 중반까지 한국사회에서 일어난 그것과 일반적으로 많은 점을 공유한다. 하지만 전통 복식의 개량과 서양 복식의 도입으로 이뤄지는 한국 의복체계는 국가기관과 엘리트층이 주도하거나 강제했다는 점에서, 그리고 문명화·서구화 대 민족·전통이라는 대립구도의 창출이라는 상징적 재화로 작용하였다는 점에서 그 구체적인 양상을 달리했다.

위에서 살펴본 서구 복식사 또는 의복사회학적 연구와 비교해 볼 때 한국의 의복생활 연구는 매우 소략한 실정이다. 개화기 이후 한국의 의복생활에 대한 연구는 대개 의류학계의 복식사 분야에서 이뤄져 왔다(유희경, 1980 ; 유수경, 1990 ; 김진석, 1990). 복식사 연구는 두 가지 흐름으로 나뉘는데, 하나는 개화기 이후를 대상으로 양장의 도입과 변천이 어떻게 일어났는가라는 관점에서 이뤄진 연구이고, 다른 하나는 개화기 이전의 시기를 대상으로 하여 고대부터 조선 후기까지를 집중적으로 다룬다. 개화기 이후를 대상으로 한 복식사 연구는 의류학계에서 별로 활발하지 않았다(김수정, 1988 ; 박길순, 1993 ; 신소윤, 1994).

다. 하지만 여전히 중류계급과 전문직 여성에게 선호되는 의상은 바지보다는 짧은 스커트와 재킷이다. 1890년대 바지 이외 대안적 의상의 주요 요소는 넥타이나 맥고모자, 재단된 수트 자켓, 셔츠웨이스트 등이었다. 이 중 수트 재킷은 1차 대전 후반 주류 스타일의 일부로 흡수되었다. 대안적 의상과 주류의 의상을 조합하여 성공한 것이 샤넬의 디자인이었다(Craine, 2000, pp.186~219).

최근 인문사회과학계에서 일고 있는 근대성 연구는 여러 분과학문에서 의복 문제에 대한 관심을 여러 관점에서 불러일으키면서 개화기와 일제 시대에 대한 연구가 어느 정도 진행되었다. 특히 신여성 연구가 여러 분과학문에서 이뤄지면서 여성 의복에 대한 관심이 자연스럽게 이어졌다(이정우, 2001 ; 김희정, 2004). 나아가 식민지 시대의 일상생활과 지배의 관계가 주목되기 시작하면서 백의 착용 금지나 몸뻬 등 의복통제에 대한 연구도 이뤄졌다(공제욱, 2005 ; 안태윤, 2007). 하지만 해방 후부터 1960년대 시기의 의복을 다루는 심층적인 연구는 거의 없다시피하다. 다만 생활사의 관점에서 연구 성과들을 종합한 시도 정도가 있다(김소현·염혜정, 2000). 여성 의복의 정체성 정치에 대한 주목은 1960~70년대 영화에 대한 연구에서 나타났다(김소영, 2000 ; 곽현자, 2001). 이 시기 영화에서 여배우에게 입혀진 옷은 근대화/서구화의 사회심리적 동학을 표현하는 주요한 장치였다.

선구적인 복식사 연구자들의 개괄적인 작업 이후 의복 생활을 구성하는 다면적 차원에 대한 각론적이고 심층적인 연구는 발견하기 힘들다. 현재 어느 정도 알려진 것은 의복 형태의 변화이다. 실제 의복 착용의 구체상을 파악하기 위해서는 서양 문화의 접촉, 성별, 계층, 직업, 지역, 나이에 따른 차이와 분화 실태가 밝혀져야 한다. 또한 의복 형태의 선택과 확산에 작용하는 또 다른 중요한 차원은 의류산업의 생산, 유통, 소비 체계이다. 섬유와 직물산업은 물론이고, 디자이너 집단의 등장과 역할, 디자인의 전파와 확산 체계, 자가 제작이나 맞춤옷, 그리고 기성복 산업의 관계 등에 관련된 연구가 이뤄져야 한다.

3. 식민지시기 '통치마' 개량과 젠더화된 문명화 담론

우리 사회에서 의복의 근대적 변화는 개화기 때부터 시작되었다. 이때 시작된 변화의 방향은 식민지 시기와 해방 후까지 의복 문제의 근본적인 근간을 만들었다. 첫째, 신분에 따른 복식 규제가 없어지고 갖춰 입기가 의제 개혁을 통해 간소화되었다는 것이다.5) 이때 만들어진 저고리와 두루마기 차림은 남성 한복의 형태로 일반화된다. 둘째, 남성들의 양복 착용이 공인되었고, 이후 1910년대부터 남성들의 양복 착용은 '근대화'에의 동참을 선언하는 일이면서, 근대적 지식인이자 엘리트임을 의미하는 행위로 여겨졌다.6) 1900년대에 양복은 일진회 회원들이 주로 입었으므로 여전히 외세를 상징했다(공제욱, 2005, 44쪽). 하지만 이러한 인식은 급격히 바뀌어서 1910년대 3·1운동 중심세력도 양복을 착장하였다. 전통복식의 간소화와 양장 착용의 두 과정은 일제에 병합되기 이전 시기 국가의 제도개혁을 통해 만들어졌으며 그 직접적인 대상은 남성 복식이었다. 그리고 그 변화의 주체는 고종을 필두로 하는 관리들에서 시작하여 근대적 교육을 받은 지식인층으로 확대되어 갔다.

이러한 조치가 가져온 주요한 사회적 효과는 지배층은 양복을 입고 일반 서민은 한복을 입는 새로운 이중구조가 시작되었다는 점이다(유희

---

5) 1884년 5월 실시된 갑신의제개혁을 통해 소매가 넓은 겉옷인 중적막이 폐지되고 대신 두루마기를 착용하게 되었다. 또한 소매를 좁히고 갓의 둥근태를 줄였다. 1894년 갑오개혁에서는 관리의 조복과 사복, 일반 국민의 복장을 간소한 것으로 제한하였다.

6) 고종은 1895년에 군인들에게, 그리고 1899년에 외교관과 관리들에게 복장을 서구식으로 마련하라는 명령을 내렸다. 이후 1900년 4월 「문관복장규칙」과 「문관대례복제식」을 반포하여 관리들의 복장 정체를 구미식으로 바꾸고 고종 스스로 구미식 복장을 입었다(김진석, 1990).

경, 1981). 1960년대까지 계속되었다고 할 수 있는 이 이중구조는 도시(주로 경성-서울)와 농촌, 젊은층과 노인층, 부유층과 빈곤층, 고학력자와 저학력자 같은 다차원적인 분할선에 의해 만들어졌다. 그런데 이 분할선은 그렇게 높은 장벽은 아니었다. 신분적 규제가 사라진 (한복) 복식의 간소화는 의복을 선택하고 착용하는 데 일종의 '민주화'의 기반을 만들었다. 배색, 소재, 형태, 속옷 등 양반층이나 관리층이 입는 까다로운 복식 규칙이 사실상 폐지됨으로써 일반인들에게 '좋은 옷'을 입는 것은 사실상 돈만 있으면 가능한 일이 된 것이다.[7]

옷입기 행위가 가지는 정체성의 복잡성은 양장과 한복의 분할선에서 비롯되었다. 이 분할선을 가장 집약적으로 만들어낸 것은 젠더의 경계선이었다. 식민지 시기 여성의 복식 변화는 매우 점진적이었고, 복잡한 궤적을 그렸으며, 또한 주체적인 혼종의 길을 걸었다. 개화기 엄비를 비롯하여 외국에 나갔다 들어온 극소수의 양반층 여성 중에 보수적인 서양옷을 착용한 사례가 있었다.[8] 그러나 이러한 서양 복식의 착용은

---

7) 이렇게 보면 19세기 서구사회 패션의 확산을 설명한 짐멜의 위로부터의 확산모델이나 베블렌의 과시적 소비모델이 서구사회보다 이 시기 우리 사회를 설명하는 데 더 적합할 수 있다. 이 두 이론가의 이론을 수정한 다이안 크레인에 따르면, 19세기 서구사회에서는 사회계급 간의 접촉이 상대적으로 적었고 가처분소득이 부족했으며 다른 계급문화에서 쓰이는 에티켓에 익숙하지 않았기에 상징적 경계를 뛰어넘기가 쉽지 않았다. 따라서 의상은 계급을 뛰어넘으려는 시도를 나타내기 보다는 오히려 한 개인의 현재 사회적 지위를 나타내는 수단이었다. 예컨대 프랑스 남성들은 계급에 따라 다른 형태의 모자를 착용했고 굳이 다른 계급의 모자를 착용하려고 하지 않았다(Craine, 2000).

8) 1907년 최활란은 일본에서 최신 유행한 퐁파두르 머리를 하고 검정 통치마를 입었다. 윤고려는 미국에서 유행한 보수적인 여성패션인 버슬 스타일의 옷을 입었으며 박에스더는 여성 지식인들이 남성복의 어법, 즉 재킷을 차용하여 만든 퍼프 슬리브의 모던 재킷을 착용하였다. 그녀는 또한 부르주아 남성들의 것을 차용하여 여성화시킨 안경이나 보우터 형의 모자를 쓰고 다녔다(유수경,

여학교에서 시작되었던 한복 개량의 흐름에 의해 대체되었다.

1880~90년대 일반적으로 여성이 입는 저고리는 앞섶이 가슴 위로 올라올 정도였을 뿐 아니라 겨드랑이 밑이 1cm정도로, 살을 가리기 어려운 정도였다. 이러한 한복 형태를 바꾸게 한 계기는 대한제국기에 활발해진 '여자 의제衣制 개량' 논의와 선교사가 만든 여학교의 의복 방침이었다. 대한여자교육회는 여학생이나 사회활동을 하는 여성을 위하여 '여자 의제 개략'을 중추원에 건의하였다. 그 내용은 장옷을 폐지하고 대신 우산을 쓰고 저고리를 길게 하여 살을 보이지 않게 하며 통치마로 만들어 입어 걸을 때 치마가 벌어져 다리가 보이는 일이 없도록 하자는 것이었다. 1908년 이화학당은 여학생들의 쓰개치마 착용을 금지했고, 이후 1911년 배화학교도 같은 조치를 취했으며 '어깨허리' 치마를 만들어 입혔다. 쓰개류가 폐지되고 특히 저고리의 형태가 변하기 시작한 것이다. 조선 말기 극도로 짧아진 저고리 길이로 젖가슴을 내놓는 풍습이 비판을 받으면서 저고리의 길이를 늘리게 되었고, 외출 시 중간신분 이상의 여성들이 반드시 써야 하는 쓰개류가 없어지면서 대신 남자들이 입던 두루마기를 외출복으로 착용하기 시작하였다. 1920년대 초까지 치마 길이는 발을 덮을 정도였다. 짧은 통치마는 경기여고의 전신인 한성고등 여학교에서 먼저 시작되어 1910년 이전에 흰 저고리에 검정 통치마가 교복으로 정해졌다(유수경, 1990, 140~143, 150~152쪽).

긴 저고리와 짧은 치마, 어깨허리 그리고 특히 이화학당 학생들의 스타일인 검정치마, 양산, 핸드백, 치마주름을 지어 다려 입는 것이 신여성의 대표적인 복장으로 정착한 것은 1920년대 초이다. 특히 1920년대 중반에는 한복 개량운동이 더 크게 일어나서 상당한 효과를 거두었다.

1990 ; 이정우, 2001).

〈그림 1〉 1930년대 후반 젊은 여성의 옷차림 (출처 : 『사진으로 보는 서울 2』)

조선여자교육협회의 차미리사는 순회계몽강연회에서 쓰개치마를 벗고
의복에 물을 들여 입으며 다듬이질을 폐지하자는 생활개선을 주창했다.
그리하여 신식 유행을 따르는 여성들은 모두 긴 저고리에 넓게 주름을
잡은 통치마를 입기에 이르렀다(<그림 1> 참조)9)

---

9) 조선의 한복개량은 다른 비서구사회와 비교해서, 또한 식민지를 겪은 비서구사회
   들에 비교해서도 특이하다. 이 사회들에서 이른바 '전통' 옷은 남녀를 막론하고

개량 논의는 신지식층 사이에서 조선옷이 기능적으로나 미학적으로 열등하다는 공감에 바탕을 두고 있었다. 1921년 김일엽과 나혜석이 『동아일보』 지면에서 벌인 개량 논쟁에서도 이 기능적 측면에 대해서는 의견을 공유했다. 활동성을 강화하기 위해 길이를 자르고, 가슴을 동여매지 않기 위해 어깨허리를 매야 한다고 주장하였다. 미학적으로도 서구와 같이 색채를 다양하게 만들어야 한다는 주장이 남녀 모두에 의해 제기되었다. 그리하여 신여성의 복장은 기능적, 미학적 열등성을 혁신하면서 조선적인 것을 유지하는 방안으로 자리매김 되었다.

1927~28년 무렵부터 엄청난 공격의 대상이 되었던 '모던걸'은 양장의 착용을 주요한 기준으로 하고 있었다. 모던걸이라는 용어는 일본에서 들어온 것으로, 붉은 연지를 바른 뺨에 보브식 단발, 화려한 색의 원피스, 그리고 허벅지 끝에 레이스가 달린 실크스타킹과 뾰족한 검정 구두, 그리고 모자를 쓰고 있는 모습을 지칭하곤 했다.[10] 1930년대 이러한 차림과 행색을 한 조선 여성들이 경성 길거리에 많이 있었다고 보기는 힘들다. 다만 1930년대 후반부터 양장을 하고 머리를 파마하는 여성들이 늘어난 것은 사실로 보인다.

신여성의 개량한복과 모던걸의 양장에 대한 지대한 사회적 주목과 관심은 조선옷에 대한 문명화론적 시선과, 양풍 수용에 대한 분열적

양복으로 급격히 대체되거나 아니면 여성에게만 전통복식을 고수하게 하는 경향으로 분화되었기 때문이다. 일본의 '신여자운동'은 기모노 개량을 시도한 적이 없었다. 기모노는 1930년대 초 도쿄의 백화점에서 화재가 일어났을 때 기모노 때문에 불을 피하지 못해 수십 명의 여성들이 떼죽음을 당한 사건을 계기로 여성의 양장 착용이 급격히 확산되었다.

10) 조선의 모던걸 현상은 근대 사무서비스직 여성을 기반으로 하는 일본의 모던걸 현상과 다른 사회적 맥락에 있다고 보아야 한다. 이에 대한 자세한 논의는 김수진, 2009, 6장 참조.

태도를 보여준다. 이들의 논의에 따르면 남성 지식인층이 수용한 양복과 유행은 '문명화의 동참'이었으나, 여성들이 조선옷에 변화를 주고 양장의 요소를 도입하는 것은 서구적인 것을 외적으로만 모방하는 '여성 특유'의 사치와 허영이 된다. 이것은 남성이 서구/근대의 응시에 자신을 동일시하는 보는 주체가 (신)여성이라는 대상/거울을 통해 자신을 되비쳐보는 시선의 구조를 응축하고 있다. 여성의 복장을 '허영과 사치'로 단정하고, 그것을 서구화/근대화의 가늠대로 놓고 쟁론을 벌이는 이 담론의 구조는 해방 후 찾아온 '자유'와 '민주'의 혼란상을 해석하는 틀로 고스란히 이어진다.

4. 해방 이후 1960년대까지 여성의복 생활의 양상과 산업적 기반

1) 통치마, 치마저고리, 양장의 구도

생활문화의 측면에서 볼 때 한국전쟁은 적어도 남한에서 단절과 변화의 계기로 작용하지는 않았다. 냉전체제의 부산물인 미국화와 취약한 자본주의적 산업화의 기반은 해방 직후부터 전쟁을 거쳐 1950년대까지 지속되었다. 특히 미군 부대와 미국의 경제원조는 일반인들로 하여금 미국의 대중문화를 직접 접촉할 수 있는 계기를 제공하였다.

이 시기 의복 문화를 단적으로 묘사하자면 한복 유행의 확산과 옷입기의 계층적 민주화를 한편으로 하면서 양장에 대한 사회적 금기와 욕망이 교착되는 상태였다고 할 수 있다.

이와 관련하여 작가 박완서의 회상기는 우리에게 중요한 단서를 제공해준다.

1950년대까지도 여자들은 나들이할 때나 살림할 때나 주로 한복을 입었다. 처녀 때는 기장이 짧은 통치마에다 구두를 신었고, 시집가면 긴 치마에 버선과 고무신을 신었다. 집에서 일할 때는 저고리 소매를 걷고 긴 치마꼬리를 앞으로 당겨 가뜬하게 허리띠를 졸라매면 되었다. 허리띠로 남편의 헌 넥타이를 매는 게 유행처럼 번진 적도 있었다.

외국 군인들이 많이 주둔해 있던 전후라 양공주라 불리는 특수한 직업여성들의 수효도 만만치 않았다. 그들은 직업상 거의 양장을 했기 때문에 양장에 입술만 좀 빨갛게 칠해도 양공주로 보는 경우가 많았다. 그래서 한복은 일단 여염집 여자라는 표시도 되었다.……

그때나 이때나 우리는 옷사치를 밝히는 민족인 듯 아직 피해복구가 안 되어 여기저기 폐허가 널려 있는 서울에서 오히려 한복 사치는 그 어느 때보다도 극성 맞았던 것으로 기억된다.…… '비로도' 치마에 양단 저고리면 최고의 사치요 정장이었다.……'비로도'는 당시의 피륙 값으로는 가장 비싼 거였지만 도무지 옷감으로는 실용성이 없는 것이었다. 옷감으로 볼 때 '비로도' 특유의 깊은 색상은 확실히 매혹적이었지만 한 번 자리에 앉았다 일어서면 엉덩이가 단박에 번들번들해졌다. 접었던 자리도 일단 주름이 지면 잘 펴지지 않았고 다림질을 잘못했다간 아주 못 입게 되기가 십상이었다. 그래 놓으니 벼르고 별러 장만한 단벌 '비로도' 치마로 호사하고 어디 가서 앉을 때마다 신경이 쓰이는 건 당연했다. 장판방에서 엉덩이 까고 앉는 것은 그닥잖았지만 전찻간에서 자리가 나면 우선 엉덩이부터 까고 앉는 장면은 정말 꼴불견이었다. 다행이 깨끗한 인조 속치마가 드러나면 좀 나았지만 치마가 통치마인 경우는 날씬해 보이라고 속치마를 안 입는 경우도 많았다. 내복이 변변치 않을 때였다. 기껏 잘 입어 봤댔자 미군 부대에서 흘러나온 헌 군용 내복을 여자나 남자나 홋두루 입을 때였다. '비로도' 치마를 보호하기 위해

〈그림 2〉 여성의 나들이 복장(1954년). 한 여성은 화려한 원단의 통치마에 샌달을 신었고, 다른 여성은 양장을 했다. (출처 :『사진으로 보는 서울 3』)

구멍이 나거나 심지어는 누덕누덕 깁기도 한 남자 내복을 거침없이 드러내면서 엉덩이를 깠으니 유행이 뭔지. (박완서, 1999, 333~335쪽)

다소 길게 인용한 박완서의 이 글은 1950년대 옷입기를 둘러싼 세태를 눈앞에 떠오르도록 빼어나게 묘사하고 있을 뿐 아니라 당시 사람들의 인식틀을 뛰어난 통찰력으로 간파하고 있다.

물자의 절대부족 상태에서 밀수품과 원조물자로 입을거리를 구했던

〈그림 3〉 덕수국민학교 앞에 선 학부모들(1959년). 결혼한 여성들의 복장이 긴 처마저고리임을 알 수 있다. (출처 :『사진으로 보는 서울 3』)

1950년대 여성들은 결혼 여부나 연령에 따라 한복의 형태를 골라 입었다. 당시 양장은 양공주의 복장으로 인식되었다. 그래서 '여염집' 젊은 여성들은 통치마 저고리를 입었고 결혼 뒤에는 긴 치마저고리를 입었다. 그리고 '사치'의 주인공은 두 층이었다. 양장을 걸친 '양공주'와 긴치마저고리를 입은 '여염집' 여성들이 그들이다(<그림 2>, <그림 3> 참조).

2) 의류 산업 기반의 붕괴와 옷감 수입의 증대

해방은 자립 기반을 갖추지 못한 식민지 공업화의 효과를 드러냈고, 더군다나 전쟁은 그 기반마저 파괴했다. 식민지 시기 동안 일본 자본의 지배 하에 있었던 방직공업은 해방 후 국내 수요를 해소시킬 수 없는 상황에 있었다.11) 면방업계는 8·15 이후 일본인들이 철수하고 난 뒤 기술인력의 부족에 부딪혔고, 원면 수급에 차질이 빚어지면서 생산이 급격히 감소되었다. 한때 구호물자로 충당하다가 시설을 정비하고 각종 지원책에 힘입어 면제품 생산이 본 궤도에 오르려 할 때 6·25가 발발하여 기존 시설의 70%가 파괴, 소실되었다(유수경, 1990, 117~118쪽). 견직물 또한 일본이 시설해 놓은 기계시설을 기술자나 숙련공, 원료 부족으로 제대로 가동시키지 못하다가 1947년 이후부터 생산되어 문호박단, 뉴똥이 제직되었으나 양단, 모본단은 생사 수급의 어려움과 선염, 가공 등의 기술이 떨어져 본격적으로 생산되지 않았다. 모직물은 8·15 이전에는 황해도에 설치중이던 공장을 제외하고는 생산되는 곳이 없었다. 광복 당시 방적기를 보유한 시설은 5개 업체 공장이었으나 대개 버려진 업체들로서 시설도 노후하였고, 조선모직 공장을 제외하고는 염색, 가공설비도 가지고 있지 않았다.

그리하여 1950년대 직물산업은 절대적인 양에 있어서나 제품의 다양성과 질에 있어서나 사람들의 기대를 만족시킬 수 없었다. 이렇게 국내산

---

11) 1917년 11월 일본 미쓰이(三井) 자본이 '조선방직주식회사'를 설립한 이후 일본 방적자본은 1945년 8월까지 11개 면방공장에 정방기 253,848추, 직기 8,640대로 시설을 확충하였다(대한방직협회, 1968, 103쪽). 해방되기 전까지 국내에는 방적기 50여만 추가 설치되었고, 견직물공장은 1933년에 7개, 1936년에 70개가 설립되었다(제일모직, 2004, 61쪽). 1917년 조선방직은 방적기 15,200추, 직기 610대의 시설 규모로 부산에서 설립되었고, 1919년 민족자본인 경성방직은 영등포에 설립되어, 1923년 직기 112대로 조업에 들어갔다. 1920년대까지 민족자본의 면직물은 일본자본의 제품보다 품질이 나빠 경쟁상대가 되지 못했다. 상표로는 경성방직의 '태극성표', 조선방직의 '계룡표'와 '창고표' 제품, 그리고 일본에서 수입되는 동양방직의 '3A표'를 들 수 있다. 이에 1930년대 후반 경성방직은 품질을 고급화시키기 위해 좋은 실을 확보하고자 자체 방적공장을 세워 세포(細布)와 플란넬까지 생산, 나아가 옥당목, 옥양목도 짜게 되고, 메리야스직도 짜게 되었다(대한방직협회, 1968, 102~103쪽).

직물의 절대적인 공급 부족이 사회적 비난의 대상이 되었던 일제 비로도와 나일론, 그리고 마카오 신사의 영국산 복지가 나타난 배경이었다.

하지만 이렇게 절대적인 옷감 공급의 부족과 새롭고 질적으로 높은 직물에 대한 수요가 맞물리면서 정부와 원조 당국이 적극적인 복구 노력을 기울이고 산업적 기반을 마련하고자 노력하였다. 그리하여 면직공업은 다른 어떤 분야보다도 빠른 속도로 재건되었다. 휴전 이후 면방직 시설 장기부흥계획이 진행되면서 1956년 말에는 면제품 자립 기반을 확립하게 된다(대한방직협회, 1968, 121쪽).[12]

전쟁 후 신규 시설이 대량 도입되어 1953년 말에는 면방직을 제외한 섬유공업 분야에서는 오히려 전란 전의 수준을 능가했다(<표 1> 참조).

<표 1> 6·25 전후의 섬유공업시설 비교

구분		6·25 직전	6·25 직후	1953년 말
면방직	방적기	316,572추	98,922추	157,809추
	직 기	9,075대	3,338대	3,175대
모방직	방적기	4,909추	3,363추	6,347추
	직 기	82대	62대	106대
견 직	방적기	23,672추	16,999추	27,390추
	직 기	-	-	15,920대
제사부		4,382부	2,386부	3,167부

자료 |『한국산 업은행 10년사』, 제일모직, 1994, 133쪽에서 재인용

1950년대 말이 되면 포플린 등 고급면직물이 생산되고 나염가공도 질이 향상되었으며 품목도 다양해지게 된다. 모직물 또한 직조 기술이나 가공, 염색 면에서 외국 제품에 비해 손색이 없을 정도로 질이 향상되어

---

12) 이 과정에서 국산 면직물은 수입 원면으로 대체되어 1964년경에는 거의 소멸하였다. 1955년에는 국내산업 보호를 위해 외국산 면제품의 수입을 규제하여 40수 이하 면사와 면직물의 수입 금지조치를 단행했다.

코트지, 동복지, 부인 복지 등을 출하하였다. 하지만 여전히 국내 수요를 충족시키기에는 미흡하여 외국산 섬유제품이 대량 수입되었다.

1953년도 섬유제품 수입액은 1천 445만 7천 달러로 수입총액의 9.4%였다(<표 2> 참조). 정상적인 수입 외에도 밀수가 막대한 양에 달하였다.[13]

<표 2> 국내 소모사 소비실적(1951~1959) (단위 : Lb)

구분	국내생산량	외래도입량	합계
1951	-	376,691	376,691
1952	-	452,327	452,327
1953	-	2,342,560	2,342,560
1954	-	2,802,636	2,802,636
1955	-	4,005,677	4,005,677
1956	1,108,766	3,766,947	4,875,713
1957	4,011,269	1,437,028	5,448,297
1958	3,642,781	618,855	4,261,636
1959	4,344,053	240,583	4,584,636

출처 | 제일모직, 1994, 148쪽에서 재인용

3) 양장의 대중적 접촉 - 구호품과 GI, 그리고 미국 대중문화

1950~60년대는 경제적인 의존은 말할 것도 없고, '대중' 문화와 '고급' 문화 모두에 걸쳐 미국의 영향력이 절대적으로 발휘된 시기로 설명된다. 확실히 해방 후부터 1950년대에 걸쳐 양장을 접촉할 수 있는 국면은

---

13) 해방 후 의복문화의 일대 변화를 가져온 섬유는 나일론이었다. 나일론의 첫 경험은 해방 후 미군과 함께 들어온 낙하산 천이었다. 6·25 전란 시기 동안 나일론 양말이나 나일론으로 만든 스타킹은 암시장에서 팔렸다. 1953년경부터 는 일본에서 수입되어 저고리, 치마, 바지, 블라우스, 스커트, 원피스를 비롯하여, 양말, 넥타이, 마후라, 장갑, 핸드백에 이르기까지, 심지어 런닝셔츠, 슈미즈, 팬츠까지 사용될 만큼 인기를 끌었다. 특히 반투명 흰 나일론으로 된 낙하산 천은 블라우스 천으로 인기가 높았고, 노출 문제로 인한 사회적 비난의 대상이 되기도 했다(박길순, 1993, 47쪽).

확대되었다. 서울은 물론이고 각 지방 도시에서도 많은 사람들이 여성잡지의 패션 화보와 양재 기사, 헐리우드 영화와 한국영화, 살아있는 길거리의 패션모델인 '양공주', 미군 부대에서 흘러나온 화려한 옷감과 양품을 보고 즐길 수 있었다.

구호물자와 미군부대 **PX**에서 흘러나온 '박래품'은 양장이 생활에 편리성을 증대시킨다는 생각을 심어주는 데 기여했다. 해방 직후 일본인들이 일본으로 돌아가면서 생활용품 생산이 중단되어 생필품의 품귀와 가격 폭등이 심해졌을 때 도착한 구호물품은 의류, 양화洋靴, 스웨터, 스타킹, 고무신 등이었고 미국 교회 구제회로부터 구제품 의복이 수송되기도 하였다. 6·25가 일어나고 다시 의류, 구두, 운동화, 모포 같은 외국 구호품이 들어오면서 **PX**에서 흘러나온 군복이나 낙하산 천은 새로운 멋내기의 재료로 사용되었다. 남학생들은 군복에 검정물을 들여 개조하여 입거나 어깨에 패드를 넣어 과장하여 멋을 부렸고, 이는 곧 여학생들과 일반인들에게도 유행했다. 그래서 시장마다 염색집이 성업을 이루었고, 낙하산 천으로 블라우스를 만들어 입는 것은 흔하게 볼 수 있는 일이 되었다(박길순, 1993, 44쪽 ; 최경자, 1999, 13쪽). 이렇게 구제품을 몸에 맞게 고쳐 입으면서 일제 말기의 국민복, 간단복 같은 일본풍의 양장에서 벗어나기 시작했다.

전쟁 후 미국 헐리우드 영화는 그 어느 때보다도 인기를 발휘했다. 일제 말기 외화 수입과 상영 통제가 없어지면서 엄청나게 수입되기 시작한 헐리우드 영화는 이국적이고 화려한 볼거리로서 다시금 부활했다. 1930년대 후반 영화 관람은 식민지 조선 상류층의 일상이었고 경성의 빈민조차 끌어들이는 환상적 도피의 행위였다면, 이제 해방 후 그것은 계층적 차이를 뛰어넘는 대중문화로서 영향력을 미쳤다(<표 3> 참조).

〈표 3〉 외국영화 국가별 수입편수 (검열기준)

	1959	1960	1961	1962	1963	1964	1965	1966	1967	1968	1969	1970	합계	
미국	160	94	50	58	50	34	45	57	29	41	44	37	699	67.6%
영국	2	6	2	3	1	2		2	4	1	1		24	2.3%
프랑스	10	20	10	5	5	5	7	6	4	5	2	10	89	8.6%
이태리	9	10	12	4	7	8	6	10	19	6	16	2	109	10.5%
서독	15	1	5	3	3	1	2	1	1	1	5	3	41	4.0%
홍콩										4	5	6	17	1.6%
중국										2	2	2	6	0.6%
일본								1		2	1		4	0.4%
기타	7	4	5	6	0	1	4	8	3	2	4	1	45	4.4%
합계	203	135	84	79	66	51	64	85	64	63	79	61	1,034	100%

자료 | 영화진흥공사, 『한국영화자료편람』, 1977, 80~81쪽
출처 | 국제역사학회의 한국위원회, 1982, 619쪽의 <표 1>을 재구성

　「분홍신」, 「애수」는 트렌치 코트를, 「무덥고 긴 여름밤」은 허리 들어간 원피스를, 「로마의 휴일」은 더블 스포츠 칼라(八자형)에 더블 투버튼 상의와 폭넓은 플레어 스커트를 유행시켰다.[14] 1950년대 중반 이후 새로운 중흥기를 맞은 국산영화는 다종다양한 의상들을 전시했다.[15] 특히

---

14) 해방 직후 1946년까지 상영된 외화는 재개봉작을 포함하여 259편이었고 이 가운데 미국 영화가 149편(재개봉작 79편)으로 전체의 58%를 차지했다(김종원·정중헌, 2001, 222쪽). 외국 영화가 정상적으로 수입, 공급된 것은 1950년대 후반이었고, 그 이전에는 마카오를 오가는 상인들이 수입한 영화들이 폭주하였다(유선영, 2006, 483쪽). 1959년부터 1970년까지 극장용 외국영화의 수입 현황을 볼 때, 총 1,034편 중 미국 영화가 699편으로 67.6%를 차지하여 거의 절대다수의 비율을 점하고 있음을 알 수 있다.

15) 국산 영화의 제작은 1955년 15편, 1956년 30편, 1957년 38편, 58년 74편, 59년 111편으로 증가하였다. 1960년대 초반에는 87편, 1965년에는 161편, 1969년에는 200편을 넘어서면서 제작의 황금기에 이른다. 영화 관람객도 대폭 늘어나서 1950년대까지 전국 극장 수가 200여 개, 연간 관람객수가 1,000만 명에 미치지 못하던 것이 61년에 이르면 160여 개 극장에 5,800만여 명의 관객에 이르렀고, 69년에 이르면 661개 극장에서 1억 7,304만 3,273명의 관객을 동원하게 되었다(김종원·정중헌, 2001, 254·260쪽).

당시 한국 영화는 당시의 사회적 통념을 매우 단적으로 반영하는 방식으로 여성의 캐릭터를 표현하기 위해 복장을 사용했다. 잘 알려져 있다시피 1956년 제작된 「자유부인」(한형모)의 여주인공 오선영이 아내의 위치를 벗어나 남편 말고 다른 남자에게로 눈길을 돌리는 계기는 양품점의 판매원으로 취직하면서부터이다. 양장을 차려입은 모습은 그가 '자유부인'이 되었음을 알리는 표식으로 사용된다. 또한 비슷한 시기에 '양공주'를 다룬 일련의 영화들, 「지옥화」(신상옥, 1958), 「육체의 고백」(1964, 조긍하), 「육체의 문」(1965, 이봉래)에서 복장은 이 여성들의 '부도덕성'과 '위험함'을 드러내는 시각적 장치이다. 「지옥화」에서 기지촌 클럽 무희와 양공주들은 스타일화된 드레스를 입었다. 여주인공 쏘냐(최은희 분)는 옆구리나 엉덩이가 트인 치마를 입고 있으며 높은 뾰족 구두를 신고, 선글라스 및 귀걸이를 걸친 채, 양담배와 껌을 입에 달고 사는 모습이다(김소영, 1999, 141쪽 ; 곽현자, 2001, 139쪽).

영어도 생활의 곳곳에서 사용되기 시작했다. 영화제목, 라디오 프로그램 제목, 간판, 상품명, 유행가의 제목과 가사, 문학작품 제목 등에 영어가 대거 사용되었고, '미스'와 '미스터'라는 호칭이 뿌리를 내렸다(강인철, 1999, 281쪽).

5. '양풍'과 '사치'의 여성화

1) 양장의 의미

1950년대 일반 여성들이 양장을 구해 입기란 쉽지 않았다. 그런데도 여성복 패션디자이너들은 1950년대를 대단한 호황기로 기억한다. 예컨대 한국 패션디자이너의 대모로 알려진 최경자의 회고에 따르면 전쟁 시기 대구에 피난을 가서 연 양장점은 뜻하지 않게 매우 번창하였다. 1956년『여원』에 모드란이 만들어지고 최경자와 그가 만든 국제양장사가 모드란을 전담하면서 양장 주문은 매우 증대하였다. 하루 평균 50벌 이상의 주문을 받아 30여 명의 직공들이 밤을 새우기 일쑤였으며 겨울철에는 비싼 수입 옷감으로 만든 오버 코트도 하루에 100벌 이상씩 주문을 받았다고 한다(최경자, 1999). 그리하여 1960년대부터 1970년대까지 '양장점'은 각 도시에서 번창해 갔고 여성들이 양장점에서 옷을 맞춰 입는 것이 일반적인 모습이 되었다.[16)]

이런 상황을 어떻게 해석할 수 있을까. 기성복 산업이 시작되기 전 1950~60년대 양장점의 번창은 우선 남성의 양복점에 비하면 양적으로 매우 제한적인 규모였다는 점을 기억할 필요가 있다. 1956년 세간의 관심을 듬뿍 받는 패션쇼도 열렸고, 1957년 또 디자이너들의 친목단체인 대한복식연우회도 조직되었지만, 실제 양장점과 디자이너 및 기술자들의 규모는 양복계에 비해 형편없는 것이었다. 1955년 무렵 서울 명동에 양장점은 '한양장점'과 '국제양장사' 두 군데만 있었고, 이후 송옥, 국제, 노라노(노명자), 아리사(서수연), 엘리제, 마드모아젤, 노블, 보그(한희도) 등이 등장하였다(최경자, 1999, 18쪽). 이에 비해 남성 양복을 만드는 양복점은 양장점보다 훨씬 더 일찍 1950년대 중반부터 전성기를 맞이하였다. 전쟁 후 양복 수요가 폭발적으로 증가하면서 명동과 남대문로, 부산의 광복동 등에 양복점이 즐비하였다(김진석, 1990, 175~176쪽).[17)]

---

16) 여성 양장의 기성복 산업이 시작된 것은 1970년대 중반이다. 1972년 화신의 레나운, 1974년 LG반도패션, 1977년 코오롱 벨라, 제일모직 라보떼, 삼성물산 등이 기성복 제조에 착수하였다(최경자, 1999, 52쪽).

17) 양복점은 이미 일제 시대에 상당히 발달했다. 1910년대 중반 서울에서만 30~40

〈그림 4〉 서울방송국(1953년), 양장에 파마를 한 여가수의 모습 (출처 : 『사진으로 보는 서울 3』)

　따라서 맞춤 양장의 실제 소비자도 소수층에 제한되었다. 1950년대 몇몇 손에 꼽히는 양장 디자이너와 양장점에서 만드는 옷의 고객은 '양공주'를 선두로 시작하여, 유명 배우나 가수 같은 연예인, 그리고 고위층 부인들이었다.[18] 요컨대 부유층과 성산업 및 연예산업의 종사자들이 양장패션을 소비하는 주요 층이었던 셈이다. 당시 여성잡지의 화보 기사는 이러한 점을 확인시켜 준다. 영화배우나 가수를 모델로 삼아 유행 패션을 입혀 찍은 '모드란' 말고 명사들이나 기타 직업 여성을 소개하는 기사를 볼 때 결혼한 여성들은 하나같이 한복을 입고 있음을

개가 개설되었고, 일본의 기성복도 광고를 하는 정도였다. 1920년대에 양복점이 급증가하여 1926년 양복기공조합의 조합원 숫자가 70여 명, 공장기술자를 중심으로한 경성기공조합 조합원 수가 200명을 넘었다. 1930년대 양복점이 400개에 이르렀다(김진석, 1990, 150~155쪽).

18) 전쟁 기간 동안 양장 생산과 소비를 이어주는 거간 역할은 보따리 장사가 맡았다. "거의 보따리 장사가 우리 집에서 잔뜩 옷을 사가지고 양공주들이 많은 곳에 가서 팔았기 때문에 옷 주문은 날로 늘어갔다"(최경자, 1999, 16쪽).

〈그림 5〉 여성잡지에 실린 비서직 여성 소개
화보(1958년) (출처 :『여원』1958. 10)

알 수 있다. 다만 기자와 비서, 농촌지도
원으로 일하는 젊은 전문직 여성들의
옷차림은 양장이다(<그림 4>, <그림
5> 참조).

1950년대 후반『여원』같은 잡지에
서 양장 옷 만드는 법이 연재되었다.
하지만 양재를 배우지 않은 여성들이
옷본도 가지고 있지 않은 채 성인 양장
을 만들어 입기란 거의 불가능한 일이
었다. 그러므로 여성복 패션디자이너
들이 1950년대 누렸던 호황은 양장 패
션의 대중화를 보여주는 지표가 아니라 반대로 양장의 고급 옷으로서의
성격과 성적-육체적 타락과 방종이라는 사회적 낙인을 보여주는 지표이
다. 이는 일반 여성들의 입장에서 볼 때 양장에 대한 기술적-물질적
접근의 어려움과 심리적 장벽의 존재를 시사한다. 당시까지 여성들은
웬만한 일상복 한복은 집에서 직접 재단하여 바느질 해서 입었고, 좀
고급 옷감의 경우는 바느질을 맡아 해주는 가게나 사람에게 손쉽게
큰 돈 들이지 않고 맡길 수 있었다. 또한 여성이 양장을 입는다는 것은
자신의 신분과 직업을 적극적으로 드러내는 것을 의미했다. 결혼을 했는
가, 하지 않았는가, 또는 '양공주'나 연예인이냐, 아니면 의사나 기자
같은 극소수의 전문직 여성인가에 대한 표지였다.

2) 사치 비판론

해방 후 시작된 유행 현상은 1960년대 초까지 '사치'로 간주되었다. 사치비판론은 해방 직후의 '양공주', '유엔마담'에 집중되었던 양풍, 또는 양키 문화에 대한 비판보다도 더 오랫동안 지속되어 캠페인성 반대운동을 불러일으켰고, 나아가 1961년 재건국민운동 시기에 이르기까지 엘리트-국가의 생활개선 운동의 대상으로 지목되었다.

1950~60년대 비로도와 나일론, 홍콩 양단을 향한 여성들의 욕망을 비판하는 논거는 그 옷감이 국산품이 아니라는 이유였다. 1948년 9월 30일 '부녀국산장려회'에서는 "사치품을 '뽀이콭'"하겠다면서 '양풍 숭배'의 꿈을 깨고 국산애용운동을 전개하자면서 다음과 같은 담화를 발표하였다.

경제의 혼란과 생산업의 피폐로 말미아마 가게를 맡은 우리 부녀들은 지옥 같은 생활고에 신음하고 있다. 그러나 우리는 울고만 있을 때가 아니다 고푼 배를 졸라매고 자주경제 건설의 일대 운동을 전개해야 할 것이니 이것은 곳 국산품의 장려와 애용이다. 거리에 범람하는 외국상품을 보라. 향기로운 화장품과 달큼한 사탕뿐이지 상업을 부흥시킬 공작기계나 원료가 있었든가? 이대로 가다가는 우리나라는 외국의 시장화되고 말 것이니 어찌 보고만 있을 수 있으랴 애국부녀는 총궐기하야 기계원료 리화학품 이외는 실어오지 않토록 정부에 협력하고 소용없는 사치품의 '뽀이콭'을 감행하야 간상배와 한꺼번에 이 땅에서 자취를 없애도록 하자 이로서 거리를 활보하는 양품신사와 홍진축발紅脣縮髮 아가씨들의 몽유병도 스스로 반성쾌유하야 이 민족의 거룩한 전통을 찾고야 말 것이다. 자주경제 확립까지 힘과 마음을 국산애용운동에 다 바치자.

1960년 『여원』에 실린 한 기사의 필자는 "우리나라 여성을 지배하여 온……옷감"을 가지고 "12년간의 한국여성 사치사"를 일별하겠다고 주

〈그림 6〉 홍콩 양단 저고리와 비로드 치마(1950년대 초)
(출처 : 『사진으로 보는 서울 3』)

장하면서, 해방 이후의 여성 복식사를 "몸뻬로부터 해방되자 들어온 베르벳드, 나이론 양단의 유행은 여성을 타락시키고 말았다."로 요약하였다(<그림 6> 참조).

이 사치론을 어떻게 이해해야 할까. '여성의 사치'라는 의제는 여성을 사회발전의 방향성을 둘러싼 논란의 장으로 사용하는, 일제 시대부터 반복된 타자화의 방식이라고 할 만하다. 일제 시대 때와 마찬가지로 도시 지역에서 남성에 견주어 볼 때 여성이 더 사치스러웠다고 보기는 힘들다. 옷을 만드는 직물의 거개가 수입품이고, 더욱이 값나가는 견직물이나 모직물이 일본과 홍콩에서 들여온 밀수품이었는데, 남성들의 의복지로 사용되기는 마찬가지였다. 가격 면에서 보자면 남성용이 훨씬 비쌌다. 양복 옷감은 대개 미군 부대에서 흘러나온 사아지와 홍콩과 마카오 등지에서 들어오는 제품이었다. 마카오 복지로 만든 양복은 한 벌 가격이

웬만한 봉급생활자의 3개월분 월급이었다고 한다. 당시 남성 양복 옷감은 대부분 비정상적인 루트로 조달되었다. 밀수 단속도 구호뿐이었고 공직인의 양복도 국산 옷감으로 만든 경우는 없었다. 전쟁 시기 정치인이나 경제인 등 엘리트층 남성들이 입은 옷은 비싼 외국산 옷감으로 맞춘 신사복이었고, 일반 남성들은 군복을 염색하거나 탈색한 옷감으로 만든 것이었다(김진석, 1990, 155쪽 ; 제일모직, 1994, 134쪽).[19] 유행도 마찬가지여서 모자나 각종 악세사리 등에서 남자들의 양복 차림은 일제 시대 이후 상당히 유행을 탔다(<그림 7> 참조).

<그림 7> 대한민국 정부 수립 축하식(1948년). 남성 대부분이 맥고 모자를 쓰고 있다. (출처 :『사진으로 보는 서울 3』)

더욱이 '사치'의 확산은 자본주의적 산업 발전의 추동력이 된다는 점에서 사치 비판은 자가당착적이거나 자기모순적이다. 다시 말해 근검과 절약을 강조하는 태도는 소비의 확대를 통한 생산의 확대라는 자본주

---

19) 1950년대 중반 영국제 복지 한 벌 값은 6만 환, 제일모직 골덴텍스가 1만 2천 환이었다고 한다.

의 발전의 동학과 모순되는 것이었다. [20]

6. 국가-엘리트의 의복통제 시도와 그 효과

1) 신생활운동, 재건국민운동과 간이복, 간소복

해방 직후 광범위한 '양풍'과 '사치' 비판이 일어나는 것과 때를 맞춰 '신생활' 운동이 나타났다. 신생활운동은 1947년 민관 합작으로 구체화되었다. 11월 24일 신생활운동 중앙본부 조직준비위원회를 개최하여 위원장에는 민정장관이 맡고 운동을 총괄하는 중앙본부는 총재제를 채택하여 역시 민정장관이 겸임하는 형태를 띠었다.[21] 이후 신생활운동은 뚜렷한 활동이 별반 없다가 1949년부터 서울시에 만든 신생활촉진위원회가 활동을 벌였다. 경제, 의복, 음식, 주택, 도덕, 의례 분과위원회로 구성된

---

20) 서구사회에서 사치재 소비의 확산을 자본주의 탄생의 근본 동인으로 설명한 좀바르트의 견해는 해방 후 남한의 산업적 발전을 설명하는 데 얼마간의 시사점을 준다. 좀바르트에 따르면 사치재화는 값비싼 원료를 필요로 하는 만큼 이를 공급할 수 있는 자본력과 효과적으로 사용할 수 있는 생산 과정을 갖춘 자본주의적 기업조직을 발전시켰다. 또한 경기변동에 따라 민감하게 변하고, 또한 급변하는 유행에 따라 시장수요가 달라지는 사치재는 더 강한 경쟁력을 갖춘 조직을 생존시켰다(Sombart, 1912/1997). 물론 견직물과 모직물, 나일론 같은 사치성 직물에 대한 수요의 존재와 그 확산만을 가지고 해방 후 남한 자본주의 발전의 동력을 설명할 수는 없다. 다만 소비근검과 절약윤리가 자본주의적 발전 전략을 택한 산업화의 길과 배치될 수 있었다는 점을 지적할 수 있을 것이다.

21) 민관 합작의 신생활운동의 전신은 1945년부터 있었던 것으로 보인다. 1945년 12월 임병욱 등은 조선건민후생단을 발기하고 조직국, 재무국, 선전국에 교육운동부, 직장미화부, 정○후생부, 국민후생보건부, 위안문화부의 3국5부로 조직하여 광범위한 신생활사업계획의 실천을 선언했다(『조선일보』 1945. 12. 3). 이듬해 1946년 10월에는 군정청 문교부 성인교육국 후원 아래 '신생활연구회'가 조직되었다(『조선일보』 1946. 10. 2).

이 신생활촉진위원회는 "우리 고유의 미풍을 회복하고 구미의 좋은 점도 섭취해 나가"는 것을 목적으로 삼았다.[22]

서울시 신생활운동추진회의 의류분과는 1949년 6월 27일 여름용 '간이복'을 결정하였다. 간이복은 남자의 경우 하복은 '노타이-반소매'에 긴바지, 또는 '단短즈봉'으로, 여성용으로는 '동정과 깃이 없는 적삼에 통치마'로 정하였다. 이 여성용 간이복은 일반 가정 부인이나 여학생 구별 없이, 또한 일상복에다가 예식과 외출복으로 입는 것으로 정하였다. 이 표본은 시내 각 백화점에 전시되었고, 공무원은 물론이고 요정집에까지 간이복 착용을 장려, 권고하는 공문이 발송되었다. 하지만 이 여름 간이복은 민간에서 전혀 호응을 받지 못하였다. 제정한 지 3개월쯤 뒤인 1949년 8월 1일자 신문기사에 따르면 "남자복은 시청 직원이 착용하고 있을 뿐이요 여자복에 이르러서는 시청 부녀과의 십수 명과 시장 부인이 입고 다닐 뿐" 거리나 일반 회사에서는 찾아볼 수 없었다.[23] 그 성과가 지지부진한 가운데 1955년 5월 21일 국회보건사회위원회에서는 313명의 의원들이 국민생활 간소화를 위한 신생활복 착용에 관한 결의안을 채택하였다. 하지만 이 결의안도 두 달여 뒤인 7월 28일 폐기되고 만다. "국민들이 실천하지 못할 때는 국회의 위신만 떨어진다"는 자기변명 속에서 실천시범의 결의는 없었던 것으로 되었다.[24]

이렇게 흐지부지된 간이복의 제정과 보급이 다시 재개된 것은 일련의 민간, 반관 운동이 일어나면서부터이다. 1960년 국산품 애용을 내세운

---

22) 서울시 신생활촉진회 주사인 나병기의 말이다(「신생활을 말하는 좌담회」, 『신천지』 1950. 2.).

23) 『조선일보』 1949. 8. 1.

24) 이 결의를 제안했던 김일 의원이 다시 시범 결의를 제안하자 이에 반박하는 백남식 의원의 발언. 『조선일보』 1955. 7. 29.

대학생들의 신생활운동이나, 1961년 3월 일군의 지식인 집단이 결성한 '신생활협의회', 그리고 같은 해 6월, 협회의 핵심층이 중심적으로 참여하여 재건국민운동으로 확대되면서 의복 간소화라는 의제는 다시금 대두되었다. 재건국민운동에서 추진한 신생활운동의 사업은 표준간소복 제정, 혼분식 장려, 화장실 개량 등 의식주 개편이었고, 표준의례도 1961년 9월 19일에 제정 공포되었다(허은, 2003, 40~41쪽).

1961년 6월 재건운동 서울시지부와 한국 '디자인'연구소는 공동으로 신생활복을 제정하였다.[25] 양장계 인사들이 참여하여 만든 간소복은 도시와 농어촌용을 구분하였고, 간단한 형태의 양장 디자인을 응용한 것이었다. 같은 해 10월 재건국민운동본부는 권장 표준간소복을 제정하였다. 표준간소복의 종류는 남자 근무복은 와이셔츠 넥타이를 사용치 않는 '노타이' 식에 양복을 개조한 것으로 1950년대의 그것과 크게 다르지 않았다. 여자 옷은 양장과 한복을 나눠서 제정하였다. 여기서 양장은 '근무에 기능적이고 명랑한 감을 주며 투피스로 되고 스카트는 80도로 후레야'이며, '아웃포켓 단추 4개'를 달고 있는 형태이다. 여자 개량한복은 저고리깃과 소매깃을 겨울에는 길게 하고 여름에는 반소매로 하며, 치마는 두 폭으로, 긴치마는 발에서 약 13센티, 짧은치마는 발에서 약 30센티 떨어지도록 제정하였다.[26] 양장 근무복은 일제 말기의 '간단복'과 매우 비슷한 형태이고, 개량한복은 사실상 일제 시대에 만들어진 짧은 통치마 저고리에 다름 아닌 것으로, 발목이 보일 정도의 길이를 규정한 긴치마도 오랫동안 일반 하층민 여성들이 입었던 형태라고 할 수 있다 (<그림 8> 참조).

---

25)『조선일보』1961. 6. 24, 7. 24.
26)『조선일보』1961. 10. 6.

〈그림 8〉 신생활학생복 패션쇼(1960년) (출처 : 『사진으로 보는 서울 3』)

이렇게 간이복을 제정하고 그것을 위로부터 보급하려는 움직임에 대해 여성들은 전적인 공감을 하지는 않은 것으로 보인다. 1960년 4·19 혁명이 일어나면서 서울대 학생들이 국산품 애용운동을 벌였는데, 서울대 여학생회가 독자적으로 결성한 신생활운동회의 멤버들은 보건사회부 부녀국의 신생활운동 방침에 대해 이견을 제시하였다. 한 좌담회에서 이 여학생들은 '치마를 짧게 입고 옷고름을 없애자, 밥을 먹지 말고 빵을 먹자'는 부녀국의 방침과 달리 '아름다움을 살릴 것은 살리면서 해야 한다'고 주장하였다. 신생활운동을 잘 하기 위해서는 색깔이나 디자인을 마음대로 하게 해주고 국산품 이용을 강조해야 한다는 것이다.27)

---

27) 약대, 치대, 문리대, 여학생 60여 명이 시작하여 사대 120명, 농대, 치대 70여 명, 법대 미대 40여 명이 한 달 동안 돌아가며 활동하였다. 운동 방법은 극장무대에 현수막 걸기, 호소문 낭독, 실천요강 표어인쇄물 배부, 표어 포스터를 각 음식점에 붙이기, 국산품 애용이라는 리본을 시민들에게 달아주기 같은 캠페인이 대부분이었다. 이들이 만든 슬로건과 표어는 다음과 같다.

2) 한복개량의 의도하지 않은 결과 – 한복의 예복화와 전통화

일반인들은 재건운동이 만든 간소복을 입지는 않았지만, 재건운동을 통해 만들어진 한복에 대한 사회적 담론은 의생활에 매우 중요한 영향을 미쳤다. 한복 개량에 대한 논의가 그 어느 때보다도 활발해졌는데, 그 결과 의도와는 달리 사실상 한복을 일상복에서 예복으로 만드는 인식과 담론이 강화되었다.

첫째, 한복은 비실용적이고 신체 발달에 해롭다는 인식이 완전히 자리 잡게 되었다. 한복과 양장의 장단점이라는 논의구도 속에서 한복은 육체의 굴곡을 무시하며, 건강상 해롭고, 교양없는 자세를 유발하는 의복으로 여겨진다. 한복은

치마허리로 가슴을 졸라매어 발육이 건전하지 못하고 가슴에다 옷의 중심을 두었으므로 허리에는 긴장이 풀려서 자연히 근육이 늘어져 허리가 굵어지며 히프는 제멋대로 늘어지고 치마폭이 넓으므로 걸음걸이도 다리를 마음대로 벌려서 팔자걸음 걷기가 쉽습니다. 발에 억압을 느끼는 오이씨 같은 버선에다 뒷굽이 없는 고무신을 신으므로 몸에 중심을

<hr>

“당신의 몸차림은 훌륭합니다! 그러나 다른 나라에 구걸하지 않을 때 입는 것이 어떻겠습니까?
　당신은 한국의 지성인입니다! 한국의 지성은 외국산을 배격하지 않습니까?
　국산품 애용으로 더 많은 공장을 세웁시다! 그러면 우리는 더 잘 살 수 있겠지요.
　당신은 양담배를 피워야만 합니까? 그래서 연간 2억 환을 외국에 지불해도 좋습니까?
　커피 소비액 53억! 서울시내 다방 수 998개 소, 52주 중 51주는 밀수 커피가 사용됩니다.
　푹 썩은 분들은 땐스홀, 캬바레, 요정으로! 이런 곳에서 연간 소비액은 서울에서만도 21억 400만, 은폐된 것은 이것의 3.4배입니다. (「좌담회 – 신생활운동의 선봉에 서서」, 『여원』 1960. 9)

발끝에 두지 못하고 동시에 뒤로 자빠지는 듯한 자세로 배는 앞으로 내밀고 온 몸을 흔들면서 걷게 되는 것입니다. (김종하, 「특집-여성의 육체미, 생활양식이 구속하고 있다」, 『여원』 1961. 6, 204쪽)

허리를 졸라매는 양장이 한복보다 더 몸에 악영향을 준다는 주장도 없지는 않았지만, 한복이 몸에 해롭다는 논의가 대부분이었다.[28] 또한 한복은 행동하기 거치장스러우며 따라서 활동복, 일상복으로서 부적합하다는 주장이 양복을 생활복화하자는 논의와 맞물리면서 강해진다.

둘째, 한복의 아름다움을 강조하고, 그 아름다움을 강조하는 표준화된 형태를 '전통'으로 고착화하는 경향이 나타났다. 이는 한복 개량의 시도와 방향에 대한 반작용에서 비롯되었다.

사실 여성 한복 개량의 기본 형태는 일제 시기에 마련되었다. 속곳이나 고쟁이, 단속곳, 속저고리는 벗은 지 오래였다. 어깨허리를 단 통치마와 저고리, 그리고 1950년대 추가된 것이 있다면 옷고름을 없애고 대신 브로지를 사용하여 여미는 방식이다. 이것은 긴 치마 저고리에도 응용되어 도시 여성들 사이에서 널리 퍼져 있었다. 요컨대 짧은 통치마와 고름없는 저고리는 활동복으로서 충분히 가치가 있었고 많이 착용되고 있었던 것이다.

하지만, 신여성에서 시작되어 젊은 여성들의 생활복으로 정착한 통치

---

28) "본래 여성미는 그렇게 좁고 가늘은 허리에 있지 않고 오히려 크고 밋밋한 데 있는 것이다.……허리를 교착하고 이것이 오래가면 자연히 허리 부분에 홈이 파지는 것은 물론 아랫배가 전면으로 툭 튀어나와 보기 흉하게 된다. 위로 자연스럽게 퍼져 있어야 할 하복부가 압축되는 까닭으로 또한 주름이 잡히어 아직 젊고 팽팽한 육체를 하고 있어야 함에도 불구코 젊의 매력을 상실하게 되고 몸의 균형이 파괴"(이병복, 「의복은 미도 추도 감싼다」, 『여원』 1961. 9).

〈그림 9〉 최경자가 만든 한복 개량 드레스(1963년). 왼쪽은 이브닝드레스, 오른쪽은 흑색 벨벳 롱스커트 (출처 : 『최경자와 함께한 패션 70년』)

마와 저고리는 더 이상 확대되지 않았고 양장 요소를 많이 가미한 '개량복'의 몰락과 함께 사라져 갔다. 의류 관련자들을 적극적으로 끌어들이면서 발표된 재건운동 시기의 '개량복'은 사실상 원피스 치마에 저고리나 볼레로를 조합한 형태였다. 이러한 드레스형 한복은 패션쇼나 연예인들의 파티복으로 이용되는 데 그쳤고, 일반인들의 일상복으로서는 전혀 환영받지 못했다(<그림 9> 참조).29)

이 드레스형 한복은 한복 개량이 한복 고유의 아름다움을 상실시킨다

---

29) 드레스형 한복의 하나가 '아리랑 드레스'인데, 이는 특히 많은 비판의 대상이 되었다.

는 주장을 뒷받침하는 증거가 되었다. 잡지나 신문에 한복 개량 문제에 대한 의견을 내는 남녀 지식층은 개량한복이 양복인지 한복인지 분간하기 어렵게 만들고 부조화스럽다고 비판하였다. 그들은 한복의 아름다움을 조선 후기 시대의 형태에서 찾았다.

> 봄바람에 강언덕에 휘날리는 실버들처럼 나부끼는 옷고름의 멋과, 세폭 치마가 나릇하게 육체를 감싸주는 보륨成量 있는 선線의 멋과, 오이씨 같은 버선발을 치마 끝단에 눈송이처럼 하얗게 내미는 멋은 우리 여성들의 체취와 같은 멋인 것이다. (고원일, 「치마저고리의 유행 15년, 『여원』, 1960. 9, 231쪽)

> 원래 한국 고래의 여성의상인 치마 저고리……그 아름다움은 여성의 곡선미를 은닉하는 폐쇄적인 통일된 원칙 하에서 그 상반신과 하반신의 조화의 미에 중점을 둔 것이라 하겠다. 움직이지 않는 단아한 저고리 밑에 길게 여유있게 흘러내린 긴치마 속에서 은은하게 꿈틀거리는 보드라운 여성의 하반신-이것이 하나의 아름다운 대조와 균형을 이루고 있는 것이다. 따라서 웃저고리는 그 단아한 맛이 생명이라 할 수 있다. 즉 부드럽고 매끈한 여성의 목을 단정하고 깨끗하게 둘러싸서 팡파짐한 양쪽 젖가슴 사이에서 야무지게 합류한 한줄기 백선白線인 동정-이것이 바로 웃저고리의 생명이다. 그 하얀 빛이 순결의 상징이고 젖가슴 사이에 야무지게 맺어진 백선의 매듭이 침범하기 어려운 여성의 정절을 상징하는 것과 같다. 이러하거늘 아리랑 드레스는 이 웃저고리의 장점을 깨뜨려 버린 것과 같이 느껴지는 것은 나 혼자만의 망녕일까. (이기두, 「아리랑드레스 반론」, 『조선일보』 1965. 4. 25)

한국 여성에게는 양장보다는 한복이 어울리고, 한복도 원색적인 것보다는 간색적인 것이 기품이 있어 보인다. 엷은 기명색(계란빛) 저고리에

짙은 청회색 치마를 흰 모수진에 받쳐입은 중년부인은 지적인 세련미가
있어 보이며 고급천이라며는 흰저고리에 검은 치마도 수수한 대로 인상
이 선명하고 위아래를 은철색으로 일색화시키면 들고 다니는 핸드백에
눈이 쏠리게 된다. (박목월, 「내가 좋아하는 옷차림」, 『조선일보』 1963.
4. 3)

1960년대 후반이 되면 '일상은 양복, 예복은 한복'으로 분리하는 것이
확고하고도 바람직한 것으로 인식되었다.[30] 예복에 걸맞게 되기 위해
한복은 그동안 진행되었던 간소화와는 완전히 반대 방향으로 돌아갔다.
치마의 폭은 늘어났고, 옷고름이 길어졌으며, 단속곳과 속치마, 무지개
같은 속옷의 갖춰입기가 강조되었고, 반회장과 회장의 배색, 두꺼운
동정이 진정한 '한복의 입음새'로 이야기되고 훈계되기 시작했다. 한복의
맵시는 "12~13폭 치마(지금은 6~7폭)의 귀를 잡았을 때 생기는 물결
모양의 주름과 짧은 저고리에서 길게 늘어진 옷고름"에 있으며, 이런
점에서 한복은 국제적으로도 가장 아름다운 옷이되 활동복으로는 부적당
하다는 인식이 재차 확인된다.

7. 맺으며 – '통치마', '한복', '간소복', '양장'의 길

해방 이후 1960년대까지 여성 의복은 세 가지 의복 형태의 상호 관계
속에서 변화하였다. 하나는 일제 시기 신여성의 복장이자, 조선 후기

---

30) 이러한 방향은 디자이너 최경자의 주장과 일치하는 것이다. 그는 한 좌담회에서
   한복을 굳이 따로 개량할 것 없이 노동복으로는 '간단한 쇼트브라우스 같은'
   양장을, 한복은 예복으로 하자는 제안을 하였다. 「좌담회 우리에겐 어떤 옷이
   알맞나 – 파리 동경에서 최근에 귀국한 분들을 중심으로」, 『여원』 1958. 6.

여성옷의 개량 형태인 통치마-저고리이며, 두 번째는 조선 중기 양반층 여성의 일상복 형태, 세 번째는 그때 그때마다 서구-일본에서 유행했던 양장 형태이다. 이 세 가지가 걸어온 궤적을 요약하면, 1920년대 개량의복으로 탄생한 통치마는 1960년대 초 젊은 여성의 옷으로 확산되었다가 이후 급속히 사라졌고, 일제 시대 '양처'의 복장으로 정착하였던 치마저고리는 1960년대까지 결혼한 여성이 입는 일상복으로 자리잡았다가 이후 예복의 기본 형태로 전환되었으며, 양장은 1950년대까지 사치와 외세의 상징으로 간주되어 극소수 특정 집단의 여성만이 착용하다가 1960년대 이후 전문직 여성과 젊은 세대를 중심으로 급속히 확산되었다. 이 과정에서 해방 직후부터 국가-엘리트층이 유도했던 신생활복이나 간소복 같은 형태나 그 또 다른 일환이었던 한복 개량 형태의 옷은 모두 일상복으로서 자리잡지 못했다.

해방 이후 남한에서는 여성의 전통복식을 생활복으로 현대화시켰던 통치마의 역사적 진화가 중단되었다. 그리고 대신 '양처'의 복장이었던 긴치마저고리 형태가 '한복'이라는 이름의 전통 복식이자 예복으로 확고하게 자리잡게 되었다. 조선 중-후기 특정 계층이 입었던 복식 형태가 '한복'이라고 명명되고, 전통의상으로 또 예복으로 고착된 것이다. 이런 점에서 '한복'은 전통의 근대적 발명이자 민족적 지표의 고안물이라고 할 수 있다. 특히 '흰색 한복'은 1950~70년대 민족의 상징으로서 떠오르게 된다. 특히 이를 추동한 것은 당시 대통령 부인들의 복장 선택이었다. 1950년대 이승만 대통령의 부인 프란체스카는 공식 행사에서 반드시 흰색 치마-저고리를 입었고, 박정희 대통령의 부인 육영수 또한 마찬가지였다.

'개량'된 과거 복식이 사라지고 특정 형태가 전통으로 불리며 양장이 생활복을 점령한 역사적 궤적은 결코 비합리에서 합리로, 후진성에서 선진성으로 가는 필연적 과정이 아니었다. 오히려 그것은 초기 식민지조선 신여성들의 창의적이고 과감했던 문화 융합의 시도가 민족과 서구라는 분리선, 엘리트와 민중이라는 경계짓기의 틈바구니 속에서 잘 계승되지 못하고 충분히 꽃피우지 못한 채 소멸되었음을 시사한다.

참고문헌

■ 자료

『조선일보』『여원』『신천지』

경방70년 편찬위원회,『경방 70년』, 주식회사 경방, 1987.

대한방직협회,『방협 20년사』, 대한방직협회, 1968.

서울시정개발연구원 서울학연구소 편,『서울20세기－100년의 사진기록』, 2000.

서울시립대학교 박물관,『우리들이 살아온 20세기』, 2000.

서울특별시사편찬위원회,『사진으로 보는 서울 2 : 일제침략 아래서의 서울 (1910-1945)』, 2002.

서울특별시사편찬위원회,『사진으로 보는 서울 3 : 대한민국 수도 서울의 출발 (1945-1961)』, 2004.

제일모직 주식회사,『제일모직 40년사』, 1994.

제일모직 주식회사,『제일모직 50년사』, 제일모직, 2004.

박완서,「1950년대 미제문화와 비로도가 판치던 거리」, 역사문제연구소 엮음,『사회사로 보는 우리 역사의 7가지 풍경』, 역사비평사, 1999.

조영구,『경성방직 50년』, 경성방직주식회사, 1969.

최경자,『날개를 만드는 사람들의 어머니』, 명진출판, 1996.

최경자,『최경자와 함께 한 패션 70년』, 국제패션디자인연구원, 1999.

■ 연구문헌

강인철, 「한국전쟁과 사회의식 및 문화의 변화」, 한국정신문화연구원 편, 『한국전쟁과 사회구조의 변화』, 백산서당, 1999.

공제욱, 「일제의 의복통제와 '국민' 만들기 : 백의 탄압 및 국민복 장려를 중심으로」, 『사회와역사』 제67집, 문학과지성사, 2005.

곽미영·정홍숙, 「여성해방운동이 서양복식에 미친 영향에 관한 연구(1850-1950)」, 『한국의류학회지』 15-3, 1991.

곽현자, 「미망인과 양공주 : 최은희를 통해 본 한국 근대여성의 꿈과 짐」, 주유신 외, 『한국영화와 근대성』, 소도, 2001.

김소영, 『근대성의 유령들』, 씨앗을 뿌리는 사람들, 2000.

김소현·염혜정, 「서울의 의생활 변천」, 서울시정개발연구원·서울학연구소, 『서울20세기 생활문화변천사』, 2000.

김수정, 「1950년대 이후 한국패션의 변천과 그 양식」, 이화여자대학교 석사학위논문(미간행), 1988.

김수진, 「신여성현상의 세계적 차원과 사회적 차이-영국, 일본, 그리고 인도와 중국을 중심으로」, 『한국여성학』 22-1, 2006.

김수진, 『신여성, 근대의 과잉-식민지조선과 신여성』, 소명출판사, 2009.

김용근, 「서울시민의 여가생활 변천」, 서울시정개발연구원·서울학연구소, 『서울 20세기 생활문화변천사』, 2000.

김종원·정중헌, 『우리 영화 100년』, 현암사, 2001.

김진석, 『한국양복 100년사』, 미리내, 1990.

김희정, 「『별건곤』을 중심으로 본 신여성의 복장에 관한 연구」, 『복식문화연구』 12-2, 2004.

박길순, 「우리나라 여성복식의 변화에 미친 요인 연구-1945~1960년을 중심으로」, 복식문화연구회, 『복식문화연구』 창간호, 1993.

박진호, 「1950년대 한국 멜로드라마 분석」, 중앙대학교 석사학위논문(미간행), 2003.

신소윤, 「개화기 이후 우리나라 복식의 도덕성에 관한 사적 연구」, 서울대학교 의류학과 석사학위논문, 1994.

안태윤, 「일제말 전시체제기 여성에 대한 복장통제」, 『사회와 역사』 74, 한국사회사학회, 2007.

유수경, 『한국여성양장변천사』, 일지사, 1990.

유선영, 「황색식민지의 서양영화 관람과 소비의 정치, 1934-1942」, 공제욱·정근식 편, 『식민지의 일상 : 지배와 균열』, 문화과학사, 2006.

유희경, 『한국복식문화사』, 이화여자대학교 출판부, 1981.

이상록, 「위험한 여성. '전쟁미망인'의 타락을 막아라」, 『20세기 여성사건사』, 여성 신문사, 2001.

이성욱, 「한국전쟁과 대중문화」, 『문화과학』 23, 문화과학사, 2000.

이임하, 『여성. 전쟁을 넘어 일어서다』, 서해문집, 2004.

이정우, 「개항기의 사진과 회화 속에 나타난 전통적 여성이미지와 여성주체－의복 기호의 해석을 통해 근대적 여성육체의 에피스테메를 고찰함」, 『한국근대미 술사학』 9, 한국근대미술사학회, 2001.

정성호, 「한국전쟁과 인구사회학적 변화」, 한국정신문화연구원 편, 『한국전쟁과 사회구조의 변화』, 백산서당, 1999.

진미희, 「한복 변천에 관한 연구－1950년대 이후 여자 한복을 중심으로」, 『복식』 15, 1990.

최경희·김민자, 「1960년대 이후 한국영화에 나타난 복식의 변천」, 『한국의류학회 지』 50-8, 2000.

허은, 「'5·16군정기' 재건국민운동의 성격－'분단국가 국민운동' 노선의 결합과 분화」. 『역사문제연구』 11, 2003.

Pierre Bourdieu, 최종철 옮김 『구별짓기－문화와 취향의 사회학』, 새물결, 1984/1995.

Diana Craine, 서미석 옮김, 『패션의 문화와 사회사』, 한길사, 2000/2004.

Werner Sombart, 이필우 옮김, 『사랑과 사치와 자본주의』, 까치, 1912/1997.

● 찾아보기

출전

김수진 「전통의 창안과 여성의 국민화: 신사임당을 중심으로」,『사회와역사』제80
집, 2008(異本).

김영미 「마을의 근대화 경험과 새마을운동」,『정신문화연구』제31권 제1호(통권
110호), 2008.

차승기 「기미와 삼일 : 해방 직후 역사적 기억의 전승」,『한국현대문학연구』제28호,
2009.

이인영 「전통의 시적 전유 : 서정주의 '신라정신'을 중심으로」,『동방학지』제146집,
2009.

김수진 「여성의복의 변천을 통해 본 전통과 근대의 젠더정치 : 해방 이후~1960년대
초반을 중심으로」,『페미니즘연구』제7권 2호, (사)한국여성연구소, 2007.

연구 참여자

김수진 서울대학교 규장각한국학연구원 HK연구교수
오문석 조선대학교 국어국문학과 교수
김영미 국민대학교 일본학연구소 전임연구원
이인영 연세대학교 교육개발지원센터 선임연구원
차승기 성공회대학교 동아시아연구소 HK연구교수
최석영 단국대학교 동양학연구소 연구 조교수

연세국학총서 104 분단체제하 남북한의 사회변동과 민족통일의 전망 2

전통의 국가적 창안과 문화변용

김수진 · 오문석 · 김영미 · 이인영 · 차승기 · 최석영 공저

2009년 9월 25일 초판 1쇄 발행

펴낸이 · 오일주
펴낸곳 · 도서출판 혜안

등록번호 · 제22-471호
등록일자 · 1993년 7월 30일

㈜ 121-836 서울시 마포구 서교동 326-26번지 102호
전화 · 3141-3711~2 / 팩시밀리 · 3141-3710
E-Mail hyeanpub@hanmail.net

ISBN 978-89-8494-372-8 93910

값 22,000 원